Que la *tinta* sea morada: no por adorno, sino por ética. Con morado, la página deja de ser superficie y se vuelve plaza; cada línea es un pañuelo alzado, cada punto una respiración que escucha. Escribir en morado es marchar con precisión: avanzar sin estruendo, sostener sin empujar, alumbrar sin humillar.

Porque tod@s venimos de un vientre, de un ritmo compartido. El morado honra esa raíz sin folclor: reconoce la matriz de donde surgimos y la responsabilidad de custodiar la vida que de ella se abre. Por eso esta tinta: porque convierte la palabra en un oficio de reparación serena, porque toda frase puede ser puente entre lo que fuimos y lo que merecemos. Escribirte —aquí— es cuidar la respiración del otro.

Que *Somos tod@s* permanezca en morado para que la memoria tenga pulso y el futuro, dignidad. Que cada página sea un espacio seguro; que la consigna se vuelva práctica: nombrar sin violencia, reparar con verdad, caminar junt@s. Y que, al cerrar el libro, la yema de los dedos conserve la certeza de haber sostenido una lámpara: luz antigua y reciente con la que defendemos la infancia que nos fue dada y la justicia con que la protegemos

SOMOS TOD@S

DAFNA VINIEGRA

Prólogo de Saskia Niño de Rivera

SOMOS TOD@S

Relatos para romper el silencio
y hacer de la niñez una casa segura

AGUILAR

Somos tod@s
Relatos para romper el silencio y hacer de la niñez una casa segura

Primera edición: febrero, 2026

D. R. © 2026, Dafna Viniegra

D. R. © 2026, derechos de edición mundiales en lengua castellana:
Penguin Random House Grupo Editorial, S. A. de C. V.
Blvd. Miguel de Cervantes Saavedra núm. 301, 1er piso,
colonia Granada, alcaldía Miguel Hidalgo, C. P. 11520,
Ciudad de México

penguinlibros.com

D. R. © 2026, Céline Ramos, por las ilustraciones

ISBN: 978-607-387-003-0

Impreso en México – *Printed in Mexico*

Para:

Valeria, José, Valentina, Juan, Camila, Miguel, Fernanda, Luis, Alejandra, Ángel, Mariana, Pedro, Caraly, Jimena, Adrián, Isadora, Marco, Renata, Enrique, Arcelia, Amelia, Lucía, Ricardo, Sofia, Rubén, Daniela, Rodrigo, Regina, Leonardo, Mónica, Tomás, Paty, Emanuel, Teresa, Alejandro, Carla, Esteban, Maye, Alonso, Andrea, Bernardo, Ángela, Diana, Óscar, Clavel, Martín, Gabriela, Nicolás, Martha, Andrés, Verónica, Diego, Artemisa, Iván, Laura, Simón, Natalia, Emiliano, Julieta, Aarón, Emilia, Julián, Zoe, Samuel, Karla, Cristóbal, Mayita, Teodoro, Pilar, Camilo, Concepción, Ernesto, Cecilia, Fabián, Montserrat, Bruno, Ana, Elías, Rebeca, Gael, Paulina, Isaac, Patricia, Moisés, Claudia, Eliezer, Bianca, David, Rosa, Joel, Tere, Mateo, Estefanía, Benjamín, Alejandrina, Maria, Raúl, Karime, Jerónimo, Samhara, Maximiliano, Aranza, Germán, Norma, Héctor, Estefanía, Alan, Marisha, Mauricio, Itzel, Ramiro, Sandra, Agustín, Juliana, Armando, Alejandrina, César, Itzel, Darío, Isa,

Pascual, Susana, Octavio, Sylvia, Iker, Sofi, Jonás, Virginia, Saúl, Esperanza, Valentino, Elena, Luciano, Ángeles, Dante, Lety, Gabriel, Victoria, Sebastián, Carito, Orlando, Beatriz, Esteban Alejandro, Santiago, Alma, Abelardo, Arely, Violeta, Víctor, Daniela Sofía, Adriano, Flor, Hugo, Estrella, Clemente, Paola, Rafael, Nerea, Jacobo, Cristina, Guillermo, Mía, Kevin, Josefina, Eduardo, Maricruz, Matías, Consuelo, Joaquín, Brenda, Marco Antonio, Rosario, Filemón, Perla, Elpidio, Christian y Roberto, Leonor, Abel, Guadalupe, Ezequiel, Ivonne, Isaías, Cinthia, Valentín, Magda, Isael, Betsabé, Cornelio, Nayeli, Leopoldo, Mireya, Francisco, Aída, Camilo Andrés, Nuria, Aarón, Fernanda, David, Adela, Eliseo, Soledad, Tomás Ángel, Coral, Aníbal, Eugenia, Laureano, Melisa, Nazario, Graciela, Mauro, Rocío, Silverio, Georgina, Nicolás Javier, Estela, Salvador, Clarisa, Celestino, Alma Rosa, Fabio, Dominga, Cosme, Mirna, Baltasar, Isabel…

ÍNDICE

Por nosotras y por nosotros seguiré levantando la voz

Saskia Niño de Rivera Cover

Hablar de abuso a la niñez en este país, y de abuso sexual infantil en México, es hablar de un país que le falla a sus niñas y niños todos los días. Somos el primer productor de pornografía infantil en Latinoamérica; 6 de cada 10 mujeres han sufrido algún tipo de violencia sexual; y, de acuerdo con UNICEF, más del 60% de los casos de abuso ocurren dentro del hogar. Esto no son cifras aisladas: son la radiografía de un Estado que no protege y de una sociedad que normaliza la violencia bajo la sombra del machismo y la impunidad.

Lo digo como sobreviviente: encarcelar a quien cometió el delito es llegar demasiado tarde. Para entonces, el daño ya está hecho, y el daño es para siempre. Sí, se requiere castigo y justicia, pero necesitamos mucho más que eso. Si no atendemos el problema desde la raíz, seguiremos reaccionando cuando ya no hay manera de reparar lo perdido, debemos enfocarnos en la prevención.

Si la violencia contra los niños es creciente y un lastre social recurrente en nuestra sociedad, el abuso sexual infantil es un crimen silencioso. No se queda en el momento del ataque: se queda en el cuerpo, en la mente, en la vida entera de quien lo vivió. Es una marca que acompaña hasta la adultez, que interfiere en su manera de confiar, de amar, de sentirse segura o seguro. Y esa marca no se borra. Por eso, insistir únicamente en la cárcel como respuesta es una política insuficiente: es administrar el dolor, no prevenirlo.

Tenemos que hablar de lo que no estamos haciendo: México carece de programas efectivos para la atención temprana de potenciales agresores. No existen rutas claras para quienes buscan ayuda antes de cometer una agresión. No tenemos políticas penitenciarias que segreguen adecuadamente a los agresores sexuales en prisión ni programas serios de rehabilitación que reduzcan la reincidencia. Y mientras sigamos evitando este debate, seguiremos cultivando violencia.

Sé que incomoda. Pero la prevención exige hablar de todos los ejes, incluso de aquellos que parecen intocables. Necesitamos educación sexual integral desde la infancia; protocolos de detección temprana en escuelas y comunidades; acompañamiento psicológico accesible y permanente para sobrevivientes; y programas de intervención dirigidos a agresores y potenciales agresores. Sin eso, lo único que hacemos es poner curitas sobre heridas abiertas.

Una parte de mi historia personal está atravesada por este tema. Sobreviví al abuso sexual infantil. Lo digo con fuerza, no con vergüenza. Durante mucho tiempo callé, y ese silencio fue una cárcel invisible. Hoy entiendo que hablar no solo es un acto de justicia personal, sino un acto político. Porque mi voz se une a la de miles que dicen "yo también". Y ese "yo también" es la prueba de que el problema es masivo y estructural.

Soy una mujer que decidió transformar su herida en acción. Y desde ese lugar afirmo: México no necesita más discursos reactivos, necesita una política nacional de prevención con cero tolerancia al abuso sexual infantil.

Este libro no es un espacio de compasión, es un grito colectivo. Aquí se entrelazan voces que nos recuerdan que el dolor compartido se vuelve fuerza. Que el trauma, cuando se nombra, deja de repetirse. Y que la verdadera justicia comienza mucho antes del castigo: comienza cuando protegemos a nuestras niñas y niños antes de que alguien les arrebate la infancia. Y las páginas que aquí revelan su dolor nos hablan de múltiples abusos que niñas y niños padecieron, con gritos, indiferencia, golpes, mentiras, chantajes, amenazas; niños y niñas sometidos al miedo, al sufrimiento, al abandono o al castigo corporal y, para acrecentar el mal, pequeños y pequeñas víctimas de abuso sexual infantil.

Mi corazón está con cada una de las y los sobrevivientes de violencia, castigo y maltrato, así como de violencia sexual infantil que aquí plasman su historia. Su valentía es un espejo y un recordatorio de que no estamos solos. Y mi lucha también está con aquellas y aquellos que no pudieron sobrevivir, con quienes el silencio, la violencia y la impunidad les arrebataron la posibilidad de contar su historia. Por ellas, ellos y por nosotras y nosotros seguiré levantando la voz.

INTRODUCCIÓN

En mí, la memoria es traicionera: no siempre regresa como una película con imágenes ordenadas, sino como una sensación en la piel, un hueco en la boca del estómago, electricidad en las puntas de mis dedos, un silencio espeso en medio de la sala. Yo no sabía entonces que eso también era trauma, que el cuerpo guarda aquello que no pudo decirse, que los músculos aprietan lo que la boca calló.

Me esfuerzo en no contar mi historia desde el lugar de la experta, porque no lo soy. Hablo desde mi piel. He aprendido con los años, y sobre todo con la práctica humilde de trabajar para estar presente, que el trauma no es sólo el golpe inicial, no es sólo el evento que te rompe. El trauma es también todo lo que lo rodea: el entorno que lo permite, el silencio que lo cubre, las miradas que se apartan, las excusas que lo justifican. El trauma es una red invisible que sostiene el dolor para que se normalice. Y esa red no desaparece, sigue acompañándonos en la adultez, disfrazada de miedo, de desconfianza, de impulsos de perfección, de la necesidad de agradar para no ser abandonados. Yo lo he sentido en mi cuerpo, en mi manera de relacionarme, en la voz interna que me repite que debo hacerlo mejor para merecer.

De niña aprendí que callar era la manera de sobrevivir. Callaba cuando alguien me hacía daño. Callaba cuando necesitaba ayuda. Callaba incluso cuando quería reír fuerte. Y callar se volvió costumbre. Hoy, cuando me descubro en medio de una reunión queriendo esconder mis palabras, sé que no es el presente el que habla, es la niña de cinco años con los calcetines húmedos, aprendiendo que su voz no tiene lugar.

El trauma no me pertenece sólo a mí. Fue sembrado por generaciones, por sistemas de creencias, por la ceguera social que normaliza el abuso y la negligencia. No puedo evitar lo que pasó, pero sí puedo evitar que se repita en mis hijos, en mi manera de amar, en mi relación con el mundo. Es un trabajo diario, pequeño, humilde, a veces casi invisible.

Leo y aprendo

Brené Brown me enseñó a mirar la vulnerabilidad no como una vergüenza, sino como un puente. La perfección es una trampa, un disfraz que sólo aísla. En cambio, mostrar mi fragilidad me conecta con otros. He comprobado que cuando me atrevo a contar mi historia desde la humildad, otra mujer al otro lado asiente y me dice: "Yo también". Y en ese "yo también" hay un abrazo silencioso que vale más que mil consejos.

No quiero engañar a nadie: no vivo en un estado permanente de paz. Hay días en que me descubro hablando con dureza, repitiendo patrones que juré romper. Aprendo a detenerme, a pedir perdón, respirar y volver a empezar. Ese es mi triunfo. No el de la mujer fuerte que nunca se quiebra, sino el de la mujer que reconoce sus quiebres y decide seguir.

La infancia no es un tiempo que pasa, sino una sustancia que se queda en la sangre. Lo entendí al escuchar que el trauma no es lo que nos ocurre, sino lo que sucede dentro de nosotros como resultado de lo que nos ocurre. Y yo reconocí en esas palabras algo que nunca había sabido nombrar: lo que me dolía no era sólo lo que pasó, sino lo que no pasó. No fue únicamente el golpe, sino la carencia del abrazo después del golpe; no fue sólo el grito, sino la ausencia de la voz que dijera: "No fue tu culpa".

No se trata de negar el pasado, sino de resignificarlo.

Insisto: no escribo estas líneas como experta. No tengo fórmulas, no tengo recetas. Escribo desde la la mujer simple que se equivoca todos los días, de quien a veces todavía grita cuando quisiera hablar con calma, de quien todavía se esconde cuando quisiera mostrarse. Escribo porque sé que no soy la única. Porque he visto en los ojos de otras personas la misma herida, disfrazada de diferentes nombres.

Y sé que no estamos sol@s.

Entiendo que la resiliencia no es un acto heroico ni un trofeo que se exhibe. Es apenas un susurro que repite: "Todavía estoy aquí". Y estar aquí, con todo lo que eso significa, ya es un triunfo.

El trauma me marcó, sí, pero también me marcó la decisión de no quedarme en ese lugar. Y esa decisión, es la que sostiene cada respiración que tomo en este presente que, por fin, siento mío, tan mío que ya no necesito correr.

Todos, de una forma, habitamos el Amurat, anagrama de la palabra TRAUMA, sucesos que estaban destinados a ser, violencias, injusticias, o simplemente situaciones que por destino tocan nuestra alma, pláticas no prudentes para una niña, niños responsables del equilibro familiar, calificativos -o mas bien descalificativos- que marcan el ritmo de nuetsros pasos, manos calientes que rompen la inocencia infante y a veces deprimen la mente haciéndonos incapaces de responder, volviéndonos prisioneros de ese Amurat, en el que, en unos casos, sólo resbalar pareciera la salida, en otros, romper muros y gritar al mundo: "¡Fuiste Tú!", o armar ejércitos defensores de infantes, cruzar las rejas de una prision para dar esa contención que tanto nos hizo falta, dar al mundo eso que no tuvimos es el mayor acto de humildad, romper el pacto al trauma que marca nuestro desarrollo, nuestra confianza, moldea nuestro ser. ¿Quién no viene de historias de infancia que marcaron el rumbo de su vida? ¿Quién no tiene recuerdos, entendimientos, suspiros supendidos, respiraciones entrecortadas o imágenes de nosotros que no son nuestras y que, irónicamente, reflejan nuestro propio ser?

Sumergirme en este tunel de vidas que no son mías, es para relatar historias que no me pertenecen y que vivo con profundo respeto y honro su ser, para caminar hasta entrar en la piel, el alma y el corazón de aquellos que me confían sus recuerdos, con la simple intencion de levantar la voz y decirte también a ti… somos tod@s.

En este libro, somos tod@s no es un título: es una casa redonda. La @ no es ornamento, es brújula del plural; un trazo que abre el puerto común donde caben matices, cuerpos, tiempos. La @ abraza sin borrar diferencias y recuerda que la lengua, cuando cuida, ensancha el mundo. Bajo ese signo, el texto respira hospitalidad: nadie queda fuera del pan del lenguaje.

Algunos de estos relatos fueron modificados,
unidos y entrelazados para tejer una sola respiración
narrativa: doce historias que contienen las de much@s.
No se busca la cronología exacta, sino la verdad esencial;
por ello, voces y escenas se funden y dialogan entre
sí hasta formar un mosaico común donde cada experiencia
halla eco en la otra. Esta arquitectura literaria
—más coral que individual— nos permite contar, en varios
cuerpos de relato, la trama compartida de tantas vidas: un
somos tod@s amplio, abierto y fiel a lo que importa decir.

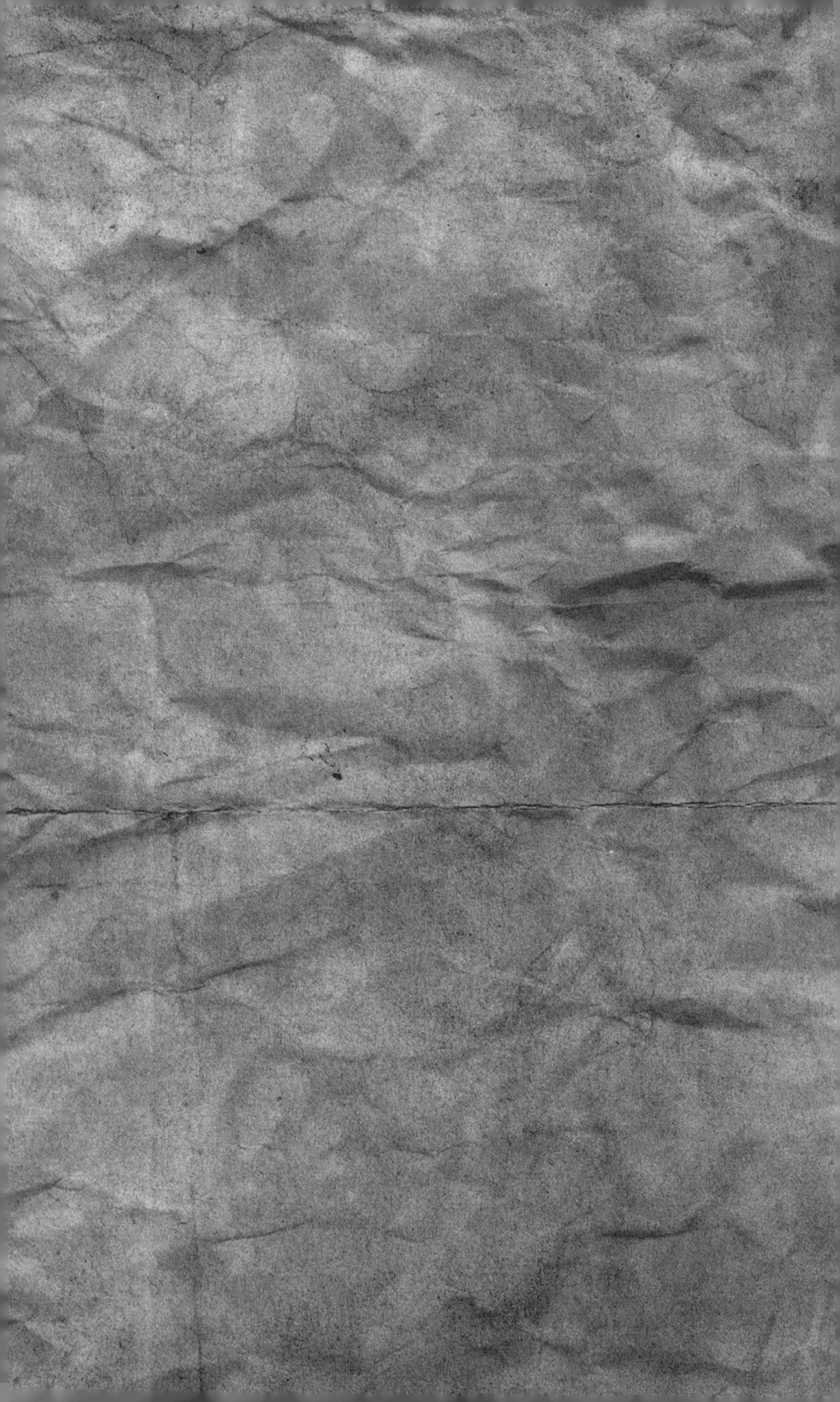

LA TIERRA DEL AMURAT (TRAUMA)

Dicen que nadie llega a la Tierra del Amurat (del TRAUMA, de la fractura, del dolor, de la herida abierta) por accidente. Que, en secreto, cada viajero firma un pacto invisible: entrar con los pies cansados y un corazón saturado de culpa. Yo no recuerdo haber firmado nada, y sin embargo aquí estoy.

A veces, cuando pienso en el Amurat, cierro los ojos y me imagino en un valle que me recibe con un susurro que no es viento, sino respiración. Las montañas de piedra negra jadean como bestias enfermas. Cada exhalación me cubre con polvo gris, un polvillo que se mete bajo las uñas y deja en la lengua un sabor de ceniza mojada. Al dar el primer paso siento que no camino sobre tierra, sino sobre la costra de mi memoria.

El cielo es un pergamino amarillento, inmóvil, como si hubiera olvidado cómo ponerse azul. A veces pienso que es piel muerta tensada sobre un cuerpo infinito. Las nubes, hechas jirones, cuelgan pesadas, incapaces de traer sombra o alivio. El aire pega como sudor ajeno: una humedad pegajosa que me recuerda la fiebre antes de vomitar.

No hay silencio en el Amurat. Incluso cuando todo parece quieto, vibra en el aire un zumbido, como si el valle entero fuera un corazón oculto. Cada latido resuena en mi pecho y me obliga a recordar: este lugar no es metáfora, es organismo. Vive, respira, me observa. Y, peor aún, se alimenta de mí.

A mi alrededor, el polvo gris que cubre el suelo comienza a pegarse a mis piernas. No es polvo: son dudas que se materializan como lodo. Se aferran a los tobillos, trepan como manos húmedas, se enroscan hasta las rodillas. Pienso en retroceder, pero al girar la vista no hay camino.

El valle se abre y frente a mí surge un laberinto hecho de muros de cristal empañado. No brilla. Al contrario, su superficie es opaca, sudorosa, como el vidrio de una ventana en invierno tras el llanto.

Me acerco. En cada muro se refleja mi sombra, pero distorsionada: un cuerpo que tropieza, que repite los mismos gestos, que se dobla bajo un peso invisible. Es como mirarme en un espejo que no devuelve imagen, sino error.

El frío aquí es implacable. Es un frío hueco, metálico, que se mete en los huesos como si los llenara de agua helada. El suelo es casi hielo: resbalo con cada paso, obligada a bajar la vista, a caminar encorvada. El aire corta los labios, y cada respiración se convierte en cuchilla.

El laberinto no obedece lógica. Los pasillos giran sobre sí mismos, las esquinas se cierran cuando me acerco, las salidas cambian de lugar como peces huidizos. Cada diez pasos aparece una puerta enorme, dorada, con una inscripción: **DECISIÓN**.

La primera vez que la vi, creí que había llegado a la salida. Estiré la mano hacia la manija que brillaba como sol líquido. Pero justo antes de tocarla, un pensamiento me atravesó: "¿Y si al abrirla no hay nada? ¿Y si del otro lado no existo?" Dudé. Titubeé. La puerta se deshizo en el aire, como humo, y me vi de nuevo al inicio del pasillo.

Así funciona el Amurat: te muestra la salida y al menor temblor te la arranca. Cada vacilación es condena.

En los rincones, fragmentos de espejos rotos se multiplican. Me acerco a uno: mi rostro partido en tres, en cinco, en mil. Mis ojos miran en direcciones opuestas, mi boca se abre como un grito mudo, mis manos parecen garras cuando intento tocar ese reflejo, el cristal se derrite y se convierte en pared. El espejo se niega a sostener mi imagen.

Camino en espiral, sin rumbo. El zumbido del valle se mezcla con un murmullo: voces que imitan mi tono, que repiten frases que creí haber olvidado:

"Fue tu culpa."

"Pudiste hablar."

"Siempre lo arruinas."

Los muros susurran. Y yo sigo andando, cada paso más pesado que el anterior.

El laberinto exhala un aliento frío y, de pronto, se abre.

Frente a mí una explanada hecha de losas antiguas, bellas alguna vez, ahora resquebrajadas como labios que no bebieron agua en siglos. El aire cambia de sabor: ya no es sólo óxido y ceniza, sino una mezcla agria de moho, hierro y flores podridas. Hay un zumbido de insectos que no se ven, un raspado de uñas sobre pizarrón que no proviene de ninguna parte y de todas a la vez.

En el centro se yergue un obelisco sin inscripciones. Gotea óxido, no agua. Cada gota, al tocar el suelo, escribe un "si hubiera" diminuto que tiembla y se borra. Alrededor, bancos crecidos de la propia piedra se curvan como espaldas culpables. No hay pájaros, no hay viento: sólo calor inmóvil y ese coro de chicharras que sostiene el día como un hilo chirriante.

La Plaza de la Culpa no es tribunal: es espejo multiplicado. Los contornos vibran. En el obelisco, las escenas cambian: me veo allí bloquear mensajes, montar silencios grandilocuentes, convertir cada mesa en escenario, usar la herida como credencial. Me veo voltear el rostro cuando la ternura llega.

Las chicharras se callan de golpe. El mundo queda hueco y, en ese hueco, mi voz.

No rescato a nadie si me hundo primero. No es nobleza: es soberbia. Elijo aprender a amar sin ponerle altar al daño.

Me acerco a la puerta. La palabra **DECISIÓN** deja de ser dorada y se vuelve legible como piel: no brilla, respira. Pongo la mano en la manija. Está tibia. Espera. Mis dedos tiemblan con la memoria exacta del titubeo que tantas veces la disolvió.

Giro. La manija cede con la suavidad de una fruta madura. La puerta se abre y un frío verde, no metálico, me toca la cara. Detrás del umbral, la penumbra parece bosque: troncos altos, cortezas rayadas, hojas que no suenan. El suelo está vivo: raíces como venas. Y entre los árboles, un brillo bajo, ambarino, que sube y baja, como si respirara.

La puerta no se cierra; se borra como bruma.

El bosque me recibe con un olor húmedo y áspero, sin perfume: tierra, savia, algo animal. Entre los troncos, dos ojos ámbar parpadean, bajos, a la altura de mis rodillas, y una sombra elástica se desliza sin romper la hierba. Sé quién es antes de verla: la loba del Juicio.

Respiro.

Cruzo el umbral y la penumbra del bosque me traga como una boca antigua. La humedad se me pega a la piel de inmediato. Cada árbol se alza con un tronco nudoso y retorcido; sus cortezas parecen piel marcada por látigos de siglos, cicatrices profundas que se entrelazan como inscripciones indescifrables. Las ramas se inclinan y se curvan unas hacia otras hasta formar arcos, corredores estrechos, pasajes que parecen decidir por mí hacia dónde avanzar.

El suelo es una trampa blanda. Raíces gruesas, como venas petrificadas, sobresalen en todo el camino. Algunas están abiertas, húmedas, como bocas que esperan morder. Avanzo tanteando con los pies y a cada paso siento que la tierra respira: sube y baja como un pecho adolorido. No camino sobre suelo: camino sobre una criatura dormida que me tolera o me mide.

La veo.

Los ojos primero: dos brasas ámbar, bajas, flotando entre raíces. Luego el contorno emerge, un cuerpo de loba enorme, de pelaje negro con brillos metálicos, como si en cada pelo se hubiera incrustado una espina de obsidiana. Sus pasos no suenan, su respiración sí: un ronroneo grave, amenazante y maternal al mismo tiempo.

Ella se acerca despacio. No me huele; me lee. Me rodea, da vueltas a mi alrededor como midiendo el grosor de mi miedo. El bosque entero parece inclinarse hacia donde se mueve.

—¿Sabes lo que soy? —pregunta.

—La culpa —respondo, apenas un hilo.

Se ríe, un sonido seco, como corteza al partirse.

—Soy más. Soy la memoria torcida, el espejo que nunca devuelve lo recto. Soy quien te dice que no fuiste sólo víctima, sino cómplice. La que susurra que guardaste silencio porque quisiste, que aceptaste porque te convenía, que sigues aquí porque amabas el dolor.

Mi estómago se encoje, la saliva se espesa. Quiero protestar, pero la loba me lanza la mirada ámbar, tan fija que me corta la lengua.

—En mi bosque todos tropiezan con sus propios huesos —prosigue—. Aquí recojo cada "si hubiera", cada "debí", cada noche en que callaste cuando podías gritar. Con ellos alimento a mis crías que crecen con tu vergüenza y beben tu memoria.

La veo: bajo sus patas, pequeñas sombras se mueven como lobeznos, deformes, translúcidos, hechos de vapor y sollozos. Reconozco en ellos los momentos exactos en que me acusé sin tregua, las veces que cargué culpas que no eran mías hasta convencerme de que sí lo eran.

El bosque entero parece querer cerrarse sobre mí. Las ramas crujen y bajan como garras, las raíces se elevan buscando mis tobillos. El aire me aprieta el pecho.

—No saldrás de aquí —dice la loba—. Porque, en secreto, no quieres. Porque el dolor te da forma, y sin él no sabes quién eres.

Siento las piernas ceder, un mareo caliente. El eco en mi cabeza repite lo que ella dice, recuerdo la puerta. La palabra escrita en ella: **DECISIÓN**. El instante en que mis dedos giraron la manija sin desaparecerla.

La loba se detiene. Sus ojos arden, pero no avanza.

El aire se corta. El zumbido del bosque se suspende como un péndulo detenido. La loba me mira con la mandíbula tensa. Luego se repliega, retrocede paso a paso hasta fundirse entre los troncos, dejando sólo dos brasas flotando que poco a poco se apagan.

El bosque sigue ahí, retorcido y húmedo, pero el aire ya no arde tanto en la garganta. Camino. Entre los árboles, muy a lo lejos, escucho el rumor distinto de agua. El Río del Olvido espera.

El bosque se va adelgazando, y el rumor del agua se hace más claro, más insistente, hasta que lo tengo frente a mí: un río negro, inmóvil, no fluye, no corre, se estanca en su propio silencio.

La superficie brilla como espejo bruñido, sin una sola arruga, como si la corriente se hubiera detenido en el tiempo. Me acerco, entonces veo mi rostro. Pero no es un reflejo, es un catálogo de gestos. Veo a la niña con la boca apretada, al adolescente que finge dureza, a la mujer que sonríe en público y se atraganta de inseguridades en secreto. Cada fase de mí se asoma con ojos acusadores. El agua las convoca y las sostiene, multiplicadas, deformadas.

El hedor se pega al paladar y me obliga a tragar vacío. Sé que si bebo me olvidaré de todo, incluso de mí. Y por un segundo, la tentación es real: hundir la cara, tragar, dormir en ese líquido.

Mis pies se inclinan hacia el borde. Siento el suelo resbaladizo, hecho de limo frío que se hunde bajo el peso. Una parte de mí quiere ceder, porque el río no exige. El río promete descanso, una disolución tibia.

Pero el agua se agita y me devuelve otra visión: no sólo yo, sino los rostros de quienes arrastré con mi permanencia en el Amurat. Los hijos con la mirada baja, los amigos cansados, los que me amaron y se fueron con las manos vacías. El río los proyecta como si fueran películas en bucle, y cada imagen cae sobre mi pecho como piedra.

Me arrodillo en la orilla. El agua está tan quieta que parece respirar. Extiendo una mano: el frío es inmediato, metálico, me corta como cuchilla. En el contacto siento el peso de todo. Entonces recuerdo a la loba, sus ojos ámbar. Su sentencia: "El dolor te da forma". Y de pronto la entiendo: no es destino, es hábito. El río no es tumba, es espejo. Y yo he sido la que se mira para convencerse de que ésa es toda su verdad.

Con la otra mano, tomo una piedra del suelo. Es pesada, húmeda, cubierta de musgo. La lanzo al agua con toda mi fuerza.

El espejo se rompe en ondas que se expanden hasta el horizonte. Las imágenes se quiebran, se distorsionan, se deshacen en burbujas que huelen a hierro y ceniza. El río gime, no con voz, sino con un temblor que hace vibrar mis huesos.

Por primera vez, la corriente se mueve. Muy despacio, pero se mueve. Una ola pequeña acaricia la orilla y moja mis pies. No arrastra, no invade. Sólo moja. Y en esa caricia hay algo nuevo: no es promesa de olvido, es advertencia de vida.

Alzo la vista. En la otra orilla se levanta un terreno distinto. No negro, no gris: un suelo color tierra real, húmeda, con hierba incipiente. El cielo, apenas, parece menos amarillo. Hay un tono azul escondido, una grieta de color que se abre como un párpado.

El río murmura:

—La permanencia es tuya.

Respiro hondo. Por primera vez, el aire no sabe a ceniza, sino a algo más…

No salto todavía. Sé que cruzar será el acto definitivo, que no hay regreso. Me quedo en la orilla, con los pies mojados, saboreando esa mezcla brutal de miedo y alivio. El Amurat tiembla detrás de mí, como un animal herido que sabe que lo abandono.

La otra orilla espera.

Antes de lanzarme al agua, el aire cambia.

Es como si el bosque y el río se hubieran puesto de acuerdo para cerrarme el paso.

Me acerco al borde del agua.

El agua me envuelve. El reflejo bajo de mí no se ha ido: se multiplica. Cada movimiento abre un abanico de espejos donde me veo repetida. En uno soy la niña temblando bajo las sábanas, en otro la adolescente huyendo en una patineta rota, en otro la mujer sosteniendo un sillón acuchillado. Cada espejo se rompe cuando mis brazos lo cortan, como si nadar fuera quebrar capítulos de mi historia.

Me falta el aire, pero sigo. El río no sólo se atraviesa, se sobrevive.

Nado con la furia de quien elige. Cada brazada es un corte en la superficie inmóvil. La otra orilla está más cerca: la hierba verde, el azul que se abre en el cielo.

Rompo la superficie con un grito seco. El aire nuevo me quema los pulmones, pero es aire limpio, sin ceniza, sin óxido.

Me arrastro hasta la orilla. La hierba me recibe blanda, húmeda, real. La tierra huele a tierra, no a podredumbre. El cielo ya no es amarillo: es un azul inmenso, abierto, que parece imposible después de tanta penumbra.

Miro hacia atrás. El río está calmo, pero en su espejo ya no me refleja. Sólo muestra su propia negrura, quieta. El Amurat, del otro lado, se ve pequeño, como una ciudad lejana devorada por la sombra.

Caigo de rodillas en la hierba. El cuerpo me tiembla, la respiración es un animal que jadea dentro de mí. No he vencido al Amurat, lo he atravesado. Y al hacerlo, algo de él sigue conmigo, cicatriz y memoria . . .

Respiro.

Fue hasta que mi cabeza empezó a redactar mentalmente todas estas ideas, pensamientos y experiencias que llegaban a mi cabeza en un raudal de emociones por ordenar, que me inundaban, mientras lavaba los platos de la cena del sábado, que entendí que había llegado el momento de retomar la pluma y volver a escribir.

A diferencia de mi anterior libro, donde me sentaba, armada de veladoras, inciensos, sahumerios y copal blanco de las amazonas (sarcasmo), mientras desbordaba mis pensamientos y sentimientos al papel, en esta ocasión me veo sentada en mi oficina –cuarto del jardín–, con una copa de tinto, escuchando música un tanto trivial y ligera…

Días sensibles, días de recordar, una noche, al salir de mi casa a la oficina para apuntar en la agenda 2025 dos podcasts para el próximo año, un humo de copal inundaba el ambiente, me asomé a la reja de la casa, sosteniéndome con las manos en la barandilla y parada de puntitas en el último escalón que da a la calle, levantando la barbilla e intentando afinar el olfato para encontrar la dirección de donde provenía aquel olor. Recuerdo poner cara de juiciosa y levantar la ceja, pensando: "Mmmmmm… rituales de fin de año…", interpretando y condenando de poco experimentados y obvios de la temporada a aquellos en pleno ritual. Pero falsa sería si no reconozco que me dio un extrañamiento y un antojo tremendo, envuelto de necesidad, de entregarme a ese proceso de presencia en donde se trabaja el alma desde una entrega desinteresada de reconocimiento de los demás.

Es una realidad que mi entorno y yo cambiamos trascendentalmente, también es importante reconocer que hasta que no se publicó y resonó *Sanar para crecer y trascender*, mis traumas se movieron de lugar, no con esto afirmo que esté sanada, **no, en lo absoluto**, lo que sí es cierto, es que cada vez integro más en mí, entiendo que es proceso de vida y que todo radica en ese humilde reconocimiento de la imperfección propia y el anhelo de algún día intercambiar algo con la vida. A raíz de *Sanar para crecer y trascender* veo todo el cambio que llegó, ahora miro la vida con otros lentes, porque mis ojos son los mismos, pero tengo unos lentes que me ayudan a ver diferente; hoy aborrezco que me vean como víctima, y peor aún con el adjetivo calificativo —para mí peyorativo— de "sobreviviente", creo que toda aquella persona que vivió una agresión de infante, o adulto, lo que menos debe recibir es el post-it de sobreviviente, lo analizo y desmenuzo. ¿Vivir sobre lo que pasó a manera de colchón? Excusa perfecta para cualquier reacción dramática. ¿Vivir entonces sobre una raíz de dolor? ¿Caminar a medias el presente en un terreno pantanoso de lo que pasó? ¿Terminar definiendo absolutamente todo con base en tu experiencia, porque está debajo de todo lo que vives ahora? Seguramente algún letrado o filosofo me pondría una paliza al respecto. Por más que le doy vueltas, porque esto del pensamiento compulsivo es de mis mejores herramientas para enloquecer, entiendo que para mí significa trabajar para estar presente y en el servicio desinteresado, pero no obligado, como el amor incondicional, ése que se da sin esperar nada a cambio, para mí, como el que me da Dios: eterno, pacífico, sin resguardo.

En mi vida he conocido a personas brillantísimas, con una fuerza de tractor Bulldozer doble motor, que vienen de un trauma, de una situación de profundo dolor; asi como también, personas que no vienen de traumas desgarradores, sino que vienen de calma o cotidianidad estable. Es difícil no comparar y no ponerse la capa de satín rojo con el escudo bordado en relieve dorado de "**SV**" (Sobre Viviente) cuando venimos de abusos en la infancia, tanto físicos, emocionales o sexuales, de abandonos, secuestros, guerras, enfermedades o muertes trágicas. Pareciera que, tal vez, se nos dé en recompensa a lo vivido, el súper poder de la resiliencia. Hoy la entiendo como la capacidad de conectar con los dolores del pasado, abrazarlos con amor y valentía, transformandolos en fuerza para crear. Éste es un proceso profundo que implica mirar con honestidad las cicatrices emocionales, liberar el dolor atrapado en la mente y el cuerpo, y resignificar el pasado desde un lugar de comprensión, perdón y aceptación. Pero no sólo de manera poética, sino con la responsabilidad inmensa de que vuelve en mí una fuerza creadora imparable que, me atrevo a decir, muchas veces me ha tentado a huir o a caer en la enorme droga que es el reconocimiento y la validación de los demás.

La aceptación de esta afirmación me hace temblar las piernas y, más aún, verme en el proceso de escribir un segundo libro, en donde me cuestiono si lo que voy a plasmar, tendrá el mismo peso que el de leer la historia de una niña vulnerada que perdonó su pasado, porque las historias de niños lastimados desgraciadamente son taquilleras debido a la cantidad de personas que se pueden identificar con ellos, y por que no hay cosa que dé más compasión que un niño vulnerado. Me genera cierta ansiedad pensar en si en verdad tengo la capacidad narrativa, o que fue como leer el *Alarma* (periodico ochentero que sólo publicaba violencias desgarradoras), los sucesos inesperados en la vida de una mujer que sobrevivió

Y otra vez sobre-vivir… yo ya no quiero vivir-sobre nada, quiero vivir sobre la tierra, con mis pies dejando la menor huella posible en la vida de nadie, liviana, ligera. Porque, sí, sobrevivir al Abuso Infantil nos convierte en un superhéroe, los demás nos adjudican poderes sanadores que muchas veces son más una carga que una cualidad. Me he descubierto, muchas veces, usando, en lugar de una capa y un súper traje, un disfraz de autocompasión por haber "sobrevivido"; me descubro decorando mi existencia con excusas brillantes y autosabotajes premium, todos justificados por ser una sobreviviente de abuso sexual. ¡¡¡Que flojera!!!! Yo ya no quiero vivir así.

Y ésta es una realidad que, tal vez, muchos de mis lectores, conocerán, en especial los que han transitado en el Amurat, que a veces las frases: "Te compadezco por lo que pasaste." "Pobre de ti." "Dios manda sus peores batallas a sus mejores guerreros". "Nadie debería vivir lo que tú", resuenan en nuestra cabeza como golpes vacíos que acaban por formular en nuestra mente la idea de que todo en nuestra vida se justifica y gira en torno a nuestra experiencia de abuso. Cuando no es así, o al menos no debería serlo.

Así como los traumas algunas veces son motor de activistas, ¿por qué esperar al suceso desafortunado y no mover los hilos necesarios hoy, no mañana, hoy desde este mismo instante?

A través de este libro busco contar historias de mucho dolor, pero también busco el completo entendimiento de lo que una persona que ha vivido el Amurat puede hacer con ese dolor. No se trata de compasión ni autoengaño, las historias que aquí se encuentran son también historias de resiliencia, de abstraer lo mejor de lo peor, de confrontarnos con el miedo y la angustia, de entender que un@ somos tod@s.

YO

♪ **"Au"**, del álbum *Au* (2025),
de Paloma Morphy

Camino sobre la línea difusa que separa lo propio de lo ajeno, lo íntimo de lo compartido, lo vivido en carne de mi piel de lo respirado en la memoria de los otros. Y es que decidí narrar en primera persona las vidas que no son mías porque descubrí que el lenguaje es el único cuerpo que puede volverse común, que la voz en primera persona no es un acto de propiedad sino de entrega: un despojarme de la rigidez de mi Yo para convertirme en un túnel donde las palabras, al atravesar mis dedos tecleando palabras, se hacen eco de las voces resilientes en otras biografías.

No hay engaño en este gesto, no hay apropiación indebida: hay una rendición. Escribir en primera persona las vidas de los otros es inclinar la frente ante la evidencia de que todo lo humano nos atraviesa, que las heridas de la infancia son universales, aunque adopten distintos disfraces, que las cicatrices que aprendemos a esconder en la adultez son en realidad espejos rotos que reflejan lo mismo bajo miles de formas. Yo escribo como si fuera mía la historia ajena porque sé que en la hondura todos nos encontramos: un túnel, sí, oscuro y largo, que nos obliga a mirar de frente los rostros ajenos para reconocer que también allí respira nuestra propia historia.

Comprender al otro desde su voz prestada en mis letras es aprender a inclinarme con humildad. Yo, Dafna, al tomar las palabras de otro como si fueran mías, no me engrandezco: me rindo en humildad. Y en esa pequeñez, en esa desnudez de saber que todo dolor podría ser mío, o tuyo, surge el milagro de la empatía. No busco erigir monumentos, sino sembrar altares mínimos donde cada biografía tenga un lugar. Porque cada vida narrada en primera persona es un homenaje: un reconocimiento a la resiliencia de quienes, a pesar de haber sido quebrados de una forma u otra, eligieron no perpetuar la fractura; un canto íntimo a los que decidieron no repetir la cadena de violencias, aunque estaban forjados en hierro ardiente.

Al hablar desde esa voz íntima, me arranco el disfraz de la observadora distante. No describo con la frialdad de quien registra, sino con la vulnerabilidad de quien se deja atravesar. Hacer que una vida ajena me toque como propia, que la resiliencia del otro me enseñe.

Yo, Dafna, me convierto en narradora en primera persona de esas vidas porque es la única manera de sentir de verdad. Me obliga a llorar con lo que no viví, a reconocer que también yo podría haber sido cualquiera de esas voces, que el azar de mi biografía no me separa de nadie, que todos somos posibles versiones los unos de los otros.

Y quizá de eso se trate: de mirarnos en ese túnel donde cada rostro refleja el nuestro, donde cada cicatriz ajena despierta la memoria de la nuestra, donde al final no hay un Yo aislado, sino una multitud de Yos que se abrazan en la oscuridad hasta encontrar juntos la salida.

Esa salida no es otra cosa que la compasión. No la compasión condescendiente que mira desde arriba, sino la compasión horizontal que nos une en la fragilidad. Comprender que todos llevamos huellas, marcas, heridas abiertas, es desarmar la ilusión de que existe alguien intacto, alguien puro de dolor.

Porque de eso se trata: de narrar, no para poseer, sino para compartir; no para apropiarme, sino para entregarme; no para decir "yo soy única", sino para decir "yo soy tod@s". Y en esa afirmación, en esa humilde confesión, encuentro la verdad más honda: que cada vida distinta es, en el fondo, la misma vida multiplicada, y que narrarla en primera persona es simplemente honrar el milagro de que, a pesar de todo, somos tod@s y seguimos aquí.

Las anotaciones musicales que abren cada relato no son un mero acompañamiento estético, sino la huella íntima de la persona que inspira la narración. Cada pieza ha sido elegida desde lo más hondo de su memoria, como si en esas melodías quedaran atrapadas las luces y las sombras de su vida. Son la antesala sensible de lo que está por contarse, un puente secreto entre la experiencia y la palabra escrita.

Quien desee sumergirse en esta selección podrá encontrarla reunida en el playlist **"Somos Tod@s"**, disponible en Spotify, curado por Dafna Viniegra, donde cada nota resuena como eco de una historia que nos pertenece a tod@s.

POR ELLA

♪ **"Solitude"**, *Master of Reality* (1971),
de Black Sabbath

No soy mala. Soy filo. Un filo que aprendió a hablar más fuerte que el temblor de las manos. Si me miras de frente vas a ver un gesto duro, la mandíbula tensada como si masticara piedras, los ojos rectos, el ceño que no pide permiso. Eso es lo que dejo a la intemperie. Debajo, ahí donde nadie quiere bajar sin linterna, soy una cámara oscura: el aire sabe a metal y todo eco suena más fuerte de lo que es.

Me muerdo las uñas hasta dejarlas como lunas menguantes. El sabor es amargo y me calma. Busco con la lengua los bordes colgantes, esas rebabas microscópicas que prometen un orden si las desaparezco. Miento: no es orden lo que busco, es una tregua. La tregua dura dos, tres respiros; después vuelve el zumbido, una abejita enjaulada entre mi esternón y la garganta. A veces la oigo más fuerte cuando me quedo sola y la casa hace sus ruidos de huesos viejos: el refrigerador tosiendo, las escaleras que crujen, el agua que se arrastra por las tuberías como un animal cansado.

Camino descalza para sentir si el suelo está vivo. La loseta fría me sube por las venas como si fuera invierno, aunque estemos a treinta grados. Hay una baldosa rota en el pasillo que siempre me recuerda que nada está completo. Paso por encima y la piedrita suelta me muerde el talón; es un mordisco leve, apenas un recordatorio. Yo también estoy rota, pero aprendí a andar sin que se note. Con la boca digo: "No me pasa nada". Con el cuerpo: "Estoy a punto de estallar".

Mi casa no es una casa diferenete, soy hija única y eso no ayuda mucho a la soledad, mi madre trabaja de 9 a 3 y de 4 a 7 en un laboratorio que hace medicinas psiquiátricas, vaya ironía… Mi papá es ingeniero civil y le dieron una plaza en el desarrollo del Tren maya, se suponía que vendría a casa una vez al mes, pero dice que, como tienen retrazos en la construcción, por el paro de la huelga de los manglares, está detenido, y fácil hace 4 meses que no lo veo, nuestra situación económica… ¿Cómo decirlo? Somos una familia mexicana que tiene un televisor en la sala, todavía de los que tienen caja por atrás, se supone que este diciembre comprarán una pantalla. Vivimos en un departamento en la unidad Tlalpan 2000 de dos recamaras y 1 baño compartido, la unidad tiene un area común en la azotea del edificio, de pasto sintético, 4 asadores, 1 en cada esquina y esas sillas de plastico como tejidas que cada que te sientas dan estática. Mis abuelos maternos viven en Echegaray y mi abuelo paterno está en el pueblo, en Uruapan, a mí me choca irlo a ver, la señal del cel es pésima y mi abuelo siempre quiere que vayamos al cementerio a dejarle flores a mi abuela Cuca. Mi mamá está conmigo lo más que puede, pero si pones en el waze el tiempo de recorrido de su oficina a aquí, siempre va de los 45 mins hasta 1.30hrs dependiendo la hora o de si llueve. Eso sí, las manifestaciones no afectan, siempre sale de aquí antes de las 7 de la mañana para que no le agarre el tráfico y para su hora de salida ya se quitaron. Sé que, si fuera por ella, estaría mucho más en casa, pero si no trabaja así, pues… tendríamos que mudarnos con mis abuelos hasta Echegaray y ahí sí ¡me muero!

No me gusta verme al espejo, en especial en el espejo del baño, cada que me miro parece que estoy viendo a una extraña.

La luz blanca exagera los poros, el acné, el nacarado de las cicatrices que, si las miras rápido, parecen rayones de gato. Nadie mira rápido. Ojalá miraran rápido. Ojalá el mundo fuera un parpadeo. Me lavo la cara con agua helada y me detengo en la orilla del lavabo como quien se asoma a un puente. El agua suena hueca al caer, como dentro de una cueva. Me gusta escucharla. Me deja afuera por un momento, como si estuviera de visita en mis propias manos.

En la escuela soy esa que contesta sin levantar la mano y que se ríe cuando no corresponde. Las maestras dicen que soy "confrontativa", que "tengo carácter", que "debería canalizar mi energía en algo productivo". Me encantaría canalizar mi energía en un desagüe y quedarme vacía, a ver si así duermo. Mis compañeras me miran como si fuera una alarma siempre encendida. Me piden cigarros, me piden que les acompañe al baño porque "yo sí me atrevo a decirle cosas a la prefecta". Yo me atrevo a todo si con eso nadie se asoma detrás de mi puerta.

El abecedario del miedo se aprende por repetición. Yo lo repito en silencio: A de alerta, B de bulto en la garganta, C de correr, D de "dije que no", E de escapar, F de fingir que nada pasa… A veces, cuando la noche cae como una sábana húmeda, siento pasos que quizá no son pasos. La cabeza fabrica ruidos con tal de avisarme que esté lista. No se puede dormir con el chaleco antibalas puesto, pero lo intento. Cierro la puerta del cuarto con llave, empujo el escritorio contra la puerta, veo el rectángulo de la ventana como una herida abierta. Tengo una patineta debajo de la cama; la lija me raspa la piel viva de la punta de mis dedos, ese lugar que corresponde a la uña, cada vez que la toco. Me gusta ese ardor: es prueba de que algo afuera todavía puede doler distinto.

Cuando salgo a correr, no corro por condición. Corro para no quedarme. Piso una, dos, tres calles; los tenis golpean el pavimento con un ritmo que podría ser un idioma. Me aprendo las grietas del asfalto: hay una en la esquina de los naranjos que forma una especie de mapa. La cruzo como quien cruza un nombre prohibido. El aire de la noche entra duro por la boca; sabe a polvo y a gasolina. Pienso que la gente cena y ve series y se queda dormida con el celular en el pecho. Yo también hago eso a veces. Dejo el brillo de la pantalla sobre mi cara y lo pongo de pretexto por si me preguntan por qué tengo los ojos rojos.

Bebo. No como todos creen, no tengo fiestas en mi cuarto ni borracheras épicas. Bebo como se bebe un remedio casero para olvidar que manos adultas y viejas han tocado mi piel desde que era pequeña: a tragos pequeños, sola, con la lámpara apagada y escondida entre el librero y la puerta de la cocina. El calor que sube por el estómago es una manta demasiado corta; nunca alcanza para taparme los pies. Dejo pistas. Es ridículo, pero lo hago. Una tapa mal puesta, una lata no del todo oculta en el fondo de la basura, el olor a vomito que no termina de irse de la toalla o en mi aliento cuando ocacionalmente mi madre besa mi frente antes de que, según ella, me vaya a dormir . No es que quiera que me castiguen. Quiero que alguien pregunte: "¿Por qué?" Quiero que ese por qué se pare frente a mí como una puerta abierta y yo, por fin, diga la contraseña. Pero la gente es demasiado educada, demasiado prudente con las jaulas ajenas. Prefiere preguntar por las calificaciones y el nuevo disfraz para el festival de la clase de baile.

Me corto. No para morir. Ya lo dije: es una tregua. La piel, si la miras de cerca, tiene el trazo de un río; yo dibujo orillas. La línea aparece, respira, se asienta sobre mí con una sinceridad que agradezco. No hay confusión ahí. No hay un: "¿Segura?", no hay un: "Quizá exageras", no hay un: "¿Sabes lo que eso implica?", no hay un: "Nadie te va a creer", o un: "Si dices algo, les digo que fue tu idea", "vas a destrozar a tu madre, ¿quieres lastimarla?" La sangre no discute. Baja porque tiene que bajar. La escondo donde nadie mira salvo cuando hace demasiado calor y las mangas largas se vuelven un sauna portátil. He aprendido a responder con humor cuando alguien pregunta. He aprendido a que se rían conmigo. Es más cómodo que llorar.

En la mesa del comedor. Mamá me pregunta si ya comí. Papá, cuando estaba, preguntaba, sin levantar los ojos del celular, si ya había hecho la tarea. Yo contesto que sí a todo, siempre. La normalidad tiene un guion que conozco de memoria. No hay que improvisar donde cada pausa pesa. A veces tengo ganas de decir: "Hoy no puedo, hoy el aire pesa diez kilos por centímetro cuadrado". Pero no hay unidad de medida para el aire de adentro, así que me sirvo más arroz, recojo los platos, bromeo sobre un meme. El mundo agradece mi sarcástico sentido del humor.

Hay un familiar que conozco desde antes de recordar. La familia es esa palabra que te enseñan a pronunciar con la lengua al principio del alfabeto, como si fuera casa o pan. No voy a decir su nombre. No porque no pueda, sino porque la palabra "nombre" le queda grande. A veces las cosas más terribles no tienen nombre, sólo olor. El olor llega primero que la memoria, como los perros que escuchan antes que tú una tormenta. Es un olor que se mezcla con la colonia barata, con las fundas plásticas del sillón y cigarros sin filtro. Podría describir el color del aire cuando está cerca, pero no quiero confundirte con metafísica. Prefiero decirlo con el cuerpo: cuando se acerca, los músculos del cuello se acortan, como si fueran cuerdas y alguien las templara de golpe. La lengua se me pega al paladar sin poder pasar saliva. La casa, que hace ruidos de hueso, se calla de repente. Eso pasa de día, de noche, a cualquier hora que el calendario no mira porque siempre estamos en familia.

He perfeccionado el arte de la máscara. Me pongo la risa con la habilidad de quien se hace un delineado perfecto en el ojo aunque le tiemble la mano. Me sé insolente; me gusta empujar a los adultos dos pasos atrás. Si me dicen: "No contestes así", contesto peor. No es por placer. Es para que mi cuerpo sienta, aunque sea por un instante, que puede decidir algo. La insolencia es mi candado. El miedo, la llave que no encuentro.

Por las noches hago inventario. Cargo con tres listas: cosas que hago para sobrevivir (correr, morderme las uñas, dibujar orillas sobre la piel, rodar en mi patineta), cosas que hago para que se note que algo está mal (dejar la lata vacía, llegar tarde a casa, que me vean con los ojos vidriosos), cosas que no puedo decir. La tercera lista ocupa más espacio del que tengo en la cabeza. La enrollo y la meto debajo del colchón, donde también duerme la patineta. A veces me imagino que el colchón es un mar, y que el mar me aguanta un ratito la respiración. Debajo, el mundo es más lento. Los sonidos llegan después que el silencio, y eso me da risa. Reírme en silencio es mi deporte favorito.

En el barrio hay un perro que siempre que me escapo de madrugada a rodar en patineta, me sigue dos cuadras y luego se rinde. Le puse nombre sin pedirle permiso: Trueno. Cuando lo oigo ladrar siento que estoy en una película en la que alguien me vigila para que no me pase nada. Me gusta pensar que los perros pueden olfatear preguntas, y que ladran para que una no las olvide. A veces lo acaricio y mi mano huele a calle. Me guardo ese olor como quien se guarda un talismán en el bolsillo de la sudadera.

Hay días en que el mundo es, simplemente, demasiado. Me viene esa idea de que podría apagar el interruptor, cerrar todas las cuentas en redes sociales, restablecer la configuración de fábrica de mi cel, eliminando todo el contenido, poner todos los objetos en su caja original y entregar las llaves. Y entonces el teléfono vibra. La pantalla despliega la franja verde de Whatsapp: "¿Vas a venir mañana?" "Sí." Siempre digo que sí. La vida me pasa lista y yo levanto la mano, presente. Luego, me miro a los ojos en el espejo y me digo: "No te vayas". No es una orden. Es un ruego chiquito, como los que se le hacen a una plantita para que no se seque.

El hospital —todavía no he ido, pero he soñado con él— huele a cloro y a sopa recalentada. Las paredes, blancas que hacen daño. Los pasos, amortiguados como si todos trajeran zapatillas. En el sueño, me siento rara, como si tuviera puesta una ropa que no es mía: una bata con un cinturón de tela que no abrocho. Nadie me mira directo, y eso me tranquiliza. Me toman la presión, me preguntan si duermo, si como, si me baño, si estudio, si me drogo, si tengo novio, si me cuido. Nadie pregunta todavía lo que importa. En el sueño, contesto lo que quieren oír. La costumbre tiene una coreografía que se baila con los ojos cerrados.

Por las tardes me siento en la banqueta a ver a los niños de la cuadra jugar con una pelota medio inflada. El cielo es tan ridículamente azul que me da coraje. ¿Cómo se le ocurre ser tan azul cuando yo siento que se me rompen las costillas cada vez que tomo aire? Me siento inflada por dentro, como a punto de estallar. Me coloco los audífonos y pongo una canción de heavy metal, el estruendo y los gritos de Black Sabbath me organizan el pensamiento y dejo que el mundo haga su ruido sin mí. Un vecino riega las plantas, el agua choca contra el cemento y levanta un olor a tierra que me recuerda a los veranos en que tenía rodillas peladas por caerme tanto por aprender a andar en patineta. Hay una memoria anterior al miedo, y a veces se asoma despacito, como un insecto que sale de su escondite para medir la luz.

Cuando voy al súper con mamá, camino junto al carrito como una sombra que empuja. Ella revisa las promociones, yo cuento las latas de piña que hay en una torre perfecta. Me gusta su geometría, la promesa de que todo puede apilarse sin caerse. Una niña pequeña llora en la fila; su llanto tiene un timbre agudo que me atraviesa la cabeza y me dan ganas de taparme los oídos. Me agacho para "amarrarme las agujetas" y respiro dentro del cuello de mi sudadera, así, envuelta en la capucha en mi propio olor a shampoo *herbal essence* brisa de verano. "¿Estás bien?", pregunta mamá sin mirarme. "Síiiiiiiiii", largo y sin emotividad alguna. "¿Segura?" "Sí", entrecortado, dando espacio a que su curiosidad indague de más.

De noche vuelvo a abrir la ventana apenas. Dejo la rendija por donde se cuela el aire. Mi brazo cuelga por un lado de mi cama, siento la textura de la lija de la patineta con el pulgar y recuerdo la primera vez que aprendí a mantener el equilibrio, ese segundo exacto en que el cuerpo decide confiar en que el movimiento también es una forma de sostenerse. Me digo: "Si la canción que venga ahora es lenta, duermo; si es rápida, salgo". Le cedo esa decisión al *shuffle*, porque hay decisiones que todavía me queman los dedos.

A veces me imagino contando esta historia en voz alta. Imagino los ojos de alguien, no sé quién, manteniéndose interesados. No quiero compasión. Quiero que me crean. Quiero que el idioma se me acomode en la boca sin que me la muerda por dentro. Ensayo: "Tengo miedo." Ensayo: "No es un berrinche." Ensayo: "No estoy loca." Ensayo: "No es mi culpa." El cuarto me devuelve las palabras como si las probara a diferentes velocidades. Algunas palabras necesitan que calce y apriete bien las agujetas de mis *convers* rojos. Otras se dicen descalza.

No sé cuándo empezó, exactamente —no, me gusta ni pronunciar su nombre— pero me enseñó que el tiempo puede doblarse como una servilleta. A veces estoy lavando un plato y, sin transición, estoy en un pasillo con luces apagadas y un reloj que late más fuerte que cualquier corazón. A veces estoy copiando un ejercicio de matemáticas y, de golpe, el lápiz escribe "ayuda" en letras tan pequeñas que sólo yo las reconozco. A esa hora me vuelvo la policía de mi propia casa: tomo nota de quién entra, quién sale, a qué huelen los diferentes silencios. A veces el silencio huele a naranja; a veces, a puerta cerrada.

Me hablo con el mismo tono con que una entrenadora habla a alguien a punto de caerse: "Mira al frente, brazos abiertos, respira". Repito mis apellidos en orden como si fueran protección. Debajo, la niña que fui asoma su trenza y pregunta si hoy nos toca jugar. Le digo que mañana, que hoy estoy ocupada sosteniendo el techo. Ella entiende porque las niñas entienden todo con una lógica de agua: se acomodan al recipiente que las contiene. He sido recipiente de cosas que no me cabían. He aprendido a hacerme más grande por dentro y eso duele.

Anoche dejé otra pista. Fue una cosa mínima: la hebilla de la mochila mal cerrada y el cuaderno que dejé abierto en la página donde un párrafo se corta en la mitad de una frase. Una frase que está por contar la realidad que me refleja. Mi mamá pasó por mi cuarto y miró el cuaderno con el ojo izquierdo. Yo estaba boca abajo, haciéndome la dormida, escuchando cómo el papel respiraba. Quería que preguntara. No preguntó. Puso la cobija sobre mis hombros y apagó la luz, otra vez no vio.

Hoy me mordí la cutícula hasta que salió dolor color sangre y con el color entendí que quizás lo que me sostiene no es la dureza sino la franqueza. A veces me siento en la banqueta y cuento en voz baja las cosas que todavía quiero: aprender a hacer aretes con alambre, volver a dormir sin escuchar pasos que no sé si son pasos, cruzar el parque en patineta sin tener que mirar atrás, decirle a mamá la palabra exacta y no la palabra prudente. Quiero palabras exactas. Quiero que sean mías, aunque tiemblen.

Acaricio la lija como quien lee braille. Siento el abecedario calloso bajo los dedos y pienso que, si me lanzo calle abajo, con el viento cortándome las mejillas, quizá el zumbido se vaya a dormir un rato. La noche huele a jacaranda, a lluvia que todavía no llega, a un metal dulzón que no sé nombrar. Trueno, el perro, hace su ronda. Contengo el aire en un frasco imaginario y me digo que hoy no, pero quizá mañana sí me atreva a decirlo en voz alta. Lo ensayo con los labios, sin sonido, para que cuando llegue el momento no me expulse la sílaba, no me traicione la saliva; para que el no y el sí, alineados, me miren y entiendan que yo también me estoy mirando.

Si me preguntas qué me mantiene viva, te digo: la posibilidad del movimiento. La patineta esperando. La calle como un animal que no termina de dormirse. El rumor de una pregunta que, si se hace completa, podría desarmar el universo y la familia como un juguete para volverlo a armar de otra manera. No quiero ser heroína. Quiero estar. Quiero estar y que se note. Quiero que alguien escuche cuando dejo caer, a propósito, la botella de tequila ya medio vacía.

Eso es lo que tengo por ahora: uñas mordidas, lija en los dedos, una lengua que practica la verdad como quien aprende una canción nueva, un secreto que pesa, un perro que me acompaña dos cuadras, una casa que cruje, una lista de inventarios, una rabia que se disfraza de risa, un sueño de hospital con paredes que encandilan, y una noche que me llama por mi nombre —ése que casi no uso— para recordarme que soy, que estoy aquí, que por mínima que sea mi voz, deja marca en el aire. Me aferro a esa marca. Me aferro y no suelto.

De las tardes en silencio en la banqueta pasé a las terapias de grupo, los silencios eran cuchillas.

Éramos diez chicas, sentadas en círculo sobre sillas de plástico que se tambaleaban con cada movimiento. Cada una llevaba un infierno escondido en la garganta. Algunas hablaban de intentos de suicidio como quien recuerda una tarde cualquiera. Una chica con la cabeza rapada contó entre carcajadas cómo su madre la dejaba encerrada en un coche durante horas. Otra, con los brazos llenos de marcas, describía con detalle la forma en que la cuerda le quemaba el cuello. Yo escuchaba. La sala olía a desinfectante y a miedo compartido.

Cuando me tocaba hablar, decía lo mínimo.

—Me muerdo las uñas hasta sangrar.

—A veces me corto.

—A veces me duermo en el suelo porque la cama me da miedo.

Decía eso y ya. No añadía el resto. No añadía la palabra que me ahogaba. Nadie preguntaba demasiado. Nadie quería romper lo que se sostenía apenas con hilos invisibles.

Hasta que una tarde sucedió.

Yo no lo planeé. No lo pensé. Salió de mi boca como si hubiera estado esperando desde siempre el momento de traicionarme:

—Me abusa mi tío, lo hace desde que tengo memoria, él robó el primer recuerdo de mi infancia, invadió todos los recuerdos que tengo— salió así, sin adorno, sin explicación.

La palabra "toca" salió áspera, como un vidrio arrastrado contra el cemento. Todas las miradas se clavaron en mí. El aire de la sala cambió de temperatura. La terapeuta me miró, fija, como si sus ojos fueran la única red capaz de sostenerme. Yo no lloré. No podía. Tenía los ojos secos, resecos como papel quemado. Pero por dentro algo se rompió.

Esa noche, mamá vino a mi cuarto, le habían llamado de la terapia de grupo.

Su cara parecía una máscara derretida. Los ojos hinchados, la piel como si hubiera llorado hasta secarse. Me dijo mi nombre una y otra vez, como si al repetirlo pudiera devolverme la inocencia. Yo la miraba con rabia. Rabia porque lo supo tarde. Rabia porque nunca me vio, porque las pistas siempre estuvieron ahí: las mangas largas en pleno verano, las botellas escondidas a medias, los ojos rojos. Yo quería gritarle: "¡Me dejaste sola!" Quería decirle que el silencio también es un crimen.

Ella lloró. Me abrazó. Yo me quedé rígida, como una piedra. No sabía cómo entregar el cuerpo. Nunca nadie me enseñó a recibir un abrazo sin temblar.

Decidí escapar.

No soportaba el nuevo olor de la casa. Olor de culpa, de sorpresa, de llanto, de lágrimas que no eran mías. No soportaba el ruido de las puertas cerrándose como si sellaran destinos. No soportaba las miradas vacías. Necesitaba aire. Necesitaba movimiento. Necesitaba sentir que aún podía decidir algo.

Abrí la mochila y metí lo mínimo. Ropa, audífonos, un cuaderno. La patineta fue lo primero que agarré. Esa tabla áspera era lo único que me hacía sentir que el mundo obedecía a mis pies.

El pavimento estaba húmedo por la lluvia ligera de la tarde. Olía a tierra mojada, a gasolina. Me subí a la tabla. El sonido fue inmediato: las ruedas mordiéndose al concreto, un rugido grave, constante, que parecía marcar mi pulso. El viento me golpeaba las mejillas como bofetadas de agua fría.

Rodaba y rodaba. Las casas dormidas me miraban sin ventanas encendidas. Un perro ladró. Trueno, pensé. Quise creer que me seguía, como siempre, dos cuadras y después se cansaba. Pero esta vez yo no volteé, cerré los ojos un segundo, sólo un segundo, para escuchar el mundo: el rodar de la tabla, el silbido del aire, mi respiración entrecortada.

El péndulo golpeaba en mi pecho: vivir, morir, vivir, morir.

El pavimento parecía susurrar: "Hazlo". El viento me gritaba: "Quédate".

Yo no sabía a cuál obedecer.

Me vi desde fuera: una niña con el pelo enredado, saliendo por entre los lados de mi capucha, de mangas demasiado largas en una patineta, tragándose la noche. Una niña a punto de decidir. Una niña que sólo quería paz.

Entonces lo pensé: *no quiero morir hoy*.

Lo repetí como si fuera un conjuro: **no quiero morir hoy, no quiero morir hoy**. El sí a la vida me supo extraño, como agua demasiado fresca después de un largo desierto.

No sé si la muerte es un silencio o un eco.

No sé si se apagan las luces de golpe, como cuando se corta la electricidad en toda la cuadra, o si, por primera vez, se encienden todas al mismo tiempo y la claridad abrasa. Pensaba…

El Viaducto aparece de frente, un monstruo iluminado, una serpiente de faros que nunca se acaba. Subo la rampa del puente peatonal con la tabla bajo el brazo, jadeando. El puente vibra bajo mis pasos, la barandilla rezuma humedad, olor a óxido y a lluvia vieja.

Arriba, el aire cambia. Es más frío, más filoso. El ruido del tráfico sube como una ola constante, un rugido grave y repetido que golpea contra el vientre y ensordece la claridad de mis pensamientos. Toco la barandilla, parece que el metal me jala como un imán. No puedo dejar de recorrer mi mano por el tubo de hierro, está helado, casi pegajoso. Me asomo, me siento en el borde, me cruzo de lado, mis pies cuelgan hacia el vacío, siento el peso de mis *convers*, siempre los calzaba por ligeros. Abajo, los coches son flechas encendidas, un torrente hipnótico que me deslumbra. Las luces ciegan mis ojos; son soles diminutos que me invitan a cerrarlos, a rendirme, a recordar mis pensamientos de calma, de vida. Respiro, y el aire huele a gasolina, a caucho quemado. Pienso y repienso en saltar, en dejar que todo se calle de una vez. El murmullo dentro de mi cabeza —esas manos adultas dentro de mi pantalón, la presión en mi cabeza jalándome a su entrepierna, empujándome contra él, golpeándome cada vez que mis torpes y descoordinados dientes chocan con sus partes blandas, y con un jalón de pelo levantarme de golpe amenzándome con decirle a mi madre que es mi idea si lo muerdo—, me atraganto de silencio, que se mezcla con el rugido del tráfico. Dudo. Algo en el estómago me pide aguantar un poco más, girar el cuerpo, volver al puente, decidida doy la vuelta con ganas de encontrarme a Trueno. La barandilla, mi patineta, veo de reojo las agujetas de mis tenis sueltas, bailando entre el viento, brillando por las luces de los faros de los coches, y con el impulso de regresar al puente, y por intentar que mi patineta no cayera a ese abismo de renuncia al que hoy decido no caer, el hierro se escapa de mis manos, resbala, se vuelve líquido, el tiempo se abre.

Me siento caer, irónicamente, antes de apretar mis ojos, veo mi patineta de lado seguro del puente, El viento me recibe como un amante cruel: me golpea la nuca, mi capucha se aferra a mi cara, me eriza la piel, me retuerce el cabello en látigos oscuros. El mundo entero se convierte en viento.

En mis oídos, el aire se convierte en un bramido, un zumbido que crece, que se transforma en un claxon sostenido, grave, desesperado.

La confusión invade: pensamientos sueltos, imágenes rápidas, voces que no alcanzan a hacerse oración. La cocina de la abuela, el olor dulzón de guayaba hervida en una olla negra; el sol hirviendo sobre la banqueta; Trueno, el último aroma a jacaranda y tierra mojada, recuerdo la mano áspera cerrando la puerta, y el dulce barato entregado como mordaza.

"La tabla vive. Yo muero. Que al menos algo de mí se quede en pie y rodando".

Los coches abajo parecen crecer como monstruos de luz. La velocidad los convierte en lanzas rojas y blancas que me esperan. El rugido del viento se transforma en un claxon interminable, grave, que me llena los oídos. Por un segundo creo escuchar en ese sonido un rezo, una plegaria, una despedida.

Y entonces, justo antes del impacto, la confusión se calma. Una certeza se enciende en mi cuerpo: ya no habrá manos forzándome, ya no habrá dulces cambiados por silencio, ya no habrá cuartos oscuros con puertas cerradas. El dolor de 13 años, las noches de insomnio, las voces que me acusaban, todo, todo se diluye en el viento que ahora me envuelve.

Siento un descanso. Un descanso tibio, extraño, como cuando me hundía de niña bajo las cobijas buscando no escuchar. El vacío se convierte en abrazo. Mi último pensamiento no es de miedo, sino de alivio: "Ya no duele".

El golpe llega. El cuerpo encuentra el asfalto. El viento que rugía en mis oídos se convierte en el estruendo seco del impacto y en el claxon del coche que no alcanza a frenar.

Arriba, en el puente, la patineta queda con las llantas al aire, todavía girando.

Y abajo, en la avenida, todo es pausa, ya todo es silencio.

La mañana siguiente, los primeros transeúntes cruzan el puente. Ven la tabla apoyada contra la barandilla, manchada de rocío. Nadie sabe ya lo que pasó la noche anterior, pero el objeto parece contar una historia. Unos niños se detienen, la miran con la curiosidad de quien encuentra un juguete perdido. Un hombre que va a su trabajo baja la mirada y acelera el paso, como si intuyera algo que no quiere nombrar. Una mujer mayor se detiene más tiempo: toca la madera con los dedos y susurra algo que nadie escucha.

Alguien deja una flor. Otro, una veladora encendida en un frasco de vidrio. El puente comienza a transformarse en altar improvisado. La patineta permanece ahí, como testigo mudo, como símbolo de una voz que quiso ser escuchada.

Abajo, el tráfico nunca se detiene. Claxons, motores, el murmullo de la ciudad. Pero arriba, sobre ese puente, el silencio se vuelve pesado, reverente. Cada persona que pasa siente, aunque no sepa por qué, que ahí hubo una vida que se cansó de callar.

Mi historia no es única.

Eso es lo que más duele.

Somos tantas las niñas que caminamos con secretos que pesan más que nuestros huesos. Tantas las que nos disfrazamos de insolentes, de agresivas, de fuertes, sólo para que nadie vea el temblor que nos sostiene. Tantas las que dejamos pistas en los cajones, en las mangas largas, en los ojos vidriosos, esperando que alguien, cualquiera, pregunte. Tantas las que soñamos con un adulto capaz de sostenernos sin miedo. Tantas las que nos refugiamos en el alcohol, en el filo de una cuchilla, en la velocidad de una patineta. Porque en ese vértigo, al menos, sentimos que decidimos algo.

A las que aún respiran, les digo: no están inventando nada.

El miedo tiene nombre.

El silencio también cuenta como testimonio.

Sus cuerpos hablan, aunque nadie quiera escucharlos. Y aunque crean que nadie las ve, cada respiración deja una huella en el aire, un trazo invisible que el mundo no puede borrar.

A las que ya no están, les digo: no fue su culpa. Nunca lo fue. La vergüenza no era suya. El secreto no era suyo. El peso jamás debió recaer en sus espaldas. Los últimos pensamientos que tuvieron —si fueron dudas, si fueron despedidas, si fueron un "no quiero morir"— todavía resuenan en algún lugar. La memoria no muere con el cuerpo: se queda flotando como una brasa que nunca termina de apagarse.

Yo no soy mártir. No soy heroína. No soy símbolo.

Soy apenas una adolescente que rodaba en su patineta buscando aire. Y en ese eco quiero creer que alguien escuchará. Que alguien mirará a tiempo. Que alguien entenderá que la prevención no es un lujo, que la escucha no es un favor, que la atención puede salvar destinos antes de que la piedra se cruce en el camino.

Si alguien lee esto, que me lea completa:

No era sólo una chica agresiva.

No era sólo una paciente psiquiátrica.

No era sólo una rebelde.

Era una niña que gritaba de la única forma que sabía.

Era una vida que quería quedarse, aunque no supiera cómo.

Era un corazón que nunca debió cargar con un secreto tan grande.

Y ahora, aunque el concreto haya apagado mi voz, dejo esta marca:

Cada rueda que gire sobre el asfalto, cada soplo de viento que acaricie la cara de otra niña llevará un poco de mi nombre.

No como fantasma.

No como sombra.

Sino como memoria viva.

Porque yo ya no estoy, pero mi historia sigue cayendo.

Y en cada caída, en cada duda, en cada fuga nocturna, hay una pregunta que se abre como herida y como semilla:

¿Cuántas más tienen que resbalar, para que los enfermos del alma las dejen de tocar?

Su historia llegó a mí días antes de que el hierro se convirtiera en líquido entre sus manos y se volviera verdad ardiente, como si la desesperación necesitara una forma tangible para consumirla. En aquellas jornadas, donde las horas se estiraban al ritmo de rezos murmurados y letanías repetidas con la obstinación de quien quiere torcer al destino, la vi convertirse en llama. El calor de cientos de veladoras encendidas formaba un muro de fuego alrededor de su nombre, un calor denso que asfixiaba y quemaba la piel. Yo, entre mis ojos, en el espacio que ocupa la mente la miraba, la convertí en motor, en razón, en la fuerza subterránea que empuja mucho de lo que hago.

Hoy, mientras más estudio y más trabajo, entiendo que aquel deseo de morir, esa ansia de desaparecer sin ruido, transita como una epidemia invisible por la sangre de tantos jóvenes. Es un virus que no entiende de clases sociales ni de credos; se filtra en los silencios, se esconde detrás de las sonrisas forzadas, y ataca de golpe cuando la mente se quiebra. Yo lo conocí, no desde afuera, sino desde adentro, cuando metí mi cabeza en el horno y esperé que el olor ácido del gas hiciera el trabajo que yo no podía hacer por mi cuenta. Que agotara, de una vez por todas, el esfuerzo brutal de pensarme, de repensarme, de intentar descifrar una vida que no era mía. Ese mismo filo lo sintieron varios, cuando se cansaron de intentar ordenar sus emociones en su cabeza, cuando descubrieron que las palabras no alcanzaban, que las terapias y los diagnósticos eran apenas tiritas de papel sobre un desgarro inmenso. Lo mismo pasa con tant@s que ni siquiera conocemos por nombre. Cada uno cae en el bosque del Amurat, donde la noche se vuelve un laberinto y el aire pesa como plomo. Allí nos espera la loba. Siempre está ahí: inmóvil, sigilosa, con los ojos amarillos brillando en la penumbra.

Su mirada no es violencia: es hipnosis. Te observa fijo, pestañea despacio, y en ese abrir y cerrar de párpados termina arrastrándote a cerrar los tuyos. Y el bosque te traga entero.

¿Cuántas y cuántos más habrán de perderse en ese hipnótico parpadeo? ¿Cuántos bajarán la guardia en ese segundo en el que la muerte parece alivio y la vida condena interminable? ¿Cuántos meterán la cabeza en un horno como lo hice yo, cuántos dejarán que el hierro líquido consuma la piel de sus manos, cuántos se entregarán al silencio con la falsa esperanza de que el vacío duela menos?

Yo lo grito en la intimidad de mis huesos, lo susurro como quien pide auxilio sin esperar respuesta: ¿Cuántos más?

Respóndeme tú.

Porque yo ya no alcanzo.

NO ME TIEMBLA LA MUERTE

♪ **"Los barandales del puente"**,
Bluebird B-2966-A (1937) de 78 rpm, de Lydia Mendoza

A mí no me tiembla la muerte, soy hijo de carniceros de Valle de Bravo. Y lo digo así, con la boca llena de humo de leña y recuerdos, porque mi vida empezó entre pencas de maguey y costales de sal. La madrugada se levantaba igual que nosotros; el horno ya estaba encendido desde antes que cantaran los gallos. El aire sabía a tierra húmeda mezclada con grasa quemada, y uno apenas abría los ojos cuando ya la casa olía a barbacoa que no era pa' nosotros.

Mi apá era carnicero de machete ancho y manos duras, manos que servían igual pa' cortar carne que pa' soltar un golpe. Mi amá, en cambio, era puro aguante: madrugaba pa' vender pancita en el mercado, con las uñas moradas de tanto lavar cazuelas y la garganta ronca de gritarle a los clientes. Éramos catorce hijos, catorce bocas abiertas como pollitos en nido de lámina. Imagínese: un cuarto de piso de tierra, camas de alambre, cobijas que olían a humo y a perro mojado. Y ahí, en medio de esa jaula de hambre, aprendimos a respirar apretados y a callar cuando mi apá llegaba borracho.

El horno de barbacoa estaba en el patio, enterrado en tierra negra, cubierto de pencas que sudaban al contacto con el fuego. Cuando mi apá destapaba el hoyo, el vapor salía como nube caliente que quemaba la cara. Yo de chamaco me paraba cerquita, mirando cómo escurría la grasa. Se escuchaba un chisporroteo que era música y castigo: música pa' los clientes que esperaban con tortillas calientes, castigo pa' nosotros que nomás chupábamos los huesos.

Mi amá me ponía en la mano un taco de pellejo, envuelto en tortilla tiesa y me decía:

—Ándele, mijo, pa' que aguante la chinga del día.

Y yo lo tragaba sabiendo que había que agradecer hasta el pellejo, porque mañana tal vez ni eso.

Mi apá no era hombre de palabras suaves. Tenía la lengua filosa como el machete, y cuando se juntaba el aguardiente con la baraja, la casa se volvía campo de guerra. Más de una vez llegó de la cantina sin un peso, con los ojos rojos de trago y la mano temblando de coraje. Empujaba la puerta, tiraba la silla, y nosotros brincábamos de cama en cama como ratas asustadas. Yo veía la sombra de los cuchillos reflejándose en la pared de lámina y me encogía, pensando que en cualquier momento iban a terminar en el cuerpo de mi amá.

Ella, calladita, bajaba la mirada. No levantaba la voz porque sabía que el precio eran los golpes. Así crecimos: con la figura de un padre que imponía respeto a punta de miedo y de una madre que sobrevivía agachando la cabeza. Yo aprendí desde chiquillo a leer silencios: el apretón de labios de mi amá significaba peligro, el ruido de la hebilla del cinturón significaba carrera.

Una vez, cuando tenía como ocho años, mi gemelo se resbaló jugando cerca del horno. Cayó y casi se quema las piernas. Mi apá, sin preguntar, me agarró a mí como si fuera culpable. Descolgó el cordón de la plancha y me dio con él en la espalda hasta que sentí que la piel se abría. Los golpes silbaban en el aire y tronaban en mi cuerpo. Yo mordí la cobija pa' no llorar, porque llorar era invitar otro golpe. Esa noche me dormí boca abajo, con las marcas ardiendo como carbones encendidos.

Al otro día, mi amá me sobó con pomada de árnica. No dijo nada. Nomás me miró con los ojos llenos de agua, y yo entendí que en su silencio también había una promesa y bajito me decía: "Un día vas a salir de aquí".

Pero mientras tanto, había que trabajar. El hambre no espera sermones. Con mi gemelo agarramos una cubeta roja y un trapo percudido y nos lanzamos a la terminal de Toluca. Los camiones verdes estaban estacionados, resoplando humo azul, y los choferes nos miraban de reojo. Nosotros corríamos entre ellos, ofreciendo limpiar los parabrisas.

—¡Écheme la mano, jefe, le dejo el vidrio reluciente!

Nos daban dos monedas, a veces tres. Con eso comprábamos chicles de menta que luego revendíamos en las combis. Yo aprendí a sonreír, aunque me doliera el estómago, porque la sonrisa vendía. Aprendí a moverme rápido, a esquivar patadas de chofer malhumorado y a correr cuando algún policía nos quería levantar por "estorbar el paso".

El sonido de las monedas tintineando en el bolsillo era música de victoria. No era mucho, pero alcanzaba pa' comprar una torta de frijoles o pa' llevar un poco a la casa. Ésa era mi escuela: el parabrisas, la banqueta, el mercado.

En casa, la vida seguía igual de dura. Mi apá se jugaba el dinero en la baraja. A veces regresaba con los bolsillos vacíos y la lengua llena de insultos.

—¡Ustedes comen por mi sudor, bola de inútiles! —gritaba mientras aventaba el sombrero al suelo.

Yo lo escuchaba con rabia muda. Porque, pues sí, era cierto que su sudor traía la carne, pero también era cierto que su vicio la desaparecía. Mi amá, como siempre, lo remendaba todo: las cuentas, las heridas, los silencios.

A las mujeres de la casa las trataba distinto: a mis hermanas les hablaba bajito, hasta les compraba rebozos cuando había dinero. Con nosotros, los hombres, era otro cantar: golpes, gritos, órdenes. "Pa' que se hagan hombres", decía. Yo pensaba: "Si ser hombre es ser como él, yo prefiero ser otra cosa."

Las noches eran las peores. El frío de Valle se colaba por las rendijas de la lámina. Nos amontonábamos bajo una cobija raída que olía a humo. Afuera, el viento silbaba entre los árboles, y adentro, el silencio pesaba como costal. Yo me quedaba despierto escuchando la respiración de mis hermanos, las toses, el crujido de la madera. Soñaba con una cama sólo pa' mí, con una tortilla con carne entera, con un día sin miedo.

Pero el amanecer siempre llegaba igual: mi amá levantándonos con voz cansada, el olor de café aguado, mi apá revisando cuchillos. El ciclo volvía a empezar.

Un día, parado en la terminal, me descubrí pensando en la muerte. Tendría yo unos diez años, y mientras fregaba un parabrisas, pensé: "¿Y si hoy me atropella un camión? ¿Quién me va a llorar?" Sentí un escalofrío, pero también una especie de alivio. Porque la muerte, en ese momento, me pareció más descansada que la vida. No me dio miedo. Nomás me entró la idea de que, si llegaba, pos ni modo.

Ahí empecé a entender lo que ahora digo con la boca llena: *nomás no me tiembla la muerte.*

La escuela me alcanzó tarde. Mientras otros chamacos aprendían a sumar con piedritas de colores, yo ya contaba monedas chuecas en la terminal. Me inscribieron a la primaria como a empujones, cuando ya sabía más de gritos de chofer que de letras.

Me sentaba en la banca de madera con las manos llenas de callos, oliendo a diesel y a humo. La maestra me veía raro, como diciendo: "Este chamaco no es de aquí, es de la calle."

Aprendí a leer con los letreros de las tiendas: "Tortillería Juquilita", "Carnicería La Fe", "Zapatería El Paso". Las letras me sabían a negocio, no a cuento. Y aunque terminé la secundaria con esfuerzo, la vida me jalaba pa' otro lado pero pos le seguí. Logré meterme hasta quinto semestre de ingeniería en la pública de Toluca, pero la pobreza pesa más que los libros. Había que trabajar pa' ayudar a la casa.

Me fui pa' México, a la capital, buscando trabajo. Llegué con una maleta chiquita, un par de camisas, y la fe de que allá se podía hacer algo más que limpiar parabrisas. La ciudad me recibió con un ruido distinto: cláxones, sirenas, voces de miles que corrían sin voltear. El aire era espeso, como si uno se tragara humo con cada respiro.

Conseguí chamba en una fábrica de ferrocarriles, en el área de control de calidad. Yo, que apenas entendía ahora revisaba rotores de acero, piezas pesadas que olían a grasa y electricidad. Mis manos quedaron manchadas de aceite negro. El sonido de las máquinas era constante: un rugido metálico que me taladraba la cabeza día y noche.

En esa fábrica aprendí lo que es ser obrero de verdad: doce horas parado, las botas sudadas, el sudor escurriendo por la espalda. Un error podía costar despido, o peor, un dedo. A veces salíamos con las orejas zumbando, como si el mundo entero se hubiera vuelto engranaje.

El pago no era gran cosa, pero cada quincena apartaba unos pesos pa' mandárselos a mi amá. Me dolía pensar en ella en el puesto, con las manos partidas, todavía aguantando al viejo. Mandar dinero era mi forma de decirle: "No está sola, yo sigo aquí".

La capital también me enseñó la soledad. Rentaba un cuarto en una vecindad húmeda, paredes descascaradas, baño compartido que olía a amoníaco. Por las noches, cuando apagaban las luces del pasillo, se escuchaban pasos y susurros. Uno aprendía a no preguntar. Mi colchón era delgado y mi sueño ligero: cualquier ruido me despertaba. A veces sentía que la ciudad me tragaba, que mi vida se volvía otro engrane más en la máquina gigante.

Pero entre tanto humo, encontré también un respiro. Conocí a una muchacha en una tiendita de abarrotes, hija del dueño. Se llamaba Teresa, morena de ojos grandes, sonrisa tímida. Me hablaba con dulzura, como si no viera la mugre en mis manos. Íbamos juntos al parque los domingos, comíamos una nieve de limón que sabía a promesa. Yo me la imaginaba como mi salida, mi futuro.

Pero la vida, ya ve, no siempre se da. Teresa estudiaba en un convento. Soñaba con ser maestra. Yo la esperaba afuera con flores baratas, ella me sonreía desde la reja. Pasaron meses así, hasta que un día me dijo que no podíamos seguir. Que su familia quería otra cosa pa' ella. Que yo era obrero, hijo de carniceros, sin futuro.

Sentí como si me hubieran arrancado el pecho. Caminé esa noche por Reforma con los ojos ardiendo. Las luces de los coches me parecían cuchillazos. Dormí en el cuarto con el corazón pesado, pero al otro día volví a la fábrica. Porque pos el dolor no paga la renta.

El tiempo me volvió más duro. Ya no pensaba en sueños, sino en turnos. Trabajaba con la espalda recta, aprendiendo a revisar piezas como si fueran tesoros. Un supervisor, un doctor que sabía de máquinas, me dijo un día:

—Mira, la vida es como este árbol que te dibujo. Aquí están las ramas torcidas: cantinas, mujeres, vicios. Y aquí está la rama recta: la meta. Tú decides pa' dónde jalas.

Esa imagen se me quedó grabada. Cada vez que me invitaban a una borrachera o a un juego de baraja, yo me acordaba del árbol. Y me decía: "Yo no quiero terminar como mi apá." Así que le entré al trabajo con más coraje. No tenía nada, pero tampoco quería perder lo poco que había ganado.

La capital me ofreció más de lo mismo: ruido, soledad, trabajo. Yo quería más. Así que un día, con lo poquito que había ahorrado, me vine pa' Guadalajara. Escuché que acá había fábricas, que se necesitaba gente, que uno podía empezar de cero. Dejé atrás la vecindad, la fábrica, los recuerdos de Teresa, y me lancé con una maleta todavía más ligera que antes.

Guadalajara me recibió con otro ritmo. El calor pegaba distinto, el acento sonaba más cantado, y las banquetas eran testigos de mi cansancio. Dormí en las banquetas, entre cajas de cartón, tapado con periódicos. El olor del tizne me seguía a todas partes, como si mi destino no me dejara olvidar de dónde venía.

Pero ahí estaba yo, sobreviviendo. Con hambre, con cansancio, pero vivo. Y cada noche que amanecía, aunque fuera en la banqueta, me repetía: "La muerte no me tiembla, porque la vida ya me dio los golpes que me tenía que dar."

Llegué a Guadalajara como perro callejero: con el costal vacío, la mirada desconfiada y el cuerpo listo pa' cualquier chinga. No conocía a nadie, no tenía dónde caerme muerto. Lo primero que encontré fue una casa de asistencia en la calle Pedro Loza, paredes húmedas, colchones que olían a sudor ajeno y a pies cansados. Pagué lo poquito que me pedían, me acosté con los zapatos puestos y desperté sin mi maleta: me habían robado. Así entendí de un jalón que aquí nadie perdona la debilidad.

No me rendí. Busqué chamba en cuanto taller se me puso enfrente. Fui cargador en Industrias de la Peña, doblando turnos pa' ganar lo justo y sobrevivir. El ruido de las máquinas me reventaba los oídos, las manos me sangraban de tanto cargar lámina, y el estómago me sonaba como tambor porque el sueldo apenas alcanzaba pa' frijoles y tortillas duras. Pero yo sabía que quedarse sin trabajo era morirse, así que jalaba como mula.

Hubo noches en que no llegué ni a la casa de asistencia. El cansancio me tumbaba antes. Encontraba una carnicería con media reja cerrada, entraba sin pedir permiso y me tiraba entre cajas y periódicos. El olor de la carne cruda se me metía en los sueños y me recordaba de niño. Más de una vez pensé: "Voy a morir aquí, como un perro, y nadie va a preguntar mi nombre." Pero amanecía vivo, y pensaba que ya era ganancia.

Con el tiempo, me acomodé mejor. Conseguí trabajo en Siemens, en el comedor industrial. No era el puesto soñado, pero me permitió dejar de dormir en banquetas. Yo me encargaba de la verdura, de pasarle al chef lo que necesitaba pa' cocinarle a más de mil doscientas personas. Imagínese: costales de jitomate, cajas de zanahoria, montañas de cebolla. Yo caminaba entre ese mar de verduras como si fueran tesoros.

Ahí, entre jitomates y cuchillos, conocí a la que sería mi esposa. Una muchacha callada, ojos dulces, pero con un secreto que la tenía asustada: el asma. No quería ser mi novia, decía que no me quería atar a su enfermedad. Yo le insistía, porque cuando la veía, el ruido de las máquinas se callaba un rato. Me tomó dos años convencerla, y al tercero ya estábamos casados.

La boda fue sencilla, sin lujos, con más ganas que dinero. Bailamos en un patio prestado, con un par de bocinas que sonaban quebrado y la música tronando como podía. No hubo vestido de revista, ni banquete elegante. Hubo arroz, mole y cerveza tibia. Y eso bastó.

Vivir con ella fue aprender otro tipo de lucha. Desde el primer día, la enfermedad se nos sentó en la mesa como invitada incómoda. Tosía en las madrugadas, se ahogaba de repente, necesitaba tanques de oxígeno que parecían muebles pesados en la sala. Cada año teníamos que viajar hasta San Luis Río Colorado pa' buscar tratamientos de células madre. A veces íbamos a la capital en busca de inyecciones, sueros, esperanzas caras que drenaban el bolsillo.

Yo jalaba el doble pa' pagar todo. No veía el sol salir ni meterse, porque estaba encerrado en la fábrica. Llegaba de noche con el cuerpo molido, pero me sentaba junto a ella, escuchando cómo sus pulmones silbaban bajito, como grillos tercos. Me decía: "Si Dios me puso aquí, es pa' cuidarla." Y así me hice hombre de verdad: no en el taller ni en la barbacoa, ni con los golpes de mi apá sino al lado de una mujer frágil que me enseñó lo que es resistir.

Cuando nacieron mis hijas, el mundo cambió de color. La primera vez que sostuve a la mayor en brazos, sentí que el pecho me reventaba. Era chiquita, roja, llorona, pero me miró como si me reconociera. Ahí juré que ellas nunca pasarían hambre como yo. Que no iban a brincar de cama en cama por miedo a un padre borracho. Que iban a vestir limpias, con zapatos enteros, con cuadernos nuevos.

Trabajaba turnos dobles y triples, pero cada quincena apartaba dinero pa' ellas. Con los vales que me daban, me las llevaba a Fábricas de Francia o a Suburbia. Yo, que de morro nunca estrené nada, las veía probándose vestidos nuevos y sentía que la vida valía la pena. Mi cansancio se me olvidaba cuando ellas sonreían.

Los domingos eran sagrados. Aunque me doliera la espalda, me las llevaba al parque. Comprábamos helados, nos subíamos a los columpios, corríamos entre árboles. La gente me miraba raro: un obrero cansado con dos niñas bien vestidas. Pero yo pensaba: "Si de algo me voy a enorgullecer, es de ser su padre."

Guadalajara me dio más golpes, pero también me dio raíces. Pasé de ser un forastero que dormía en la banqueta a ser un padre de familia que pagaba renta y llevaba las cuentas en orden. Claro, no todo fue bonito. Hubo peleas, deudas, momentos en que pensé que no iba a poder. Pero cada vez que me doblaba, veía a mi esposa conectada al oxígeno, o a mis hijas haciendo tarea bajo la luz del foco, y me levantaba otra vez.

Porque si algo aprendí de morro, entre cuchillos y hambre, es que rendirse es peor que morirse.

Una noche de regreso de la entrega, todo solitario, la carretera caliente, los árboles mirando sin parpadear. El volante se me hacía pesado. Los ojos me lloraban del sueño. Yo pensaba en mi esposa, en los tanques de oxígeno que me esperaban en la sala, en mis hijas estudiando. Me repetía: "Aguanta, ya casi llegas".

Pero el párpado pesa más que la voluntad. Nomás cerré los ojos un instante. El rugido de la camioneta se volvió silencio. Cuando los abrí, ya estaba fuera de la carretera. Sentí el golpe seco, el mundo volteado de cabeza, los costales cayendo encima de mí como si fueran tumbas. La sangre me zumbaba en los oídos.

Me desperté en el Hospital del Carmen. No sabía cómo había llegado. Tenía tubos en la nariz, cables en el pecho, el cuerpo amarrado a la cama. Todo olía a cloro, a alcohol, a ese frío de hospital que nunca se va. Una enfermera me dijo que llevaba seis días en terapia intensiva, entre la vida y la muerte. Yo apenas entendía. Nomás movía los ojos.

Lo que vi en ese tiempo todavía me da vueltas. No sé si fue sueño, anestesia o lo que sea, pero yo lo viví. Estaba flotando en un espacio blanco, como si el aire fuera esponja. No había dolor, no había ruido. Sólo una calma rara, peligrosa. Sentía que podía quedarme ahí, descansando para siempre. Pero entonces escuché la voz de mi hija, chiquita, llamándome. Me jaló pa' atrás, como si me hubiera agarrado del alma. Abrí los ojos y ahí estaba el techo del hospital.

Cuando me dijeron que me salvé de milagro, me reí. Porque no fue milagro, fue terquedad. Yo ya había visto la cara de la muerte, y no me dio miedo. Más bien me enseñó que anda cerquita, que nomás está esperando que uno se descuide. Desde entonces, cada día que amanezco me parece préstamo.

La recuperación fue lenta. El cuerpo me dolía como si hubiera peleado con el mundo entero. Pero yo no podía darme el lujo de descansar mucho. Había que trabajar, pagar medicinas, mantener la casa en pie. Así que regresé al taller, con las cicatrices escondidas bajo la camisa, con los pulmones apretados de tanto cloro que respiré allá adentro.

La gente me preguntaba si no me quedó miedo de manejar, de trabajar, de cargar piedra. Yo contestaba lo mismo:

—¿Miedo? Miedo tenía de morro, cuando veía a mi apá levantar el cuchillo contra mi amá. Eso sí daba miedo. Lo demás son golpes que la vida acomoda.

La muerte me enseñó a reírme bajito. A no pelear por terrenos ni por dinero, porque al final todos vamos a la misma tierra, y ni un ladrillo se lleva uno encima. A no guardarme los "te quiero" pa' después. A levantarme, aunque el cuerpo se queje, porque el descanso eterno ya está garantizado.

Esa experiencia me cambió. Dejé de ver la vida como castigo y empecé a verla como préstamo. Cada día que amanezco, aunque sea cansado, aunque sea con la espalda doblada, lo tomo como regalo. Por eso digo que nomás no me tiembla la muerte. Porque ya la olí, ya la probé en la lengua metálica de la sangre, ya la vi en esas esponjas blancas que me ofrecían descanso. Y regresé.

Si me toca mañana, que me toque. Pero mientras tanto, yo sigo trabajando, cuidando a mi esposa, mirando crecer a mis hijas.

Con los años, lo único que no se gasta es la envidia. Yo ya tenía mi casa levantada, mi esposa enferma pero viva, mis hijas hechas mujeres. Y mientras yo me deslomaba pa' que nada les faltara, mis hermanos allá en Valle de Bravo seguían peleando por un pedazo de tierra.

Unos decían que les tocaba más, otros que se habían chingado lo suyo. Se jalaban de los pelos, se gritaban en la plaza, se aventaban demandas que ni sabían leer. Yo los miraba de lejos y me daba tristeza. "¿Cómo pueden desgarrarse por un pedazo de suelo, si todos vamos a terminar bajo tierra?", les decía. Se reían de mí, me llamaban menso, conformista. Pero yo sabía que la vida ya me había enseñado otra lección: lo material es humo, y el humo se lo lleva el aire.

Una vez fui a visitarlos y los encontré a gritos. Me senté en la banqueta y los dejé pelear. Cuando se cansaron, me voltearon a ver:

—¿Y tú qué opinas?

Yo nomás me reí.

—Opino que el día que se mueran, no van a caber todos en la misma tumba. Así que repártanlo como quieran, a mí no me importa.

Se quedaron callados. No porque entendieran, sino porque no había qué contestar. Yo me fui en paz, sabiendo que ya no pertenecía a ese pleito.

Con mi esposa, la vida siguió siendo batalla diaria. Cada viaje a México pa' tratamientos era un recordatorio de que el cuerpo se gasta más rápido de lo que queremos. Yo la miraba dormir, con el tubo pegado a la nariz, y pensaba: "Ella es más fuerte que todos mis hermanos juntos." Porque, a pesar de todo, nunca se rindió. Nunca se quejó más de la cuenta. Y yo aprendí de ella a ser paciente.

Mis hijas crecieron derechas, sin hambre, sin miedo. La mayor se casó, me dio nietos. La menor sacó título, trabaja y vive con orgullo. Yo las veo y pienso: "Todo el dolor, todos los golpes, todas las banquetas heladas valieron la pena." Porque ellas son mi verdadera herencia, no los terrenos ni las casas.

Ahora, cuando me preguntan qué siento frente a la muerte, contesto sin dudar: "Nada. Ni miedo, ni coraje." Porque la muerte es como una vecina silenciosa: la ves pasar diario, barrer su banqueta, y un día, sin aviso, toca tu puerta. Ya la vi de cerca, ya la saludé en terapia intensiva, ya me enseñó que anda siempre rondando. Y yo, en lugar de temerle, la respeto.

Si mañana me muero, no quiero rosarios ni velas, ni llantos falsos. Que me quemen, que avienten mis cenizas al aire, al mar, al campo, donde sea. Que no gasten dinero en misas, porque yo no voy a escuchar. Que me recuerden, si quieren, con una carcajada, en un taco de barbacoa, en el olor de la banqueta mojada de Guadalajara. Y si no me recuerdan, pos tampoco pasa nada.

Miro pa' atrás y no me arrepiento. Fui hijo de carnicero borracho, sí. Dormí en banquetas, sí. Sentí hambre, miedo, golpes. Pero también levanté familia, sostuve a una mujer enferma, eduqué a dos hijas que no conocieron la miseria como yo. Eso me basta.

La muerte no me tiembla porque ya entendí que lo único eterno son las huellas que uno deja en otros. Yo dejé las mías en las manos de mis hijas, en el aliento de mi esposa, en los amigos que comieron en mi mesa. Lo demás se lo lleva el polvo.

Y cuando me toque, que me toque. Yo ya caminé suficiente como pa' no tenerle miedo a lo último. Nomás no me tiembla la muerte.

Nadie puede elegir el lugar donde comienza la vida, pero algunos eligen cómo habitarla.

El Amurat lo esperaba. Ese bosque de sombras donde tantos nos extraviamos, repitiendo los golpes recibidos, multiplicando la furia heredada. El Amurat: territorio de oscuridad donde el dolor se convierte en morada y el miedo en techo perpetuo. Pero él, con una claridad que nace rara en los hombres marcados por la violencia, decidió no habitarlo. Cruzó sus senderos, sí, sintió la tentación de descansar bajo sus ramas, pero su paso fue firme: eligió la intemperie luminosa, aunque el sol también quemara.

Agradezco su fuerza que no se agota, su entereza que convierte cicatriz en lenguaje, su negativa a la sombra. Nos recuerda que la muerte no tiembla cuando la vida se ha vivido con dignidad. Reconocemos un poema vivo: un relato tejido con humo y heridas, transformado en claridad y en la dignidad de gritar al sol que a ti la vida te queda corta.

VIVA

♪ **"Stairway to Heaven"**,
Untitled o Four Symbols (1971), de Led Zeppelin

Nací en Guadalajara, en un parto tan apresurado que casi llego al mundo en la calle. Desde el primer momento, parecía que la vida ya estaba marcando el ritmo frenético que me seguiría siempre. Mi madre estaba atrapada entre ansias de muerte y un miedo paralizante a la vida. Esa contradicción la definía: un equilibrio inestable entre la desesperanza y una voluntad tenue de continuar. Llegó a Guadalajara sólo para traerme al mundo y luego regresamos a Mazatlán. Todos nacimos en Guadalajara, mi madre prefería la atención médica de la ciudad a la que se podía encontrar en la costa. Yo desde muy pequeña alimentaba a mi hermana mayor porque sólo así comía, desde temprana edad estuve preocupada porque los demás no la pasaran mal.

Desde que tengo memoria, el mar me fascina. Esa ventana enorme en nuestra casa daba directo a la playa, y las olas golpeaban la orilla como si estuvieran intentando romper algo invisible. Mientras mi mamá se perdía en sus propios pensamientos, yo me escapaba. Jugaba con un vecino seis años mayor, recolectando cangrejos y chololos. Los metíamos en latas llenas de agua salada, improvisando sopas de mariscos, bajo la mirada siempre vigilante de Lobo, un pastor alemán que nos cuidaba más que los adultos. Lobo era nuestro único guardián cuando los mayores se perdían en carnavales y fiestas. Yo no recuerdo el carnaval, pero siempre quise ser la reina. La única forma que tenía la señora del aseo de ponerme en paz era haciéndome con papel del baño una estola, corona y cetro, me sentaba en mi trono imaginario donde yo saludaba a mis también imaginarios admiradores, sólo así, poniendo en pausa mi constante movimiento, ella podía hacer el aseo. Recuerdo que me decían "la estampilla", porque siempre me la pasaba abrazada a todo mundo, me *arrepegaba* y era muy *encimosa*.

Volvimos a Guadalajara cuando tenía cuatro años. La casa era enorme, un refugio que compartíamos con mis abuelos paternos. Ellos desconfiaban de la estabilidad emocional de mamá y su presencia era una especie de red de seguridad que nunca funcionó del todo. Siempre me costó trabajo darme a conocer, me fue más fácil tomar el papel de espectadora, vivía con miedo a mamá, a los gritos, a los golpes, a esos arrebatos de locura que nadie entendía. En el kinder yo era una niña silenciosa, siempre observando. Me llevaba bien con todos, pero nunca hice amigos cercanos. Había algo en mí que siempre me mantenía al margen, como si supiera que dar mi confianza y estar tranquila era un riesgo. Vivimos aislados y solos por el estado de locura de mamá. Sufría mucho cuando no estaba papá, él era ingeniero civil, experto en carreteras y pistas de aterrizaje, siempre viajó, su trabajo lo hacía ir y venir, sin él, siempre me sentía muy sola, hoy, a mis 63 años, todavía duele esa soledad, pero es la forma en la que ahora me siento cómoda.

El miedo era mi compañía constante. En casa, todos aprendimos a vivir el espectáculo de los lapsos de locura de mamá en silencio, cada quien en su burbuja. Sólo una vez llevé a una amiga a casa, en sexto de primaria. Ante la dramaturgia y gritos no volvió, y yo tampoco insistí.

Mi hermana mayor hablaba mucho y yo solía responderle con golpes, me desesperaba su necesidad constante de hablar.

Con mi hermano era diferente, lo protegía. Recuerdo un recreo en el que dos compañeros de sexto lo molestaban, nos enfrentamos a ellos, eran niños fuertes, les metimos una *moquetisa* impresionante, pero ellos me golpearon más, recuerdo estar en el piso recibiendo sus patadas, me lastimaron, pero no volvieron a molestarlo. Los reportes de la escuela eran porque siempre quería llamar la atención. Pero nunca la tuve.

Mi abuelo era socialista, comunista romántico, mi abuela rezadora, mi papá y mi mamá amantes de la naturaleza de la historia, parte de mis días la pase refugiada leyendo la lucha del Che, el asesinato de Villa, huyendo entre libros de naturaleza, arqueología, era lo que me calmaba, mi hermana salía más con amigos, ella sí le platicaba de todo a todo mundo, yo no, yo me encerraba con los libros, con la imaginación, con la música.

Nuestra casa era preciosa, con un jardín trasero y una biblioteca llena de libros, olía a madera de caoba y secretos antiguos. La biblioteca era mi refugio. Allí me sentaba en el sofá, de época moderna, tapizado en seda cruda en colores rojos y naranjas, me gustaba sentir la textura de los hilos, unos burdos, otros finos y brillantes, sobre una alfombra verde de pelo corto que acariciaba mis pies, me perdía en historias de mujeres resilientes, encerradas y sufrientes, pero que siempre encontraban una salida. La Biblioteca tenía un pequeño *closetsito* debajo de la escalera, allí se guardaban cosas fascinantes, mi papá en sus construcciones encontraba muchos tesoros arqueológicos, un tronco de palmera fosilizado, muelas, colmillos de animales enormes, rollos de cintas de películas de las Islas Galápagos, había álbumes de fotografías de los abuelos, los aparatos de radio viejos, los proyectores, me gustaba mucho estar allí. Al lado estaba la covacha "La Ginebrina", (así la bauticé) era en donde estaban los vinos de papá, olía a madera con vino, ahí me encerraba sólo a oler, es un olor que me sigue reconfortando.

También pasaba tiempo en el taller de carpintería de mi abuelo, que estaba al fondo de la casa, en un patio trasero. Era un hombre seco, sarcástico, pero su silencio era un consuelo, ante el estruendo de casa.

Mi mamá vivía en un mundo paralelo. Hablaba sólo en voz alta, algo que había aprendido en su soledad infantil. Mamá siempre estaba encerrada en su cuarto, hablando, eso me asustaba mucho, hablando para ella y en voz alta, hablaba con las personas como si allí estuvieran, vivió una vida paralela, ya más mayor nos contó que empezó a hablar sola por la ausencia que sintió cuando niña, era hija única, se habían ido a vivir a Estados Unidos y se quedó sin amigos, nunca estaba acompañada, y así comenzó a hablar sola, fingiendo que estaba con más personas. Me contó que, estando en Estados Unidos, un tío, cuando regresó de la guerra, abusó de su hijo, después fue el turno de mi abuela, supongo que ése es el origen de su locura, y de la mía al haber soportado tantos años su violencia. Eso nunca se habló, ni se resolvió, fue un: "Aquí no pasa nada". Mamá, ya adulta, acostumbraba a relatar por la casa, viendo directo a la pared, la historia con detalle, cuando en su infancia vio escondida en el armario a mi abuela que había tomado de más, y presenció desde la ranura que formaban las puertas del closet, cómo el tío abusaba de ella, la forzaba a tener sexo con él a cambio de no contar que bebía a escondidas. Con todo y todo, logró cosas espectaculares académicamente, ganó una beca para estudiar arte en NY, pero nunca se fue por no dejar a su familia, regresaron a México a sus 24 años, época en que conoció a mi papá, él tenía 33 años, se casaron al poco tiempo. Papá era una persona muy atractiva, generosa, lo llamaban "el niñito de oro" por hacerle alusión a que era rico. Mi abuela materna y yo somos iguales físicamente, es sorprendente el parecido, era alcohólica desde jovencita, siempre estuvo muy encerrada, no sé qué tanto viviría en esa casa, la historia que se cuenta es que ella murió a los 33 años, se acostó a dormir una siesta y su esposo la encontró muerta, nunca se habló de su muerte ni de su alcoholismo, era un secreto a voces.

Papá era un hombre bondadoso, pero siempre ausente. Cuando estaba en casa la paz llegaba como una tregua, breve pero necesaria. Papá hizo sufrir mucho a mi mamá, siempre la maltrató, todos esos gritos, toda esa locura, ver a mi abuelo tapándose los oídos, con la cabeza baja, mi abuela, rezando el rosario, nosotros asustados encerrados porque sabíamos que después venía por nosotros, toda esta desesperación. A mis 13 y 14 años papá estuvo de fijo en Guadalajara, eran vacaciones de Pascua, un día se fue a trabajar a las 7 am y regreso a las 9 am diciendo que estaba cansado, pálido, se recostó, y al poco rato llegó a la biblioteca diciendo que nos extrañaba, pasamos el día jugando con un libro de acertijos, subimos juntos la escalera, cuando el dio vuelta a su recamara y yo a la mía, escuché un golpe como un estruendo, era mi papa, cayó muerto, todos oímos el golpe, yo corrí a la calle, vivíamos cerca de la Minerva, gritaba desesperada por una ambulancia, cuando realmente ya no había nada que hacer. Su muerte fue un golpe, literal. Un estallamiento masivo de arterias se lo llevó. Su caída aún retumba en mi memoria. Desde entonces, la soledad dejó de ser una elección y se volvió mi único refugio.

En la prepa, aunque me rodeaban personas extraordinarias, yo seguía manteniéndome al margen. Algo en mí siempre prefería observar.

Suspiro profundo para darme el permiso de recordar y entrar en este momento de la historia que en partes me apena. Tuve algunos novios, era muy guapa e iban muchos chavos a visitarme a la casa, llegaban a verme, pero no era una casa feliz, ninguno de mis pretendientes me quedó, hasta que lo conocí a él, tenía 19 años, nunca fue muy platicador, tampoco extrovertido, pero era inteligente y guapo, era agradable saber cómo llegarle a uno, no era cariñoso pero estaba allí, comenzamos a planear una vida juntos, fue una planeación muy extraña, siempre me confié que, sin hablar las cosas, se iban a dar, nunca supe cuánto ganaba, sabía que ganaba bien, pero nunca fue claro, era actitud de ser feliz a medias, conformándome, agradeciendo con lo que te dan, no recuerdo nunca haber luchado por algo por decisión propia, por ímpetu propio, trabajé desde soltera pero sin mayor ambición, porque no pensaba que lo que lograra sería por mérito propio, en cuanto a la situación de pareja, era obvio que no funcionaría, por eso fue un engaño grandísimo desde el día en el que me casé, tuvimos que pasar la primera noche en el Hotel Camino Real para después irnos de luna de miel, el avión salía la noche siguiente, pero en la mañana, a primera hora, se fue a trabajar, era nuestro primer día de casados y me dejó, obvio lo justifique de cumplido y emprendedor, pero allí me dejó, siempre me conté la historia de que había sido necesario, fui como un trofeo más , fui parte de sus galardones, campeón en ciclismo, el mejor empresario y ahora yo, de decoración con un *brillantotote*, y nunca más volví a tener nada, siempre he tratado de comprender a las personas para no descubrir la maldad, el abuso, he tratado de proteger el por qué las personas hacen lo que hacen y me esforcé todo el tiempo en hacer eso, traté a toda costa de que estuviera contento, sin incomodarlo, sin reclamar, el sexo nunca fue en acuerdo, le gustaba ser violento y practicar poses y posturas que me incomodaban, quede embarazada en el viaje de bodas, y desde allí, aborrecí su aroma, fue un rechazo que siempre tuve que fingir, entiendo que fue el cambio hormonal pero me quedó el desasosiego del aroma, el no poder respirar, el sentirme sofocada, el peso de su cuerpo encima de mí, sólo me buscaba para tener relaciones sexuales, nunca volvió a darme un beso, a procurarme ni a ser atento. Ya embarazada del segundo hijo, en lo que él me contaba su faena de día, bostecé, estaba agotada, era el séptimo mes de embarazo y yo estaba cansadísima, atendiendo a nuestro primogénito y cubriendo las tareas de la casa, pero él lo tomó como una falta de respeto, en ese instante se acabó, nunca más volvió a platicarme nada, no dio segundas oportunidades, a la primera se terminó, nunca más volvió a dirigirme la palabra de manera directa, todo era hablando a través de terceros o sólo para tener sexo, el mismo que yo aceptaba con la ilusión de recuperarnos y volver a ser pareja, pero nada, al instante en que terminaba, me daba la espalda y desaparecía, me trataba como si no existiera. Pareciera que en ese instante abrí los ojos y me di cuenta de su acumulación y desorden, vivía en una casa en la que me la pasaba ordenado todo el día, no había comunicación y yo luchaba por encontrar el modo de hacer todo más llevadero; así fui aceptando otra vez la soledad, y él como si yo no existiera, con la excusa de sacar adelante a la familia. Tuve un momento muy fuerte de locura, cuando dejó de hablarme durante casi un año. Llegaba y exigía comida, casa limpia, hijos educados, yo estaba tan desesperada que tomé un cuchillo y descargué toda la rabia en el sillón más bonito de la sala, lo acuchillé todo, todo, mientras gritaba que me estaba volviendo loca, que necesitaba de su ayuda y no me dijo absolutamente nada. Aquí sigue ese sillón, roto y acuchillado. Siempre dijo que había que usar las cosas hasta su último uso, yo en su momento lo vi como virtud "siempre estuvo en contra del materialismo y consumismo. "Hay que usar todo hasta que se acabe", me di cuenta que conmigo era lo mismo, me iba a usar hasta que Yo me acabara. Siembre hubo dinero para el tianguis y para sus cosas, pero para mis necesidades no, yo tenía que pedirlo, que rogarlo, y nunca para algo personal, me permití no tener nada para mí, siempre estuve cómoda con eso, tuve techo, tuve comida, tuve educación, tuve hijos y no pedí nada más, fue el patrón de vida no exigir nada, conformarme con una soledad y una desesperación silenciada, nunca tuve odio ni rencor, sólo eventualmente estos ataques de desesperación.

Mis hijos siempre me ilusionaron mucho, son siete, me gustaba estar embarazada me sentía segura, útil, con propósito, nunca tuve problemas, fue un estado muy bueno, amé el contacto con el recién nacido, pero me apena reconocer que con mis hijos tuve arranques de desesperación, de gritos de jalones de pelo, violencia por desesperación, por sentirme rebasada sin saber cómo manejar las cosas, tenía muchos deseos de estar sola y de hablar sólo para mí, me gustaba estar con ellos pero con las ganas de estar sola después; mis hijos fueron creciendo y casi no cabíamos aunque era una casa enorme, ya el mayor tenía 16 años. Un día estaba en la cocina cuando entró mi esposo y no recuerdo el tipo de comentario irónico y sarcástico que lanzó al aire, como si hablara de terceros, pero ofendiéndome directamente a mí. Estallé y le solté una bofetada, pero al momento se me dejó ir con una cara de ira, me empezó a jalar el pelo, me arrancaba mechones que quedaron por toda la cocina, me golpeaba la cabeza durísimo, los golpes seguían, apenas pude gritar: "¡Papá me está pegando!", yo creo que todos los vecinos me escucharon, los niños lo vieron, lo vieron pegándome, el mayor golpeo a su papá y sólo así me soltó: "Ya lárgate. Déjanos en paz, lo único que sabes es lastimar", le dijo. Mi esposo se detuvo y gritó que en su vida todos habíamos sido un lastre, imposible de sobrellevar. Mis 7 hijos habían corrido a resguardarse en casa de los vecinos, de poco en poco fueron regresando, volví a tomar el papel de encontrarle el sentido a lo que había pasado, tenía el propósito de que ellos no tuvieran una mala imagen del papá. Traté de no tener comentarios negativos y de justificarlo, ellos también vivían esa dureza y hostilidad, lo disculpé y lo contuve diciendo que estaba desesperado y que vivía en un infierno en donde él juzgaba y todos éramos culpables, me di a la necesaria tarea de educar a mis hijos para que se fueran de casa lo más pronto posible, para que no vivieran lo que yo, mi hijo el mayor me quería llevar con él , pero no quise dejarlos a todos, ellos encontraron la manera de vivir por su cuenta, mi segundo hijo varón se fue muy chico, a los 16 años, a buscarse una familia que lo acogiera y que lo resguardara en otro lado, cosa que me duele muchísimo. He aprendido a vivir y, según yo, a que no me afecte, y no es que no me duela, pero se aprende a vivir en una disfuncionalidad, sigo acomodando, limpiando, ésa es mi función, cocinar para que tenga todo lo que necesita, es una relación increíblemente ridícula en donde hasta la fecha sigue sin hablarme, yo nunca he dejado de hablar, soy como un fantasma, y me da lástima, no tengo ni tantito amor por él, siempre he trabajado y a pesar de ello siempre me ha dado miedo hacerme cargo de mí, me siento incapaz, es muy duro, muy doloroso, imaginarme que estoy sola me da terror, me cuesta mucho trabajo ver por mí misma.

Cierro los ojos y pienso en lo que sería respirar dentro de una tumba en vida. No una tumba de tierra, sino de cosas. Un mausoleo levantado con bolsas de plástico, recibos marchitos, envolturas que crujen como fantasmas de compras pasadas. Cada cajón convertido en un contenedor atascado, escupiendo papeles, envases, telas sin uso.

Nada se tira. Todo se guarda. Todo.

Los clósets ya no son clósets, son espacios desbordados de ropa que podría vestir a generaciones enteras, desde el primer llanto de un recién nacido hasta la toga y birrete de un graduado. Entre las sombras de esas telas se acumula polvo, olor rancio, insectos invisibles que mastican los recuerdos.

El baño es un campo minado de cubetas, un territorio hostil donde ya no hay mosaicos, sólo agua estancada que se guarda por si se llegara a necesitar. La cocina respira a través de charolas de unicel apiladas como ladrillos, esperando su turno de re-uso, aunque nunca llegue.

Los zapatos se remiendan hasta volverse parodias de sí mismos, los jabones se desgastan en astillas miserables, los envases de detergente vacíos se apilan como huesos de plástico. Y entre las torres de cajas, se esconden cosas nuevas, intactas, vírgenes, esperando… esperando el día en que las viejas se desmoronen entre los dedos como ceniza.

Pero ese día nunca llega.

Porque el acumulador no usa, no suelta, no libera. Sólo guarda. Y guarda. Y guarda.

El aire se vuelve pesado, casi irrespirable. Y yo, ahí dentro, ya no sé si vivo rodeada de objetos, o si los objetos han comenzado a vivir dentro de mí.

Hoy decido no preocuparme por limpiarle su cuarto, cuando mi hija se casó, tome su cuarto, no soportaba la acumulación, durante años tenía que limpiar, cambiar las sábanas pestilentes de la cama y volver a acomodar la basura encima, siempre tratando de limpiar por encima y por debajo, porque no puedo tocar nada, porque así lo quiere, así lo reclama, el ver que esa cama King size llena de basura es asfixiante, ahora veo mi lugar de la cama, ese que ocupaba, lleno de basura. Desde hace un par de semanas ya no entro allí, ya no limpio, yo sola me puse en esa situación y sola quiero salir de ella, de poco a poco me he ido atreviendo a hablar de mis cosas, como hoy, y es liberador, me da esperanza e ilusión al mismo tiempo, tanto que da miedo, es una inseguridad terrible el saber que nadie va a venir a rescatarme, como quería desde niña. Hoy me digo, aquí estoy para rescatarte, nunca has estado sola, siempre he estado contigo, y estoy aquí y tengo todas las herramientas para sacarte adelante, tienes el carácter la inteligencia la decisión la motivación y la ilusión necesaria para salir de esta vida, para llevarte a una vida nueva, diferente, de valor.

Me abrazo y me repito: "Confía". Hoy decido dejarlo e irme a la vida, ser Yo.

Porque en ella me reconozco, en sus silencios, en su soledad, en esa sensación de no ser vista. Y también sé que muchos de nosotros, en distintos momentos de nuestras vidas, hemos habitado ese mismo espacio, aunque lo llamemos con otros nombres. Lo primero que nace en mí no es distancia, ni juicio, sino un espejo, un espejo que refleja tantos rostros...

El abandono tiene mil formas. A veces es explícito: la ausencia de un padre, la violencia de una madre, el golpe en la cocina frente a los hijos. Pero muchas veces es sutil, invisible: una palabra que no se dijo, una mirada que no se sostuvo, una ternura que nunca llegó. El abandono puede vestirse de silencio o de indiferencia, de frialdad o de exigencia. Y poco a poco va sembrando en nosotros la certeza de que no importamos del todo, de que si desaparecemos el mundo seguirá igual.

Ese sentimiento —el no ser vistos— es uno de los dolores más universales y compartidos. Nos convierte en fantasmas de nosotros. Aprendemos a dar, a sostener, a comprender a los otros, mientras nos alejamos de lo que sentimos, hasta disociarnos. Y entonces llega un día en el que seguimos funcionando, seguimos cumpliendo, pero estamos desconectados de la vida, como si camináramos en automático.

Yo lo digo con humildad: he estado allí, he aprendido a silenciar lo que siento, a obedecer al mandato invisible de "no existas demasiado". Y sé que no soy la única. Todos, en alguna etapa, conocemos ese bosque.

El Amurat es la imagen de ese lugar. Allí el abandono no es recuerdo, es atmósfera. Es como caminar entre árboles que respiran desolación, con ramas cargadas de bolsas vacías, de papeles marchitos, de restos de lo que nunca se resolvió. Es un suelo que cede, blando, húmedo, lleno de cosas guardadas que pesan más que una vida entera. Y nosotros, en medio de ese ambiente, nos volvemos parte de la misma acumulación.

Pero lo más doloroso y al mismo tiempo lo más humano es que no estamos solos allí. Ese bosque lo hemos pisado todos. No digo esto como una sentencia, sino como una confesión. Porque el reconocerlo nos une, nos baja del pedestal de creer que algunos somos fuertes y otros débiles. Y sin embargo, también allí, en medio de la niebla del Amurat, ocurre algo. Al escuchar la voz de otr@ que confiesa lo mismo, al mirarnos unos a otros y decirnos con ternura: "Sí, yo también estuve allí", se abre un claro. No porque desaparezca el dolor, sino porque deja de ser solitario. Y ése es quizá el inicio del proceso a la sanación: entender que en el abandono compartido hay una fuerza secreta que nos devuelve a la vida.

No escribo esto para explicarla a ella, ni para explicarme a mí, sino para confesar que en su historia está la mía, y que en la mía puede estar la tuya. Que todos hemos respirado la atmósfera de no ser vistos, que todos hemos disociado alguna vez lo que sentimos para avanzar. Y que esa experiencia, dolorosa y común, nos hermana.

En el fondo, tal vez el único acto verdaderamente humano sea éste: confesar con humildad que hemos estado perdidos, que hemos sentido que no importábamos, que hemos deseado dejar de existir. Y que, aun así, aquí seguimos, mirándonos con la esperanza de decirnos unos a otros: "Te veo. Te escucho. Importas. No estamos solos".

CLAVEL

(con profundo respeto, cambio de nombre a la flor...)

Dicen que uno no escoge el nombre ni la vida que le toca. A mí me cayó encima como balde de agua fría el día que nací, entre claveles blancos y olor a trapo almidonado.

Yo vine al mundo en Ajijic, Jalisco, cuando todavía el pueblo era puro empedrado y las señoras sacaban las sillas a la banqueta para echarse el chisme mientras pasaban las vacas flacas rumbo al lago. Se oían las campanas de la parroquia de San Andrés, los cohetes tronaban a lo lejos, y el aire olía a mezcla rara: a pescado del lago, a tortillas recién hechas en comal de barro y a sudor de burro.

Mi mamá, Jacinta, trabajaba de sirvienta en una casa de ricos, de esas familias que nomás venían los fines de semana o en vacaciones, pero que querían que todo estuviera impecable, como si vivieran ahí todo el año. En esa casa hasta los trapos de cocina se planchaban con almidón, ¿puedes creer? A la señora le gustaba que olieran a limpio, que brillaran como si fueran de adorno y no para secar ollas.

Ese día, el de mi llegada, mi mamá se encontraba acomodando un jarrón pesado, repleto de claveles blancos, en el recibidor, que la patrona llamaba con voz engolada "el *hall*". Fue justo en ese momento que le dio el primer dolor de parto. El dolor la dobló, pero no soltó el jarrón porque "si lo rompes, te lo cobro, Jacinta", le había advertido la señora.

De ahí que me pusieran Clavel. Por la ironía de la vida, por el azar de un dolor. Y también porque mi madre, obediente hasta en medio del parto, no soltó el adorno, aunque casi se le salieran las tripas del esfuerzo.

Mi papá, Jacinto, trabajaba de chofer para los mismos patrones. Pero él vivía en Zapopan, en la casa grande de la ciudad, porque allá tenían su casota principal. Venía nomás los fines de semana, cuando traía a la familia en el carro último modelo, con niños güeritos y chillones que se adueñaban de la alberca y de las toallas nuevas traídas de Houston.

Ese jueves que nací, mamá estaba sola. El pueblo bullía de turistas porque era puente. Los ricos llegaban con maletas repletas de ropa fina, bicicletas de carreras y hasta patines que traían desde el gabacho. Y mientras tanto, mi madre, sudando y mordiéndose los labios de dolor, esperaba que llegaran para que le dieran chance de parir.

Dicen que apenas me sacó al mundo, casi sin ayuda, volvió a su faena en menos de tres días. Ni cuarentena ni nada: Semana Santa se venía encima y la patrona no podía quedarse sin una de sus tres muchachas de servicio. Había que lavar toda la cristalería, sacar el caballito tequilero del patrón —ése que ganó en un torneo de golf y que sólo usaba cuando venían los compadres políticos— y dejar listas las recámaras con sábanas planchadas como espejo.

Yo, de chiquilla, veía la alberca de lejos. El agua azul turquesa me llamaba como canto de sirena, pero nunca pude meterme. Me moría de ganas, pero eso era privilegio de los hijos de los patrones, esos niños tan blancos que parecían de otro mundo. Yo me quedaba pegada a la reja, mirando cómo chapoteaban, mientras mi mamá corría a secarlos con las toallas nuevas, suaves como nubes.

A veces soñaba con que un día ella me secaría a mí también con esas toallas, con la misma ternura con la que secaba a los güeritos chillones. Pero no. A mi mamá nadie la dejaba distraerse, y a mí me tocó aprender bien pronto que en este mundo hay dos clases de niños: los que nacen para ser atendidos, y los que nacemos para servir.

Yo crecí oyendo órdenes que no eran para mí: "Jacinta, las toallas", "Jacintaaaaaaa, el jugo de naranja sin semillas y bien colado", "Jacintaaaaa, el hielo en el balde de plata". Y yo ahí, pegada al marco de la puerta, con las manos llenas de olor a jabón de trastes, viendo cómo el sol se quebraba en mil piedritas arriba del agua azul. La alberca era un espejo mentiroso: nomás reflejaba a los que sí contaban.

El pueblo entonces era chiquito y grandote a la vez. Chiquito pa' los que vivíamos de servir, grandote pa' los que venían a pasearse. En el empedrado de Ajijic rebotaban las llantas de las camionetas nuevas de los patrones, pero también pasaba don Chuy con el burro cargando alfalfa, y las señoras con rebozo se persignaban cuando tronaba un cohete porque seguro ya iba a salir la procesión. En el mercado olía a charales fritos y a limón recién partido; el aire traía ese calor húmedo del lago que se te pega en los codos y en la nuca. En las tardes, la brisa levantaba el polvito y hacía bailar la bugambilia pegada a las bardas. Y a lo lejos, los gringos de pelo largo y sandalias, con sus guitarras y sus palabras raras, tomando café en jarritos y diciendo *beautiful* a todo, hasta del perro flaco que dormía bajo la sombra de un almendro.

Yo miraba la alberca con el mismo antojo con que una mira el pan dulce en la vitrina. Los güeritos se aventaban de panzazo, gritaban, se jalaban del pelo, se empujaban por las escaleras de metal. El sol les hacía ver la piel como hecha de leche, y se reían de puro gusto de saber que nadie les iba a decir que no. Mi mamá corría detrás con las toallas, las famosas toallas de Houston, que parecían nubes bajitas. "Jacinta, se me enfrían los niños", gritaba la patrona desde una de esas sillas blancas que rechinan, con un sombrero ancho y lentes negros. Yo contaba las vueltas que daba mi madre alrededor de la piscina como si fueran oraciones. Me sabía el orden: primero el grande, luego la niña que traía flotadores de patito, luego el chiquito que siempre hacía berrinche. En cada "ándale, mi amor", mi mamá doblaba su espalda un poquito más, y el uniforme le hacía rayas de sudor que ni el almidón le podía quitar.

Una vez, nomás una, un niño nuevo me habló desde la orilla: "¿Quieres brincar?", me dijo, como si me estuviera invitando a la luna. Yo iba a decir que sí, ya tenía los deditos de los pies mordiendo el cemento caliente, cuando la voz de la patrona me cortó en dos. "Esa niña no. Esa niña no se mete. ¿No ves que trae ropa de trabajo?" Como si mis harapos fueran agua sucia. Me quedé parada ahí, con las piernas temblando, y una gotita de sudor me resbaló por la sien hasta la comisura de la boca. Sabía salada, como el lago cuando una se sumerge tantito y abre de más los labios.

La alberca tenía su propio idioma: el chapoteadero decía: "Tú sí", el silencio decía: "Tú no". A veces, cuando ya no había nadie, yo me acercaba y metía la mano. Poquito, nomás hasta los nudillos. Sentía el frío como una caricia que me iba a costar caro. Y la sacaba en chinga por si luego olía a cloro y mi mamá se metía en problemas. "No me metas en líos, Clavel", me decía bajito, con la cara cansada. "Aquí uno no puede."

Los juegos prohibidos no eran los de los niños, el juego prohibido era el mío: mirar demasiado tiempo. Porque mirar da hambre, y el hambre te vuelve lengua, y la lengua te saca verdades, y las verdades aquí se pagan.

Cuando llegaba Semana Santa, el pueblo tronaba de gente. Cohetes, tapetes de aserrín, la banda en la plaza, los helados de garrafa derritiéndose lento sobre los barquillos. Las señoras se echaban aire con los misales, y los hombres se arrimaban a las sombras. En la casa de los patrones todo se multiplicaba: más vasos pa' pulir, más platos pa' secar, más camas pa' tender. Y mi mamá con el mandil puesto, el moño apretado y la cara de que no le van a dar ni las gracias.

Yo aprendí el mundo a través de los oficios: que si la plata se abrillanta con paciencia, que si la cristalería respira cuando no la tocas con las yemas mojadas, que si las sábanas se planchan mejor si cantas bajito una canción vieja que diga "ay, ay, ay". Aprendí que el sonido del timbre a media tarde era aviso de que llegaban visitantes que pedían refresco con hielo "grande, pero no tanto" y una botana "con chilito del que no pica". Aprendí que los cabellos rubios, cuando se mojan, huelen a manzana verde, y que el sol en el agua hace serpientes que te hipnotizan si las miras mucho rato.

A veces, de noche, me acostaba en el cuartito donde dormíamos mi mamá y yo, junto a los trapos y la canasta de ropa; escuchaba el zumbido de los moscos, el motorcito de la bomba de la alberca, el ventilador viejo del pasillo. Y se me metía en la cabeza una idea tonta: que algún día, cuando todo estuviera oscuro, yo me iba a meter al agua, calladita, sin hacer ruido, y me iba a quedar flotando como hoja de bugambilia cuando cae al charco. Pero nunca pasó. Yo era buena pa' soñar, pero más buena pa' obedecer.

Fue por esos días que vi, por primera vez, las canchas nuevas. Las hicieron allá atrás, en el terreno grande, como si fueran peceras gigantes con paredes de vidrio. Decían que el patrón las mandó poner porque "eso juegan en el DF" y uno no podía quedarse atrás. Yo no entendí el juego nunca: subían, bajaban, pegaban la pelota contra el vidrio, corrían como si los estuviera persiguiendo la polilla. Pero el cuartito de madera que hicieron a un lado sí me gustó. Olía a cedro, a barniz con miel, a algo bonito que no se me podía olvidar. Allí, el calor se quedaba pegado a las tablas y hacía sudar más de lo normal. Desde lejos escuchabas el "pa-pa" de la pelota y unas risas que se movían de esquina a esquina.

Fue ahí donde me arrimé, una tarde, nomás pa' olfatear tantito, lo que no era mío. Y fue ahí donde vi a mi papá.

A mi papá yo lo conocía de lejos. Era el chofer. Traía siempre camisa de manga larga bien planchada y un olor a gasolina limpia y asiento de piel. Cuando llegaba con los patrones, abría la puerta con una mano, la otra en el volante, y hacía una media sonrisa que no enseñaba los dientes. A mí me gritaba: "¡¡¡Clavel!!!", como cuando uno le habla a un perrito. Yo corría a esconder la mirada porque mi mamá me había dicho que a los hombres se les mira poquito. "Y menos a tu padre —me advirtió—, que él tiene su casa en Zapopan y aquí no debemos hacer ruido."

Ese día del cuartito, me oyó antes de verme. Yo iba descalza porque el piso de cemento caliente quema, pero hace sentir viva. Al rozar la madera, rechinó tantito, y mi papá se asomó. Traía la camisa doblada hasta los codos y las venas de los antebrazos como dos lazos tensos. "¿Qué haces aquí?", me dijo, pero no como regaño. Como si me estuviera dando permiso. Yo me hice chiquita, pero él me sonrió de lado. "Ven, pa' que veas por qué tu madre me quiere", soltó, y esas palabras se me quedaron pegadas en el pecho como una etiqueta que no se despega ni con Cloralex.

Yo no entendí la trampa hasta que ya estaba adentro. El cuartito olía a madera tibia y a algo más espeso. Había vapor, de las piedras que calentaban ahí mismo, como si fuera un mini temazcal de ricos. Se oía a lo lejos el "pa-pa" de la pelota y unas risas que entraban y salían. El sol pegaba por una rendija y hacía un rayo gordo, lleno de polvo flotando. Mi papá cerró despacito, sin seguro, nomás jalando la puerta lo suficiente pa' que el mundo se quedara afuera.

No voy a contar en detalle, no hace falta. En el pueblo, y en todos lados, hay silencios que se entienden sin decirlos. Lo único que diré es que el cuartito se me volvió un hueco en el estómago. Ahí aprendí, a la fuerza, una forma torcida del cariño. Ahí supe que el cuerpo puede volverse piedra y que los ojos aprenden a mirar una mancha en la pared pa' no mirar otra cosa. Que el olor de la madera se puede volver enemigo, y que el sudor, cuando no te pertenece, quema.

Salí distinta. Con el alma separada del cuerpo, como si fueran dos gallinitas desbandadas. Me temblaban las rodillas, el piso se movía tantito, me jalaba el aire a pedacitos. Yo nomás quería lavarme, pero el agua de la manguera estaba cortada porque había que regar el pasto a tal hora, y si no, se hacía lodo. Me quedé sentada junto a las piedras calientes, oyendo mi propia respiración y el ruido como si fuera cacareo de gallinas gordas.

Después vinieron más veces. Los domingos eran más peligrosos porque habían muchos ruidos: los niños gritando, la música que ponían en las bocinas de la terraza, la licuadora moliendo salsa, las risas en las canchas. En el pueblo, el pecado siempre se esconde detrás del alboroto. Mi papá me hablaba bajito, como si jugáramos a las escondidas. Me decía que no llorara, que luego me iba a querer más. Yo apretaba los dientes hasta que me dolían las sienes. Aprendí a no hacer sonido. Me hice experta en ser aire.

Me acuerdo clarito la primera vez que mi cuerpo no aguantó eso que me hacía mi papá —si así se le puede llamar—, y me hice pipí en el cuartito de madera. El calor era sofocante, el sudor y el miedo me revolvían todo por dentro, y de pronto se me escapó sin remedio. El piso de tablas lo absorbió rápido, pero también le manché el pantalón a mi papá, y se puso furioso, gritándome bajito con los dientes apretados que lo había dejado todo hediondo. El olor quedó impregnado, agrio, fuerte, como a pipí de gato encerrado. La patrona, con su voz chillona, nomás entraba después y gritaba: "¡Jacintaaaaaa, manda a don Pancho a limpiar, seguro los gatos se metieron otra vez a mear aquí adentro!" Y yo, callada, tragándome el secreto, agradecía que nadie sospechara que no eran gatos, que era yo, la niña rota, marcando el suelo con mi vergüenza.

Nunca le dije a mi mamá. No por miedo. Por vergüenza. La vergüenza es una manta pesada que no deja ver. Yo pensaba: si le digo, se va, y si se va, ¿quién me queda? Además, ella ya se rompía la espalda por mí. ¿Con qué cara iba yo a romperle también el corazón? En el pueblo nos enseñan que las mujeres tragamos y seguimos.

El cuartito, con el tiempo, se volvió una sombra. Si yo pasaba cerquita, me daba ese frío de fiebre que da cuando se acerca la lluvia. Y, sin embargo, nadie veía nada. Ni la patrona con sus lentes negros, ni los jardineros con sus mangueras, ni los niños güeritos con sus risas de vidrio. En Ajijic, como en todo pueblo, lo que no conviene se vuelve invisible. Se guarda debajo del mantel, junto a la panera y la sal.

Una tarde, mientras yo recogía vasos en el *hall* —así, con su palabra inglesa que ya me sabía de memoria—, escuché a la patrona decir con sus invitadas: "Esta niña —refiriéndose a mí—

va a salir trabajadora como su madre, qué bendición". Yo llevaba la charola con la cristalería, toda temblando pa' que no sonara. "Trabajadora", pensé. Y el eco me retumbó en el cráneo: trabajadora, trabajadora, trabajadora. Como si el cuerpo también fuera una herramienta que cualquiera puede agarrar pa' lo que se le ofrezca.

Hubo días buenos, no digo que no. Días en que mi madre, al final de la jornada, me sacaba una tortilla calentita del comal y me la untaba con frijol refrito y una pizca de sal. Y yo me sentía persona otra vez. Días en que el lago se ponía naranja, y los pelícanos parecían barquitos blancos flotando en silencio mientras mi mamá y yo paseabamos agarraditas de la mano por el andador. Días en que un viento fresco se metía al patio y olía a jabón y a hoja mojada, y yo pensaba que quizá el mundo también tenía un lugar para mí que no doliera tanto.

Pero el cuartito seguía ahí, como una espina. Y la alberca, brillante, seguía llamando mi nombre, como si me prometiera que el agua tenía memoria y me podía lavar lo que la madera me había pegado. Nunca me metí. Una aprende a adivinar sus propios castigos.

Con el tiempo, el pueblo se me fue achicando. Donde antes veía calles, empecé a ver rutas: la cocina, el *hall*, la alberca, las canchas, el cuarto de triques, la recámara de planchar, el cuartito. Era un círculo, como los de la lotería que ponen en la plaza: giras y regresas al mismo punto. Yo pensaba en eso cuando oía las campanas de la iglesia dar la hora. Las campanas son puntuales hasta para recordarte que no te has ido.

Una noche de fiesta patronal, con la banda tocando en la plaza y los juegos mecánicos rechinando como si fueran a desarmarse, vi a mi papá desde la reja. Estaba cerca de la camioneta del patrón, fumando, la cara ida. La luz amarilla del foco le hacía hondas sombras en los pómulos. Por un segundo, casi nada, sentí lástima. En el pueblo, a los hombres también los hacen de piedra. Luego se me pasó. No nos enseñan a tener compasión por nosotras; menos por ellos.

Me dormí con el rumor del lago golpeando suave. Soñé que por fin me dejaban meter un pie en la alberca. Nomás un pie. El agua me hacía cosquillas en los dedos. Y yo, con el pie adentro, por primera vez, me sentía de este mundo.

No duró.

A la mañana siguiente, el patrón anunció, orgulloso, que iban a poner una lámpara nueva "para iluminar mejor la cancha por las noches". Y yo supe que la luz también es otra forma de no mirar.

Lo que viene después fue el principio de irme. Primero por dentro, que es como uno se va cuando se queda: te desapareces despacito y nadie se da cuenta. Luego, un día, te vas de a de veras, y ahí sí todos preguntan: "¿Cómo pasó?" Como si el camino no hubiera estado pintado desde años antes con gotitas de cloro y astillas de madera.

Y pos sí: lo que sigue es el señor de la tienda.

La primera vez que vi al señor Alejandro fue en la tiendita grande, la que estaba en la esquina, frente al empedrado que daba hacia el malecón. Decían que era la primera tienda que había traído cosas "del otro lado": galletas en lata con dibujitos de muñequitos rubios, chicles que sabían a cereza de mentira, refrescos que en la etiqueta tenían letras en inglés. Todo eso que en el pueblo olía a lujo y que los niños de Ajijic mirábamos como si fueran tesoros detrás del vidrio.

Mi mamá me mandaba seguido a hacer las compras ahí. "Ve por un kilo de arroz, Clavel, pero revisa bien que no esté *bichiado*", me decía, o "trae café del de grano, pero que no te den de cascarilla". Yo iba descalza casi siempre, con el sol pegándome en la cabeza y el polvo caliente metiéndose entre los dedos. La puerta de la tienda rechinaba como si se quejara cada vez que alguien entraba.

Detrás del mostrador estaba él: don Alejandro. Alto, con el pelo de un color raro, abajo negro y para las puntas como medio amarillo, las señoras de la iglesia decían que se lo pintaba para parecer del gabacho, con panza de señor que ya se siente patrón, bigote grueso también como pintado y una voz gruesa, como de hombre que cree que no hay quien le diga que no. Todos en el pueblo le decían "el señor Alex" porque así le gustaba. Vestía camisas con botones brillosos y cinturón ancho, de esos que se ven en las películas de charros pero con hebilla dorada, como si con eso se comprara respeto.

Al principio me daba dulces. "Toma, Clavelita, por ser la más bonita del pueblo", me decía, y me ponía en la mano un mazapán o un chocolate envuelto en papelito dorado. Yo me reía nerviosa, porque en Ajijic ya una a los doce entiende lo que esconden las sonrisas de los hombres. Pero el dulce se quedaba pegado en la lengua y hacía olvidar tantito la pobreza.

Con el tiempo, ya no fueron dulces. Fueron camisetas de colores, de esas que decían "Made in USA" y que a mí me parecían un pasaporte a otro mundo. Después fueron sandalias, luego una faldita corta que me daba pena usar porque en el pueblo con una miradita ya te queman. Y un día, lo que nunca había visto ni en los baúles de las patronas: unos calzones finos, con encaje y florecitas bordadas, que él me dijo eran *Victoria's Secret*.

"Nomás póntelos el viernes que vengas, y me los enseñas", me ordenó. Yo me quedé helada. Era como si de pronto el aire se hubiera vuelto pesado, como si me hubieran colgado un costal en los hombros. Pero no dije que no. En aquel tiempo yo ya tenía el corazón partido en pedacitos desde el cuartito de madera, y cuando te rompen temprano, después ya no sabes ni cómo se ve la palabra "no".

El pueblo murmuraba de él. Que si había tenido mujer e hija en el DF, que si lo habían dejado por su vida de pueblo, que si hasta la policía lo buscaba porque se había asomado a los baños de una secundaria. La gente chismeaba bajito en las filas de las tortillas, pero en el mostrador de la tienda todos lo trataban de "usted". Porque así es en los pueblos: se sabe todo, se calla todo.

Yo me dejé llevar. Me gustaba que me dijera cosas que nunca nadie me había dicho: que yo era guapa, que merecía más, que estaba destinada para otra vida. Me prometió El Paso, así, como si me estuviera prometiendo el cielo. "Allá pondremos una tortillería, Clavelita, y tú vas a ver lo que es vivir de verdad. No vas a ser más la muchacha de servicio ni la hija de Candelaria. Allá vas a ser mi reina."

Y yo, que sabía hacer gorditas y tortillas como mi mamá, me lo creí. Me imaginaba el comal caliente, la masa inflándose, y yo con mis manos llenas de harina, pero libres, sin que nadie me gritara: "Jacintaaaaaaa, las toallas". Me lo creí porque a veces uno cree lo que necesita, aunque huela a mentira.

Cuando se lo conté a mi mamá, se me vino el infierno encima. Me encerró cuatro días en el cuarto de máquinas de la alberca, el mismo que olía a humedad y a químicos. Me gritaba detrás de la puerta que yo no sabía lo que hacía, que ese hombre no era bueno, que me iba a destruir. Yo le pegaba a la puerta con las manos y los ojos hinchados de tanto llorar. Pero ni eso la ablandaba.

El jueves que llegaron los patrones, no le quedó de otra más que abrir. Y yo, apenas escuché el cerrojo, corrí como loca. Corrí a la tienda y me subí a la camioneta de don Alex a su Cherokee 4x4, ahí me quedé escondida hasta que cayó la noche y nos fuimos, el humo de la gasolina levantando polvo en el empedrado. Me fui sin mirar atrás, con el corazón retumbando como tambor de la plaza.

Yo todavía no cumplía los catorce. Ni siquiera tenía acta de nacimiento. Pero esa noche me fui. Esa noche, sin saberlo, crucé la línea que separa a las niñas de las mujeres.

Y el pueblo, como siempre, se quedó callado.

La Cherokee del señor Alex olía a gasolina y a promesas baratas. El asiento me quemaba las piernas y el motor rugía como toro bravo mientras subíamos por la carretera. Yo me abrazaba las rodillas, mirando por la ventana cómo las luces de Chapala se iban quedando chiquitas, como luciérnagas que alguien apaga de un soplido. Atrás quedaba mi mamá, la casa de los patrones, la alberca donde nunca me metí. Adelante, yo me imaginaba El Paso y mas adelante Houston: calles anchas, tiendas de dulces y toallas, una vida sin gritos ni mandados.

Pero lo que vino primero no fue Houston. Fue el polvo.

Cuando llegamos a la frontera, Alex me bajó de la Cherokee en un terreno seco, lleno de matorrales espinosos y piedras que te hacían sangrar los talones. "Te vas con mi amigo Chuy —me dijo—, yo cruzo más adelante y te recojo del otro lado." Le creí. Cómo no le iba a creer, si ya me había llenado la cabeza de sueños. La Cherokee arrancó levantando una nube amarilla que se me metió en la garganta. Tosí y todavía lo vi, de espaldas, como si nunca hubiera volteado a mirarme de verdad.

Chuy era moreno, un moreno tan oscuro como el café, con dientes amarillos y un sombrero roto. Tenía un olor fuerte, mezcla de sudor viejo y tequila barato. "Ora sí, morrita, a caminar", me dijo, y me agarró del brazo con una fuerza que me dejó morete.

El camino se me hizo eterno. El sol pegaba duro, el viento levantaba la tierra y me la estampaba en los ojos. La lengua se me hinchaba de sed, la piel me ardía. Yo sólo pensaba: "Ya mero, ya mero me recoge Alex". Cada paso era un castigo, cada piedra una burla. A lo lejos se escuchaban tiros, como si la frontera se defendiera de los fantasmas.

Cuando cayó la noche llegamos a una casucha de lámina oxidada. Adentro olía a humo y a carne echada a perder. Chuy cerró la puerta con tranca. Y allí entendí lo que significaba "coyote". Fue ahí, entre costales viejos y una cobija apestosa, donde supe que no importaba cuánto corriera: siempre había un hombre esperando a caerme sobre el cuerpo. Me resistí, claro. Me moví, pataleé, mordí. Y aprendí que entre más te defiendes, más duele. La violencia tiene ese secreto: se alimenta de tu miedo.

Antes de que saliera el sol, yo, sucia, rota, con la ropa pegada de sangre y tierra escuché las palabras de Chuy que me miró con desprecio: "Ya eres mujercita", se burló. Esa palabra maldita me perseguía desde que mi tata me la dijo. Mujercita. Como si fuera un título que se gana a golpes.

Llegamos a la orilla a cruzar el río a escondidas, con el agua helada pegándome hasta los huesos. Sentía que el lodo me jalaba para abajo, como si quisiera tragarme. En la otra orilla, yo temblaba entera, y Chuy nomás reía, con la pistola colgada al cinto. "Del otro lado te recoje el Alex —dijo—, apurale y camina rápido, pa que no te jale." Y se fue.

Camino en la oscuridad del río como si lo hiciera dentro de un sueño enfermo: el agua me cubre los muslos, es tan fría que cala los huesos, después la cintura, y cada paso es un desgarrón en el aire húmedo que se pega a los pulmones; el coyote Chuy grita algo, no escucho bien, quizá me ordena seguir, quizá se ríe, y yo avanzo, torpe, con las manos aferradas a un vacío que no me sostiene. El olor a limo podrido me llena la boca, y el frío es tan brutal que ya no sé si tiemblo por miedo o porque mi cuerpo empieza a renunciar. Pienso en la promesa absurda de una vida distinta, en la certeza ingenua de que al otro lado del río el tiempo se detendría para darme un respiro; pero ahora la corriente es un animal furioso que me arranca de mí misma, me voltea, me golpea contra piedras invisibles, me hunde. Intento gritar, pero el agua entra como un cuchillo líquido y me ahoga desde dentro. Siento la garganta desgarrarse, el pecho explotar de tanta agua que ya no cabe más. Mis brazos ya no me obedecen, mis piernas se mueven como si fueran de otra, y cada bocanada de río que trago me roba un fragmento de conciencia. El cielo desaparece, sólo queda el peso inabarcable de lo que me rodea: un silencio espeso, el corazón golpeando inútil, y luego ese instante suspendido, último, en que todavía creo que quizá lograré subir a la superficie; justo antes de que mi aliento, mi último aliento, se disuelva en la nada, veo a mi mamá extendiendo una toalla de Houston, para abrazarme, diciéndome: "Clavel, aquí te espero..."

Aquí te esperamos todas, Clavel.

Con profundo respeto a tus ganas de correr, de huir, de acallar los hilachos de un corazón que sangraba hasta vaciarse. Te esperamos en silencio, como se espera a alguien que, aún sabiendo que no volverá, sigue siendo necesario nombrar. Había en ti una urgencia por avanzar, por devorar el tiempo con pasos largos, con zancadas casi atléticas, como si cada recta del laberinto fuera la promesa de un respiro, una salida, un regreso a la vida.

Pero ese laberinto, el Amurat, no concede treguas. Te obligó a abrir puertas a manotazos, puertas que en un instante se deshicieron como humo, como espejismos frente a un desierto. Las golpeaste con la fuerza de quien ya no tiene nada que perder y, sin embargo, cada golpe se volvió un eco que sólo anunciaba vacío.

Clavel, ¿cómo no rendirte homenaje? Tu intento, tu lucha desesperada, tu escape truncado son testigos de un dolor que no debió existir jamás. La ilusión, en medio del laberinto de la culpa, se vuelve una burla cruel: se disfraza de promesa y acaba siendo cadena. Nos dejamos embelesar, muchas veces sin darnos cuenta, con regalos que parecen ofrecer un poder que no existe, con una bolsa de marca que sólo maquilla la carencia, con un "te quiero" de mentira que en realidad es antesala del abandono. Nos vendieron una vida fantástica, repleta de luces y espejos, pero debajo del brillo no había más que huecos, más que fisuras en un relato que se derrumbaba a cada paso.

Y hacerte un homenaje, Clavel, no basta. No basta para cambiar la realidad ni para detener el frío que dejó tu ausencia. Porque lo que me llegó no fue sólo tu historia, sino la voz quebrada de tu madre, esa voz que jamás calló, que no conoció descanso hasta que le entregaron restos tuyos. Insuficientes. Entregada con una frialdad mecánica, sin sensibilidad alguna, como si entregaran una factura extraviada y no los fragmentos de una vida.

Tu madre buscó con pico y pala, con uñas y lágrimas. Ésas fueron sus armas: rudimentarias, pesadas, ensangrentadas por la tierra húmeda y los días interminables. Y aún así, ella siguió. Pico, pala, sudor. Mochila al hombro, lodo hasta las rodillas, esperanza en carne viva. Creyendo encontrar tu cuerpo entre pastizales y campos abiertos, entre cañadas y campos rocosos.

Yo me pregunto: ¿Cómo pudo esa mujer caminar cargando tanto dolor? Cada día removió tierra como si desenterrara un pedazo de sí misma, cada noche abrazó el hueco de tu ausencia con una obstinación que ni la muerte pudo doblegar. Y cuando al fin le dijeron que ya no había nada más que buscar, que lo único que podían entregarle era tu cuerpo hinchado de Río Bravo, ella no lloró como todos esperaban. Se quedó inmóvil, con los ojos clavados en la caja, y en ese instante entendí que las madres nunca reciben restos: reciben el silencio de un mundo que se atreve a devolverles la nada como si fuera suficiente.

Clavel, aquí seguimos nombrándote. Porque tu historia no se olvida. Porque hay voces que se levantan desde lo más profundo del dolor, y en esas voces, en cada palabra pronunciada con rabia y ternura, sigues viva. Aquí te seguimos esperando, aunque sabemos que no volverás. Aquí seguimos, en la grieta del recuerdo, en el respeto profundo a tu huida, a tus puertas abiertas de golpe, a tu búsqueda de aire.

Y aunque los homenajes nunca serán suficientes, hoy tu nombre resuena, Clavel, como un latido imposible de callar.

CONFUSIÓN

♪ **"Superman's Song"**, *The Ghosts That Haunt Me* (1991),
de Crash Test Dummies

Sí, les voy a decir la verdad —y no me conviene, pero igual lo voy a hacer—, a mí me gustan los trajes. No los elegantes de señor, ésos que hacen ruido de papel cuando caminas y que huelen a oficina cerrada, ni los de vaquero que usa mi *father*. No, me gustan los trajes de héroe. Lycra brillante que te aprieta. Me gustan porque te cambian la voz sin que tengas que practicarla. Si te pones la máscara, la laringe sola se pone grave y ya no eres un tipo que se queda mirando los mostradores en la ferretería, eres alguien a quien le preguntan si de veras puedes levantar un auto con una mano. En mis mejores años —ya sé, suena a que estoy haciendo un álbum de fotos sólo para mí—, yo podía sostener el silencio de un salón de fiestas con sólo plantarme en la entrada, poner las manos en la cintura y respirar como si me protegiera una ciudad entera.

Hoy ya no. Hoy, cuando me quedo en calzones frente al espejo, veo un muchacho que no sabe caer. Y no saben lo peligroso que es eso, no saber caerte. Uno debería practicarlo en la escuela: tropezar bien, aterrizar bien, limpiar la sangre de la rodilla sin ponerse dramático. A mí me crió un hombre que sabía caer. Mi father. Pero eso viene después. Primero, lo de la fiesta.

Era sábado. Salón "La Estrella Fugaz", que es un nombre demasiado largo para lo que es: un rectángulo con globos, mesas plegables y una piñata que siempre se ve mal hecha. Yo iba de Superman. No hay forma civilizada de describir el olor de esos trajes después de un verano: dulce pegajoso de jarabe con sal de cuerpo y un toque de plástico viejo. Llegué tarde porque a la capa le faltaba un broche y no me daba la cabeza para resolverlo. Mi *father* me dijo desde la escalera: "Te dejo el alambre en la mesa, mi hijito". Me da vergüenza cómo me habla a veces. No por él. Por mí. Tengo 33 y todavía me deja pedacitos de alambre para que no se me desbarate el mundo.

La mamá del cumpleañero era de esas señoras que te miran el abdomen antes de ver si saludarte. Se los juro. Ni alcanzó a fingir lo contrario. Yo ya estaba sudando y aún no me ponía la máscara. Me revisé de reojo: el cinturón rojo me cortaba la panza como si fuera un pan mal rebanado. "¿Todo bien?", me dijo ella, con una sonrisa que parecía estar a dieta. "Todo bien, señora; sólo la edad, decidió que hoy me iba a caer encima."

Los niños, ésos sí son incorruptibles. Uno de ellos me preguntó si volaba. Yo le dije que sólo en interiores porque afuera hay pájaros y luego se ponen celosos. Se rieron. Esa risa, cuando la pegas en el aire, te aclara la vista. Casi podía ver a mi father, allá en la casa, arriba de su banco de madera, arreglando algo que no se rompió. Mi father arregla cosas que no se rompen; "por si acaso", dice, con su aire de humano que no se perdona ni el parpadeo.

No se los he dicho. A mí me dejaron antes del año. No me acuerdo del abandono, por supuesto, pero el cuerpo hace memoria de modos raros. Un zumbido por las noches cuando ya apagaron las luces del rancho. La alemana —nunca sé cómo nombrarla y llamarla por su nombre se siente como si me pasara un peine metálico por los dientes— se fue como se van los trenes que no querías tomar. En ella corría aire de postguerra heredado, eso lo supe mucho tiempo después. Su padre, un tirano alemán de esos que te dicen que ames a la patria y que agaches la mirada. Su madre, sumisa como una servilleta usada. La alemana se hizo científica para no ser una de esas servilletas. O eso me contó mi *father*, con su forma de contar que siempre suena a que la mitad es verdad y la otra sueño.

Mi *father*, en cambio, es Chihuahua entero metido en la cintura: cuero curtido, manos que huelen a pasto aún cuando no estuvo en el campo. Ganadería de sol a sol. Es de esos que, si se sienten mal, primero balean verbalmente al aire y luego, si les sobra ánimo, aceptan tomarse una pastilla. Nunca se casó. Se quedó conmigo como quien se queda con la parcela que todos decían que no iba a dar nada. Hizo una escalera externa a la casa y arriba me levantó un cuartito de tablarroca; yo digo departamento para que suene a ciudad, pero es un cuarto que pulsa cuando le pega la lluvia. Me lo regaló como se le regala a un hijo una jaula decente para un pájaro que no ha aprendido a volar. Me lo digo sin malicia. Mi *father* me quiere como quien limpia los cuchillos antes de dormir.

Vuelvo a la fiesta. Los niños pidieron que les diera vueltas en el aire, y yo me cuidé la espalda como si fuera de cristal. Me duele aceptar que ya calculo los movimientos. Antes no. Antes iba directo, "apagado" de la cabeza, prendido del cuerpo. Ahora pienso y, créanme, es la peor manera de volar. Me tomé una foto con el festejado. La madre miró la pantalla del celular como si buscara un defecto en el universo. No encontró nada o encontró demasiado; a mí nadie me dijo. Al final, me pagó con billetes gastados. "Gracias, Superman", dijo el niño, sin ironía ni sospecha. Así se me pegó la palabra al pecho todo el camino a casa. Superman. Qué nombre para alguien que, de veras, no sabe caer.

Una vez fui químico. Bueno, todavía lo soy, sólo que no uso la bata. Elaboré fórmulas lo suficientemente honestas como para que una vaca engordara sin resentirlo en la sangre. Sonará tonto, pero nunca se han visto ojos más transparentes que los de una vaca que come sin veneno. Uno se cree que lo importante es el peso por kilo, yo aprendí a leer el resuello. Desarrollé una mezcla para el alimento: proteína que no se quemaba en falso, minerales sin ese regusto metálico que se queda como una mentira entre los dientes. En el laboratorio del estado todavía deben de tener mis libretas, mis anotaciones a lápiz con números inclinados, la letra un poco apretada de alguien que no necesitaba que lo vieran. Yo, que sabía eso, que podía hacerlo, me disfrazaba los fines de semana y después sólo me disfrazaba. No crean que fue gratis. Hay cosas que uno escoge para no escoger otras.

Mi *father* dice que yo le salí con corazón de laberinto. A veces lo dice riéndose, y a veces se le meten lagrimas en la voz. Él piensa que fue su carácter —esas tormentas que le agarraban el cuerpo— lo que espantó a la alemana. Se culpa en silencio con una disciplina digna de un deporte que nadie ve. Yo nunca le digo lo contrario porque no sé si quiera escucharlo. Una vez, cuando yo tenía doce años, me preguntó sin mirarme: "Si te muestro una foto de tu mamá, ¿dejas de quererla?" Me quedé callado con el tazón de cereal enfrente. "¿Cómo voy a dejar de querer a alguien que no he querido nunca?", le dije. "Así, sí, mi hijito, dijo él, y le sopló a la cuchara como si estuviera caliente.

Hubo un tiempo en que yo me volví adicto al espejo. Iba al gimnasio antes de ver amanecer; el gimnasio, con su música electonica y ensordecedora, tiene algo de iglesia ruidosa pero sin santos. Me aprendí los nombres de los músculos como quien aprende a nombrar a sus fantasmas. Trapecio, dorsal, tríceps. Te sabes las sílabas y parece que se vuelven obedientes. Una vez pensé que si mi madre me hubiera visto con la espalda marcada, se habría quedado. Me da pena pintárselos en una frase, pero lo pensé. Uno llega a hacer cálculos estúpidos cuando cree que todavía hay un examen pendiente.

Lo dejé poco a poco, como se dejan las cosas que no son del todo malas. Un día no alcancé el transporte y falté. Otro día me tocó doble show —Hulk por la mañana, Batman por la tarde— y acabé con la mandíbula tan apretada que tuve que recostarme en el piso del cuarto mirando el ventilador. Luego fue la lluvia, y luego un resfriado, y luego nada. Con el cuerpo es como con las amistades: si no lo visitas, se te empieza a olvidar el camino.

Hay noches en las que, desde mi ventana, veo moverse el campo como si respirara por su cuenta. Los lomos de las vacas son una fila de pequeñas lunas opacas. Cuando los camiones pasan por la carretera, la casa entera vibra y mi cuarto parece un acordeón desafinado. En la cocina de abajo se oyen platos y la cuchara contra la cacerola; mi *father* tiene su ritmo de hombre solo: dos huevos, frijoles refritos y un café que podría levantar a un muerto. Me llama desde la escalera: "Mi hijito, ¿vas a cenar?" Siempre digo que sí, bajo y me siento, él me mira con ese amor que casi duele. "¿Cómo te fue?" "Normal." "¿Niños tranquilos?" "Siempre hay uno que muerde." "¿Y las señoras?" Me río, no por malicia. "Las señoras, *father*, siempre quieren una foto." A veces él quiere preguntar otra cosa, pero le gana su propia prudencia. Me ofrece tortillas de harina como quien ofrece un escudo.

Me reprocho la manera en la que me evito. No sé si me entienden. Hay rechazos que no te llegan de fuera, te los das tú nomás para irte acostumbrando. Como quien se pone hielo en las manos antes de meterlas al río. Todo el tiempo pienso en ese primer abandono como una maqueta que no vi, que no recuerdo, y sin embargo, me la sé sin verla. Una vez, en la esquina de la tienda, me crucé con una mujer que podría haber sido ella. Tenía los ojos claros, como de vidrio lavado, y hablaba por teléfono en un español con piedras. Me quedé a medio paso y luego seguí, porque hay películas que si te pones a ver a la mitad mejor ni las veas. ¿A quién quería cuidar al final? ¿A ella o a mí?

No hablo de esto con nadie. Tuve parejas, pocas. Las mujeres me intimidan en un modo que ya me debe haber aflojado el esmalte de los dientes. No por ellas, sino por mí: se me enreda la lengua no porque no sepa qué decir, sino porque sé lo que no podría sostener si lo dijera. La soledad tiene una especie de cortesía. Lavar tu plato y guardarlo. No tener que escoger música para dos. Lo que pasa es que esa cortesía también cobra. Un día te recuerda la deuda con una precisión que ni en el laboratorio. Te exhibe las manos vacías como si fueran un documento sellado.

Regresé de la fiesta cuando el sol ya se iba bajando de a poquito detrás de los nogales. Me quité el traje con el cuidado ceremonioso de quien desarma una tienda de campaña. Me quedé en calzones y me soporté la vista treinta segundos sólidos. No hay que subestimar eso. Treinta segundos son un montón si no te gusta lo que ves. Bajé con mi *father*. Estaba sentado en la puerta, mirando hacia el corral como si esperara a que pasara algo extraordinario, pero él mira así siempre. "Mañana temprano voy a revisar los bebederos", dijo. "Te acompaño", dije, y en ese segundo me sentí útil como un clavo nuevo.

Mi *father*, cuando cree que no lo veo, me mira como si yo fuera una casa que se puede incendiar en cualquier momento. No por maldad, repito, sino por experiencia. Él también se quedó solo cuando no debía. Él también se obliga a no llorar por deporte. Una vez me contó lo que recuerda de la alemana. Contó que tenía una forma de pararse en la puerta, como si midiera siempre el ángulo para salir. Que los primeros meses el amor era un idioma que los dos fingían saber. Que él se estaba volviendo un hombre que no reconocía: uno que llegaba a casa con flores baratas y un cansancio que no pedía permiso. Que el día que ella se fue, él entendió que no hay ruido más peligroso que el de una maleta que no suena. "No lloró", me dijo, "y eso fue lo que me quebró. Si hubiera llorado, yo me habría enojado y ya. Pero no lloró".

A veces fantaseo con que me la encuentro y la llevo al laboratorio. Sí, al laboratorio donde nadie me visita en la cabeza. Le enseño microscopios, me escucho hablar de cadenas de aminoácidos, le cuento que diseñé un alimento que deja la carne limpia. No porque me interesen los concursos del gremio ni la validación de nadie, sino porque ese mundo me queda mejor que el de los salones con serpentinas. Me veo explicándole un diagrama en un pizarrón mientras afuera llueve sin ganas de asustar. Ella me mira con un orgullo en alemán y luego pide perdón, me dice que no me lo merecía. Y yo, como soy bueno para deformar escenas, le respondo que nadie merece nada, que uno hace lo que puede, de todos modos, mamá, llegaste.

Mientras tanto, acompaño a mi *father* a los bebederos y nos quedamos callados un rato largo, mirando cómo la luz se hostiga entre los alambres. "Oye", me dice de pronto, "¿y si pintamos otra vez el cuarto?" "¿Pa' qué?", le digo, riéndome. "Para ver si crece", dice él. Y nos reímos los dos de algo que no era chiste.

La gente cree que el abandono deja un hoyo, y ya. No. También deja una especie de puntería. Aprendes a ver la grieta antes que la pared. Por eso me pongo nervioso cuando me abrazan. Las madres de los salones me abrazan a veces, me huelen el sudor sin querer, me dan las gracias como si yo hubiera salvado algo más que una tarde. Yo dejo los brazos medio flojos, no por grosero, es autodefensa para el orgullo. Si los cierro, temo que voy a pedir algo que no se pide a esa hora ni en ese lugar.

Me pasa otra cosa: guardo objetos inútiles. Un broche roto que "algún día" podré arreglar. Un guante de Hulk descosido que guardé porque el otro, el par, se me perdió en un taxi. Un tornillo grueso que no entra en ninguna tuerca de la casa, pero le tengo fe. En la repisa tengo una caja de zapatos donde guardo servilletas con teléfonos. Números que nunca marqué. Hay uno con un nombre que me da risa: "Brenda mamá Nico". Lo anoté así para no olvidar quién era. Debe tener un acento bonito. Digo "debe" porque ya no me acuerdo de su voz.

En la madrugada, a veces, me despierta un ruido que no está. El silencio con forma de objeto caído. Me siento y me quedo mirando la puerta, la sombra de la silla, la pantalla del celular que no se enciende. Me bajo a la cocina sin hacer ruido, pero mi *father* siempre oye. "¿Qué tienes?" "Nada." "¿Pesadilla?" "No, nomás sueños mal alineados." Me sirve café con una cucharada de azúcar que en la noche sabe a perdón. "¿Tú crees que la gente pueda cambiar, *father*?", le pregunté una vez. "La gente no sé. Las vacas cambian en tres días con buen alimento." "¿Y yo soy gente o vaca?" "Eres mi hijo", dijo, y lo dijo con una especie de fuerza que te arregla la espalda.

Les voy a decir algo que no le digo a nadie: a mí me gustaría no tenerle miedo a las mujeres. Me gustaría mirarlas a los ojos sin que me tiemble el nombre. Me gustaría probar a dónde lleva una tarde de domingo que no sea a casa de mi *father*. Eso no invalida su amor, por si estaban preparando el sermón. Sólo digo que a veces me pregunto si voy a aprender a caer sin romperme las manos. Si me voy a permitir un golpe que no me deje en el suelo pensando en trenes que no tomé.

Un día cualquiera me llamaron de un salón de fiestas que yo no conocía. Querían a Superman, pero también querían a "uno que canta". Me reí por dentro. "Yo no canto", dije. "¿Seguro?", dijo la voz, con el tipo de duda que te da ganas de demostrarle algo. "Segurísimo." "Bueno, entonces nomás Superman." Colgué y me senti mas confundido que nunca. Miré el traje. Nunca lo había sentido tan lejos. Me puse a revisar la libreta de fórmulas. Me encontré anotaciones que yo mismo había subrayado con tinta verde. Dos páginas parecían escritas por alguien que confiaba en su cerebro. Me dolió el gusto que sentí. Sí, así como suena: me dolió. Me enojé por el gusto. "No te emociones, menso", me dije, como si me estuviera regañando un hermano mayor que no existe.

Bajé a la cocina y mi *father* estaba dándole vuelta a unos burritos de machaca en el comal. "Me hablaron del salón Bambinos", le dije y me quedé en silencio mientras pensaba, mirando lejos pero sin ventana enfrente en la alemana con su bata blanca, con su padre que le marcó la espalda con consignas, con su madre doblada por obediencia. Me pregunté si ese día apagó la luz antes de cerrar la puerta, si me dejó en la cuna con un beso o sin nada. No es que me cambie nada saberlo, es que hay preguntas que se quedan frente a la puerta como perros.

El lunes amaneció nublado, pero no como esos nublados que prometen lluvia. Era un nublado plano, sin relieve, el tipo de cielo que hace que los colores del campo parezcan lavados en lejía. Él se levantó tarde, con el cuerpo pesado y la boca seca. El espejo lo recibió con la misma ironía de siempre: el recuerdo de músculos que ya no estaban, los hombros que se rendían. No se vistió de inmediato. Se quedó en calzones, sentado en la orilla de la cama, mirando el piso como si esperara que se abriera una trampa para tragárselo.

El teléfono no sonó. Nadie lo buscaba. Ni fiesta, ni rancho, ni amiga. El silencio le cayó encima como una cobija húmeda.

La depresión no llegó con estruendo, sino con modales. Se instaló en la rutina: en la forma en que subía las escaleras de dos en dos y, a medio tramo, ya se quedaba sin aire. En cómo dejaba los platos sin lavar hasta que la mosca de siempre hacía guardia. El gimnasio abandonado, que seguía cobrando la mensualidad de una tarjeta que él ya no revisaba.

Lo más duro era el silencio. No el silencio de afuera —las vacas mugiendo, los camiones pasando, el perro ladrando al viento—, sino el de adentro. Ese silencio donde ninguna voz se asomaba para darle ánimo.

Se preguntaba cuánto tiempo más aguantaría así: suspendido, sin reencuentros, sin decisiones, sin vuelo. Ni héroe, ni químico. Sólo él, atrapado en su cuarto, con los trajes vacíos esperándolo como acusaciones.

El traje de Superman terminó dentro de una bolsa negra de plástico, con un guante de Hulk y la máscara de Batman. No los tiró: los escondió. Los dejó en el rincón más oscuro del cuarto, detrás de una silla coja. Cada vez que lo veía, el bulto parecía moverse, como si adentro respiraran todavía.

La escalera de metal que conectaba su cuarto con la cocina se volvió una enemiga. Cada escalón sonaba distinto: uno agudo, otro hueco, otro como un golpe seco. Él los conocía de memoria. Subirlos le costaba trabajo, bajarlos aún más.

El espejo rectangular del cuarto empezó a estar tapado con ropa. Primero fue una camiseta, luego una toalla húmeda. Finalmente quedó cubierto por completo. Ya no se soportaba a sí mismo.

El espejo se convirtió en la peor compañía: devolvía un rostro que parecía más viejo de lo que era, unos ojos hundidos que no reconocía.

La huella del abandono no se graba en lo que pasó, sino en lo que no hubo, lo que no estuvo. Te atraviesa más lo que faltó que lo que dolió. Y cuando lo reconocemos, se siente como un baldazo de agua fría directo al pecho: la claridad brutal de que no fue un solo episodio, sino un entramado de ausencias, un tejido social roto que nos dejó sin sostén.

Lo que no hubo, lo que no estuvo: la mirada que no nos buscó, la mano que no nos sostuvo, la voz que nunca nos llamó por nuestro nombre con ternura. Esa es la violencia más grande, la más silenciosa. Porque la herida visible, la escena puntual, la podemos contar; pero debajo de ella hay una mole entera de lo que faltó, como un iceberg sumergido que sostiene esa punta mínima que llamamos recuerdo. La cereza del pastel sostenida por un pastel entero de carencias.

Lo que no hubo, lo que no estuvo, es la verdadera raíz de la huella. Y lo nombro sin victimizarnos, desde la humildad de reconocerlo. Porque aceptar que crecimos en medio de ausencias no nos hace menos, nos hace conscientes. Y en esa conciencia, aunque tiemble, hay también un poder: el de elegir, el de sembrar hoy lo que no estuvo ayer.

La huella del abandono sigue ahí, recordándonos lo que no hubo, lo que no estuvo. Pero ahora también me recuerda lo que sí puedo construir. Y en esa paradoja encontramos la dignidad para rehacernos.

CALLADITA TE VES MÁS BONITA

♪ **"Nocturne en do sostenido menor, Op. posth. (No. 20)"**, de Frédéric Chopin

(Originalmente fue dedicado a su hermana Ludwika Chopin 1830)

"Calladita te ves más bonita." Me lo dijeron tantas veces que, aun cuando nadie lo decía ya en voz alta, seguía escuchándolo como si las paredes lo murmuraran a mis espaldas. Era una llave vieja abriendo y cerrando cuartos dentro de mí, una sentencia que aprendí a obedecer como quien respira.

Vengo de una familia Colombiana, del centro de Medellin, donde el dolor se hereda como apellido: a mi abuela la sacaron a la calle cuando la vergüenza pesó más que el amor; a mi madre la amarró la sobreprotección con tiras de cuero y miedo; a mi padre lo dejó marcado un silencio de hombres "respetables" que, tras la puerta, guardaban secretos podridos. Con eso crecí: con el rumor de que las mujeres venimos al mundo a sufrir, con el mandato dicho entre dientes en la mesa, colándose en la sopa y en las cobijas, metiéndose a la sangre como si fuera ley.

Mi abuela era una muchacha cuando el mundo le dio un zarpazo y le dejó un hijo latiéndole en el vientre. La echaron, "pa' que aprenda", decían, y la calle la recibió con su aliento a gasolina y humo. Trabajó de mesera en un bar de copas pegajosas y canciones que querían consolar sin poder. Ahí conoció a mi abuelo, cantante de sonrisa cansada, que primero le rentó un cuarto y luego le compartió techo y gira: escenario va, escenario viene, la voz se hace pan mientras los hijos crecen junto a maletas, bailarinas, músicos de paso y vecinos que, por un rato, hacen de niñeras. Mi abuela guardaba monedas como quien guarda aire para tiempos de ahogo: compró casas, levantó cuartos, convirtió techos en casas de asistencia, creyendo que un techo es cura suficiente. Pero la ausencia hace grietas que ninguna loza tapa: mis tíos y mi madre aprendieron a caminar sin pedir, a hacerse fuertes nomás por fuera, a dormir con la espalda tensa como si el sueño fuera un peligro.

De mi madre cuentan el pulso de su rebeldía desde chiquita, esa que le prendía la mirada, aunque el cinto le dejara líneas rojas en las piernas. Ella contestaba firme: "Dele más si quiere, hasta que me mate; le va a doler más a usted", y en esa frase le florecía un "no me rindo" silencioso que me crió. Medellín le metió miedo en la piel con toques de queda, balazos lejanos, puertas que se cierran temprano.

Por el lado de mi padre la fachada brillaba: él, el hijo del odontólogo del pueblo; ella, la dueña del almacén. Qué familia, decían, qué ejemplo, decían, sin asomarse adentro del clóset donde los secretos respiraban hediondos. Mi padre fue el quinto de diez; a todos los alcanzó la mano que no debía, el miedo que no sabe decir su nombre, la huella que te vuelve enemigo de tu propio cuerpo; mi abuelo abusó de casi todos sus hijos y a los que no, los golpeaba.

Cuando se muere el que hizo daño, no se muere el daño: se queda rondando, criándole fobias a los hijos y cansancio a las madres, convirtiendo cualquier abrazo en sospecha.

Mis padres se conocieron con la prisa de quien necesita una salida; cuatro meses bastaron para casarse y subirse a un avión rumbo a México, como si el dolor se quedara guardado en el país de origen y no viajara escondido en el equipaje de mano. Yo llegué con la sentencia ya escrita. Era la tercera de cinco y la única mujer: mis hermanos aprendieron a hablarse con golpes de risa y secretos de varón, y yo, desde la orilla, aprendí a mirar sin hacer ruido.

Mi padre estaba, pero no estaba; mi madre, decidida a no repetir lo que le hicieron con esa sobreprotección asfixiante, se fue al otro extremo y nos dejó sueltos, "para que respiren", decía, mientras yo pedía un abrazo como quien pide agua en la madrugada. El hambre de amor te vuelve buena para confundir, y a mí me agarró temprano. Un día llegamos a esa casa del centro de Guadalajara que se volvió el escenario, la casa de amigos de mis padres que saludábamos como familia, familia de todos mis silencios. Por fuera, el ruido de la ciudad parecía promesa: vendedores ofreciendo nieves, voces regateando como si la vida fuera una plaza abierta. Por dentro, la casa olía a hermetismo: portón negro que se abre pidiendo perdón, sala con sillones de terciopelo tinto que te tragaban con un suspiro, trinchador que cuidaba dulces detrás de puertas ruidosas, como si el azúcar sirviera de mordaza. La cocina era la república de las cucarachas; el mantel de plástico brillaba como piel sudada; las sillas metálicas de Coca-Cola se quejaban a cada movimiento. Las escaleras subían derechitas, con un quejido distinto en cada peldaño, avisando que arriba vivía la penumbra: cuartos de aire cansado, pósters de hombres armados vigilando desde la pared, cama de resortes que crujía sin tocarla. Abajo, los adultos reían, cantaban, el vaso con Bacardi sudando en la mesa y mi padre con la guitarra sacándole brillo.

Arriba, los niños aprendíamos a obedecer con los pies, "súbanse, no estorben", y subíamos como quien aprende un himno. Yo trataba de encajar cantando Timbiriche o empujando carritos por el piso verde, pero casi siempre me salía del juego y me iba a mi rinconcito a acomodar muñecas que sí sabían escuchar.

Fue en esa casa donde la frase dejó de ser consejo y mostró los dientes. Al principio fue una mano que se ofrecía amable, una caricia en el cabello que duraba un poquito más, una sonrisa que parecía cariño. Una voz me decía que me veía bonita, que me sentara un ratito en sus piernas, que no pasaba nada. Yo obedecía, porque a mí me enseñaron que obedecer es sobrevivir. Nadie me explicó que hay caricias que son trampa, y yo confundí alivio con peligro todas esas caricias. incorrectas, y frente a mis padres, tapada con una manta, según para que no me enfriara.

Luego vino lo indecible. No lo describo: no porque no lo recuerde, sino porque no pienso darle palabras que lo adornen. Recuerdo el cuarto con la televisión bajita, el murmullo de un programa que no importaba, el olor a cigarro viejo y jabón barato, la cama que se quejaba, el aire que se hacía cortito. Recuerdo la mano de ese tío, que no era familia, tapándome la boca y una amenaza que se quedó pegada al techo. Recuerdo el brillo del metal sobre la mesita de noche y la certeza de que cualquier ruido de mi parte podía estallar en mil desgracias. Y recuerdo, sobre todo, que la frase volvió como cuchillo envainado en terciopelo: "Shhh, calladita te ves más bonita." El cuerpo aprende rápido cuando la vida se va en ello.

A partir de entonces, cada vez que llegábamos de visita y se se cerraba el portón, el camión rechinaba allá afuera y mi padre afinaba la guitarra abajo, yo ya sabía el libreto: juegos de fachada, risas cortitas, tobogán de escaleras… y el momento de apartarme, esa señal a la que mi cuerpo contestaba poniéndose duro, la panza apretada, la garganta cerrada y, como siempre, al final, el caramelo que premiaba mi silencio.

Desde chiquita descubrí que una criatura puede hacerse estatua por instinto: si no te mueves, a lo mejor termina más pronto, a lo mejor duele menos, a lo mejor no matan a nadie. Nadie notó nada. O eso elijo creer, otra opción me rompería. Yo bajaba con la cara blanca y me pegaba a la orilla del comedor, mirando a mi madre reír como hacía años no la veía reír, y decidía que mi silencio le iba a cuidar la alegría, que no iba a tumbarle la fiesta con mi dolor. Me tragaba el llanto con pan dulce y el azúcar me sabía a yeso. Ésa fue mi primera lección de utilería: ser la niña bien portada que sirve para que el mundo no cambie.

Me convertí en experta. En la escuela decían que yo era aplicada, centrada, madura, no sabían que eran sinónimos de asustada. Contestaba lo justo, sonreía poquito, nunca interrumpía. Aprendí a llorar hacia adentro, y como las lágrimas necesitan salida, se fueron en forma de dolores: la panza hecha nudo, la espalda encorvada, la cabeza latiéndome como si tuviera un tambor adentro. Los doctores hablaban de estrés, yo tenía una pistola fantasma junto a la almohada. En mi casa jugaba a existir sin peso, me volvía invisible para que nadie me necesitara y así, con suerte, nadie me notara.

La culpa llegó más tarde, como pariente sin invitación que se sienta a la mesa y opina de todo. La culpa dice cosas terribles con voz de nana: "Si no querías, hubieras gritado", "algo hiciste", "algo en ti lo provocó". Me miraba al espejo y odiaba los olanes del vestido, los zapatos de charol, la forma de mis piernas. Me bañaba en silencio tallándome como si la piel fuera mugre: no se iba. Me ponía ropa grande para esconderme, luego ropa apretada para castigarme; no había manera de estar bien con mi cuerpo, ni de día ni de noche.

Llegó la adolescencia y con ella el rojo que te dice que el cuerpo está creciendo, y a mí me pareció un recordatorio cruel. Mis amigas hablaban de niños que las miraban en el recreo y yo les sonreía con la voz muerta: para mí la mirada ajena era alarma, no ilusión. Aún así, el hambre de cariño se me enredaba con el deseo de existir y me confundía los cables.

Tocarme era confirmarme la culpa, desear era traicionarme. El silencio te vuelve laberinto. A los quince años me subí a una pasarela pensando que allá podría cambiar de piel. No lo digo de forma poética, de verdad creí que la luz del escenario iba a expulsar la sombra, que el aplauso iba a llenar el hueco. Qué va. La frase: "Estás pasadita, cuídate", "te ves muy flaca, anímate", "sonríe, pero no tanto", "piensa, pero no digas". La regla era la misma: sé imagen, no voz. Comía una manzana al día y a veces ni eso, y el cuerpo me cobraba con mareos en los ensayos, encías sangrantes de tanto apretar la mandíbula, desvanecimientos a la mitad del maquillaje. Aplaudían y yo escuchaba el mismo eco de la casa: "No incomodes, no cuentes, no llores." "Calladita te ves mas bonita."

Por eso cuando conocí a quien hoy es mi esposo, me pareció casa su promesa de quietud. "Para qué concursos", me dijo un día con cariño firme, "quédate conmigo, para mí." Me quité los vestidos como quien se desarma un personaje y obedecí sin que me lo exigieran. Guardé mis ganas a la altura de las cajas de cartón y me convertí en la mujer que resuelve, en la oficina siempre sí, en la casa siempre sí, en la vida siempre sí. "Ay, qué buena eres", decían, y yo me hacía bolita por dentro. No necesito que me peguen para obedecer, cuando una trae el eco atravesado en el pecho desde niña, con una ceja levantada basta. El cuerpo siguió gritando: gastritis que me prendía fuego adentro, jaquecas como relámpagos, espalda de palo, insomnio con el reloj marcándome la culpa. Me bañaba de madrugada tratando de callar el temblor, me secaba en silencio, mirando por primera vez, de frente, la cara de una mujer que no sabía su nombre. Y así, en una noche cualquiera, se me salió en susurro lo que no me atreví a decir en años: "Ya no quiero callar." Me temblaron las piernas. No se acabó el mundo, nadie se desmayó, la casa no se incendió, nomás se abrió una puerta chiquita adentro. Entró aire. Empecé a escribirlo todo en cuadernos baratos, frases sueltas, palabras cortadas, dibujos torpes. Era como escupir vidrio, dolía, pero el cuerpo te lo agradece. Poco a poco busqué mujeres que se parecían a mí en la mirada, nos juntábamos a hacernos las uñas y terminábamos haciéndonos la vida, puliéndola de a poquito. Entre esmaltes y risas nerviosas salían frases que nadie se había permitido: "A mí también", "yo nunca lo dije", "me pasó de niña", "tengo miedo". Yo hablé bajito al principio, como presentándome al mundo, y las otras me sostuvieron con la mirada. Descubrí que la vergüenza se achica cuando la compartes, que el llanto ajeno te da permiso para el tuyo, que hay abrazos que sí son refugio. Entonces me apunté al certamen estatal. No fué por coronas, fue por cerrar un círculo. La duela de ensayo sonaba igualito que las escaleras viejas de la casa del centro y cada paso era memoria pura: el portón chirriando, el camión frenando, mi padre afinando, mi cuerpo poniéndose alerta. Pero ahora yo me hablaba a mí como nadie me habló de niña: "No estás sola", "tu cuerpo es tuyo", "no tenías cómo saberlo", "no fue tu culpa". El día del evento me maquillaron despacito y yo cerré los ojos para encontrar a la niña que fui: estaba con su vestido de olanes, sus rizos en desorden, su susto de pájaro atrapado. "Perdóname", le dije por dentro, "por haber callado por las dos. Hoy subimos juntas". Caminé no para el jurado, sino para ella. La luz me pegó en la cara como el sol a la salida del túnel: duele, pero calienta. Cuando hablaron al micrófono, dije lo que llevaba años queriendo decir: que la voz no es adorno, que callada una se muere, que hablar es volver a nacer. Si a alguien le incomodó, ni cuenta me di, ese día el aplauso dejó de ser cárcel y se volvió testigo y gané.

No busco héroes ni estatuas, busco que ninguna niña, nunca, cargue sola la amenaza de una casa vieja, que ninguna mujer confunda amor con obediencia, que ningún hombre se quede encerrado en su propio silencio de niño herido. Guadalajara ya no me huele igual. El centro sigue teniendo su música de camiones y sus gritos de puestos; el portón de aquella casa quizá ya no existe o está pintado de otro color. Pero la ciudad tiene otra voz en mi boca. A veces camino por esas calles y les hablo quedito a mis fantasmas: "Ya estuvo, ¿no?, ya estuvo." Y se van, o aprenden a quedarse quietos. "Calladita te ves más bonita", me dijeron. No, gracias. Callada me apagué, me enfermé, me volví sombra. Hablando me rearmé pedacito a pedacito, me devolví el cuerpo, me encontré la mirada. Ahora sé que la voz no sólo me pertenece, la comparto con las que aún no pueden, con las que no se creen, con las que se acaban de acordar de algo y les tiemblan las rodillas. Acompaño con mi voz a la que todavía no se anima, le presto la mía hasta que encuentre la suya. Si el mundo insiste en decirnos "calladitas", nosotras insistimos en responderle: "Más vivas nos vemos cuando hablamos." No voy a endulzar el final, todavía hay noches en que me despierta el viejo crujir de una cama, todavía hay mañanas en que me miro al espejo y necesito recordarme que no es mi culpa, todavía hay reuniones donde la risa ajena me suena a trampa. Pero ahora tengo palabras, gente, casa propia por dentro. Si el miedo me toca la puerta, ya no le abro sola. Hay nombres, hay números, hay círculos, hay abrazos. Y hay una niña de olanes que ahora duerme conmigo sin esconderse, ya no le tapo la boca, la dejo cantar. Esa niña y yo trabajamos juntas, ella me recuerda por qué, yo le aseguro que sí se puede. Y cuando alguna mujer se sienta frente a mí con los ojos nublados, ese par de voces —la de la niña y la mía— le dicen a coro: "No estás sola, aquí tu silencio no es requisito." No sé si lo que escribo cura. Sé que lo que nombro deja de pudrirse adentro. Sé que cuando alguien me escucha y yo la escucho, el mundo —este mundo que a veces parece sólo ruido— se vuelve un poquito más habitable. Si a mí me preguntan, eso es belleza: no el vestido, no el aplauso, no la talla, sino la valentía suavecita de sostenerse la mirada sin bajar la cabeza. Y si me vuelven a decir la frase, si alguien intenta colgármela de nuevo en la frente, yo ya tengo respuesta, con el corazón temblón pero firme, con la lengua por fin mía: "Callada moría; hablando renací. Y pienso quedarme viva."

Me cuesta trabajo reconocerlo, pero para mí, de las cosas más complejas de esta exsistencia radica en el ser vista, ser invisible o súper vista.

Vista: me implica esa exigencia personal de ser cuasi perfecta, en donde mis errores y mis traumas, si no están trabajados, quisiera guardarlos bajo el tapete; en donde, si no es un buen día, si no dormí más de 8hrs, si no logro tener calmo al monstruo del apetito voraz, si no me aprieta el pantalón hasta exigirme bajar dos tallas más, dejo de confiar en mí. Es complejo aceptar otra postura, me persigue esa necesidad de ser vista y reconocida, incluso de ser un referente para los demás, me sigo moviendo en la directriz única y punzante de dejar un impacto a través de mis acciones o mis palabras, me analizo constantemente y no me perdono voltear los ojos ante alguien que necesita ser visto.

Invisible: vivo abrazada de la agonía del "no lo logro", del "por más que hago, nada es suficiente", porque nunca es suficiente. Hay pocos momentos en los que siento que sí doy el ancho, pero me recrimino no hacer siempre un trabajo exhaustivo que me desgarre corazón, alma y cuerpo. Cuando siento que el monstruo es demasiado grande y mi intención de salvaguardar infancias es casi imposible de lograr, me derrumbo, veo de reojo la degeneración social y no encuentro salida a nada. Mi trabajo es el único lugar donde me siento útil, viva, pero moverme entre tanta invisibilidad cansa, más aún cuando estás buscando el reconocimiento de los otros.

Súper vista: desde la pesadez de siempre ser necesaria, porque, a pesar de todo, sigo dando mi trabajo al bien de los demás, trato de rescatar, de hacer para otros lo que alguien debió hacer para mí, ser súper vista me permite conceder mi forma a otros, quiero ser amada por lo que doy y no por lo que soy. Muchas veces transgredo mis límites por no generar conflicto y cedo, incluso soy permisiva a cosas que me molestan, todo por ser súper vista.

UNO DE TANTOS

♪ **"In the Wee Small Hours of the Morning"**,
In the Wee Small Hours (1955), de Frank Sinatra

No sé por dónde empezar porque siento que cada vez que intento dar una explicación termino enredándome más. Muchos me preguntan de dónde creo que viene mi rabia y yo no tengo una respuesta clara. Sé que está ahí, que me arde en la garganta, que se me agarra a la boca del estómago, que se me mete en los puños antes de darme cuenta. Pero el origen, la raíz, como le dicen, se me escapa. O mejor dicho, cada vez que creo atraparla se me escurre como si estuviera hecha de agua sucia. Lo único que sé con certeza es que no es algo que yo haya escogido. Yo no elegí crecer entre tanto y tan poca gente. No elegí las casas enormes siempre con una estela de Chanel No.5 y no en un hogar. No elegí que mis brazos de niño nunca fueran recibidos en los de mi madre ni de mi padre. Y sin embargo, aunque sé que no lo elegí, me siento culpable. Culpable por no hacer que me quisieran, culpable de no haberme escapado, culpable de haberme quedado mirando esas puertas enormes y pesadas que nunca se abrían.

Yo crecí con nanas. Muchas. No puedo ni decir un número exacto. Eran mujeres que llegaban, se aprendían mi nombre, me cambiaban los pañales, me daban de comer, y luego desaparecían. A veces duraban meses, a veces semanas, a veces ni me enteraba cuando se iban. Lo único que sabía era que una nueva voz me llamaba por las mañanas, un nuevo par de manos me abrochaba los botones, un nuevo olor se mezclaba en mi vida. Y yo me acostumbré a pensar que así era la vida, que la gente que te cuida siempre está de paso y se le paga, que el afecto no se parece a raíces sino a hojas que el viento arranca en cualquier momento. A los cinco años ya sabía reconocer el cansancio en los ojos de esas mujeres. Me cuidaban porque les pagaban, no porque yo significara algo. No las culpo, pero tampoco las olvido. Eran mis testigos y yo era su trabajo. Nunca fui su hijo ni de nadie. Nunca fui nadie. Mi cuarto era enorme, tan grande que a veces me daba miedo. La cama parecía pensada para alguien mucho mayor, de madera oscura, con sábanas suaves que olían a suavizante caro, siempre el mismo. Tenía un escritorio de madera roja brillante donde nunca se me ocurría dibujar nada, y un clóset lleno de ropa que aparecía doblada como por arte de magia. Había juguetes por todos lados, siempre los más caros, siempre los más nuevos, apilados en estantes como si fueran trofeos, no eran cosas para ensuciar o romper, al menos así lo sentía. Tenía un gran espejo en la pared, que lo único que reflejaba era lo mismo de siempre: yo, solo, sentado, rodeado de cosas que no significaban nada.

Lo peor era el silencio. Aunque tuviera la televisión encendida, aunque las cortinas pesadas estuvieran cerradas, el cuarto se sentía vacío, como si tragara cualquier sonido que yo hiciera. No había dibujos míos pegados, ni fotos, ni rastros de alguien que hubiera querido estar ahí conmigo. Era un cuarto perfecto, ordenado, con clima controlado y lámparas de diseño, pero me faltaba lo único que no se podía comprar: alguien que me diera las buenas noches, alguien que me abrazara antes de dormir. Siempre que cerraba los ojos, tenía la sensación de que todo lo que me rodeaba era prestado, que no me pertenecía. Era mi cuarto, pero yo nunca lo sentí mío.

La casa estaba enterrada en piedra volcánica, enorme, silenciosa, con muros de concreto altísimos que parecían más diseñados para intimidar que para habitar. El portón eléctrico abría hacia un jardín geométrico, podado con precisión obsesiva, donde no había una sola flor fuera de lugar. Dentro, los pisos eran de mármol importado, las paredes revestidas con obras de arte modernas que parecían colgadas sólo para llenar el espacio. Todo brillaba, todo estaba limpio, todo era perfecto. Y, sin embargo, el aire tenía el mismo frío que una sala de museo, nada invitaba a quedarse, nada abrazaba. Era una casa construida para mostrar éxito, no para contener una vida.

En las noches, el silencio era tan denso que se podía escuchar el eco de los pasos multiplicándose en los corredores interminables. Había cristales enormes que daban a un patio interior iluminado por luces bajas, como si cada rincón de la casa estuviera en exhibición. Recorría esos pasillos con juguetes caros en la mano, pero la sensación era siempre la misma: que la casa estaba vacía aunque estuviera llena de muebles, cuadros, cortinas pesadas y obras de arte. Cada puerta cerrada ocultaba a alguien que no me quería ver. Y así, la mansión que desde afuera parecía un palacio, se convertía en un desierto de piedra y lujo donde la soledad se amplificaba.

Mis padres vivían en la misma casa pero en un mundo aparte. Mi padre siempre estaba de viaje, o eso era lo que me decían. Yo me imaginaba que tenía otra vida en otra ciudad, quizá otra familia. Nunca me lo confirmaron ni me lo negaron. Sólo estaba ausente. Cuando llegaba, llegaba con trajes elegantes, que yo no podía ni tocar, con olor a cigarro y a whisky. Me daba un beso en la frente, como quien sella un documento sosteniéndome las manos juntas para que no lo manchara, y desaparecía en su despacho. Ese despacho estaba prohibido para mí. Lo entendí a golpes de silencio, cada vez que me acercaba, alguien me apartaba, una nana me inventaba un juego, o la puerta se cerraba con violencia desde dentro. Nunca crucé esa puerta. Hasta hoy sigo sin saber qué hacía ahí adentro. Sé que trabajaba, sé que era importante para otros. Para mí, era un hombre de espalda ancha y ojos grises que nunca me miraban de frente.

Mi madre simplemente no estaba. Aunque estuviera en la casa, aunque escuchara sus tacones en el piso de mármol, aunque la viera mirarse en los espejos gigantes de la recámara. Ella no existía para mí. Me acuerdo verla vestida siempre impecable, siempre oliendo a Chanel No. 5 que me provocaba estornudos, con labios pintados de rojo como si siempre estuviera a punto de besar a alguien que no era yo. Tampoco me tocaba. Nunca me abrazaba. Si me hablaba, era para darme órdenes o para corregirme. Y eran correcciones que dolían porque me hacían sentir invisible. "No te encorves." "No hagas ruido con los cubiertos." "No corras en el pasillo." Yo obedecía, no porque la respetara, sino porque quería que me viera. Y nunca me vio. Nunca de verdad.

Ahí empezó mi confusión, creo. ¿Cómo puede un niño crecer rodeado de lujos y al mismo tiempo con hambre? Hambre no de comida, porque la mesa siempre estaba llena, sino de algo que no tenía nombre. Hambre de brazos, de calor, de una voz que me dijera que estaba bien llorar, que estaba bien tener miedo. Nadie me enseñó a sentir. Nadie me mostró que podía ser vulnerable. Entonces, lo que yo sentía se me acumulaba adentro como basura en un cuarto cerrado. Se fermentaba, se volvía ácido. Y cuando empecé a crecer, cuando mi cuerpo se llenó de hormonas, cuando la adolescencia me explotó en la cara, ese ácido se convirtió en furia. Una furia que no sabía dónde colocar. Y claro, la coloqué en el lugar equivocado: en las mujeres.

No lo digo con orgullo, lo digo con vergüenza, con un nudo en la garganta. Yo fui violento con ellas. No siempre físicamente, aunque hubo momentos en que mis manos temblaban de rabia y no supe detenerlas. Pero sobre todo con palabras, con silencios hirientes, con desprecios. A veces con frialdad calculada, a veces con arranques de ira que me dejaban agotado y confundido. Y lo más extraño es que cada vez que lo hacía, sentía que no era yo. Que estaba repitiendo una escena que había visto de niño aunque no la recordara bien. Como si en cada insulto yo estuviera gritándole a mi madre sin que ella estuviera ahí para escucharlo. Como si en cada rechazo yo intentara vengarme de mi padre por nunca haberme sostenido en brazos. Pero ellas, las mujeres que se cruzaron en mi vida, no tenían la culpa. Y aún así, yo las convertí en espejos rotos de mi rabia.

Recuerdo mi primera relación seria. Tenía 18 años y ella 17. Era dulce, de esas muchachas que sonríen como si todo tuviera remedio. Y yo, al principio, la miraba como si hubiera encontrado un refugio. Pero pronto empecé a sentir algo raro: me molestaba su ternura. Me irritaba que me hablara con cariño. Me enojaba que me buscara con las manos, que quisiera tocarme como si yo mereciera afecto. Cada gesto suyo me recordaba que yo no sabía qué hacer con el amor. No lo entendía. No tenía práctica. Y en lugar de confesar mi miedo, en lugar de llorar en sus brazos, lo que hice fue herirla. Me volví seco, distante, sarcástico. La insultaba por detalles insignificantes. Y cuando ella lloraba, en el fondo, sentía un alivio enfermo, era como si por fin alguien estuviera llorando en mi lugar. Pero luego me venía la culpa, una culpa tan fuerte que me revolvía el estómago. Y en vez de pedir perdón, me encerraba. Ésa fue la primera vez que me di cuenta de que algo estaba roto en mí, algo que no sabía cómo arreglar.

De niño, mis rabietas eran sofocadas por regalos. Si yo lloraba, no venía mi madre a calmarme, venía una nana con un juguete nuevo. Si yo gritaba, no venía mi padre a decirme que estaba ahí, venía un chofer a llevarme a dar una vuelta. Y así aprendí que las emociones no se acompañan, se tapan. Aprendí que el dolor se calla con cosas. Que la soledad se maquilla con bicicletas caras, con internados en Suiza. Pero lo que se tapa, lo que se esconde, nunca desaparece. Y ahora me doy cuenta de que todo eso que escondí salió después como rabia. Una rabia ciega, dirigida contra las mujeres porque eran lo más parecido que tenía al origen de mi herida.

Yo no recuerdo un abrazo de mi madre. No recuerdo su voz diciéndome que me quería. No recuerdo haberme dormido en su regazo. Y esa ausencia es como un fantasma que me acompaña siempre. Cada vez que una mujer me abraza, siento primero el impulso de apartarla. Cada vez que una mujer me acaricia, siento la necesidad de empujarla. Y no lo entiendo. No entiendo por qué el cariño me incomoda tanto, por qué lo rechazo, por qué lo convierto en rabia. Sé que es un reflejo, sé que es una herida abierta, pero en el momento no pienso en eso. Sólo siento un calor insoportable que me obliga a defenderme. Como si el amor fuera una amenaza. Como si me fueran a quitar algo en lugar de darme.

Me preguntan si odio a las mujeres. Y les digo que no. Pero tampoco las sé amar. Estoy atrapado en un punto intermedio donde todo se me mezcla: deseo, miedo, rencor, necesidad. A veces pienso que las busco sólo para castigarlas, como si castigándolas a ellas castigara a mi madre. Otras veces pienso que me castigo a mí a través de ellas, que busco que me rechacen para confirmar que no valgo nada. Es confuso. Terriblemente confuso. Porque no hay un plan, no hay una estrategia. Sólo hay impulsos que me dominan y que luego me dejan vacío.

Hay días en que me miro al espejo y no reconozco mi cara. Veo a un hombre de 56 años, con barba perfilada, impecablemente vestido, con uñas cuidadas y zapatos nuevos, con arrugas que no debería tener todavía, con los ojos cansados. Y me pregunto: "¿Qué hice con mi vida? ¿Cómo llegué a convertirme en alguien que hiere a quienes más quiere?" Y lo peor es que no encuentro respuesta. No sé cómo cambiar. No sé cómo romper este círculo. Y esa ignorancia, esa impotencia, me desespera más que la rabia misma.

Yo sé que suena contradictorio, pero a veces quisiera que mi madre me hubiera gritado, que mi padre me hubiera golpeado. Al menos habría tenido algo concreto contra lo cual rebelarme. Pero la ausencia es más cruel que la violencia directa. Porque contra la ausencia no hay nada que hacer. No se puede pelear con un vacío. No se puede discutir con un silencio. Y eso me volvió un hombre que discute con fantasmas, que grita a las mujeres esperando que alguna se convierta en madre para él, aunque sea por un segundo. Pero ninguna puede. Ninguna debe. Y sin embargo, yo sigo buscando eso de manera inconsciente, dañando en el camino a quienes no tienen la culpa.

Me cuesta decir esto en voz alta. Me da vergüenza. Porque sé que afuera hay gente que sufrió cosas terribles, golpes, abusos, hambre real. Y yo tuve todo. Tuve más de lo que cualquiera puede soñar. Y aún así, estoy roto. Eso me hace sentir doblemente culpable: culpable de mi rabia y culpable de no tener derecho a sentirla. Pero la siento. Y lo único que me queda es decirla, aquí, aunque no suene coherente, aunque se escuche como un lamento de niño atrapado en cuerpo de hombre.

He intentado entender mi rabia. He leído varios libros, he escuchado conferencias, he buscado explicaciones. Todos dicen lo mismo: la infancia marca, la falta de afecto genera heridas, la ausencia de los padres se paga después. Sí, lo sé. Pero saberlo no me cura, no detiene el impulso cuando estoy frente a una mujer y siento que me va a atrapar, que no me da herramientas para no gritar, no empujar, para no golpear. Y ya no hay vuelta atrás.

No sé cuánto más puedo vivir así. Siento que me estoy quedando sin energía, sin esperanza, sin ganas. Y al mismo tiempo, buscando. Sigo buscando a mujeres, sigo buscando cariño, buscando algo que me saque de este círculo. Pero cada intento termina igual: con rabia, con culpa, con soledad. Y vuelvo aquí, a decirlo en voz alta, esperando que al menos al hablarlo se me aliviane un poco el peso. Pero la verdad es que sigo sin entender. Y la confusión es tan grande que me ahoga.

La rabia me ha ido dejando solo. No lo digo como metáfora, lo digo literalmente: la gente se aleja, las mujeres se van, los amigos me toleran un tiempo y después se cansan. Yo mismo me encargo de empujarlos. Los primeros meses de cada relación, de cada amistad, juego a ser encantador, y lo consigo. Me río, escucho, aparento interés. Pero en cuanto alguien se acerca demasiado, en cuanto empieza a tocar la parte blanda de mi pecho, esa parte que nunca conoció un abrazo verdadero, me transformo. Me vuelvo hostil, cínico, agresivo. Y tarde o temprano, todos se hartan. Se van. Y cuando se van, yo siento una mezcla enfermiza de alivio y de dolor. Alivio porque confirmo lo que ya sabía: que nadie se queda. Dolor porque, aunque lo sabía, sigo necesitando que alguien se quede.

Mis padres envejecieron en casas más grandes, con viajes más largos y lejanos, con fiestas a las que yo nunca quise ir. Siguen siendo figuras distantes, como de cera, intocables. Mi madre sigue perfumada, impecable, inaccesible. Mi padre sigue viajando, sigue con su despacho cerrado, sigue sin pronunciar una palabra de afecto. Y yo a mis 56 sigo siendo el niño invisible

A veces pienso en las mujeres que he lastimado. En cada una. Sus nombres me vienen a la cabeza como una procesión de fantasmas. Recuerdo sus lágrimas, recuerdo sus gestos de incredulidad cuando me transformaba frente a ellas, recuerdo sus voces quebradas pidiéndome que explicara qué me pasaba. Y yo nunca supe explicar. Porque ni yo lo entiendo. Sólo sentía que debía defenderme, aunque no supiera de qué. Defenderme de su cariño, de su cercanía, de su deseo de compartir. Como si amar fuera un ataque y no un regalo. Y quedarme con mis silencios después de cada pelea, con mis noches en soledad, con esa confusión que se hacía insoportable. ¿Qué estoy defendiendo, si en realidad lo que quiero es lo que estoy rechazando? ¿Qué estoy atacando, si lo único que deseo es precisamente eso que destruyo?

No entiendo por qué sigo hablando. No entiendo por qué sigo aquí, contando lo mismo con otras palabras. Tal vez porque en el fondo espero que alguien me dé una respuesta que yo no encuentro. Tal vez porque necesito que alguien me diga que no estoy condenado, que hay una posibilidad. Pero ni siquiera sé si quiero creerlo. A veces pienso que me acostumbré tanto a mi rabia que ya no sabría vivir sin ella. Que me sostiene, me define, que sin ella estaría vacío de verdad. Y si eso es cierto, entonces estoy perdido. Porque significa que nunca voy a soltarla. Que nunca dejaré de lastimar, que me voy a quedar solo.

Y justo ahí, en ese pensamiento, me quedo suspendido. Entre el deseo de cambiar y la certeza de que no puedo. Entre el hambre de amor y el miedo al amor. Entre el recuerdo de una infancia sin abrazos y la vida adulta llena de heridas. Suspendido, sin saber si mañana voy a despertar un poco más vacío o un poco más violento. Suspendido, sin final.

El ser ciudadano del trauma, no justifica la violencia, no tenemos areas permitidas , ni pase VIP para lastimar, no somos responsables de lo que nos pasó, pero sí somos responsables de lo que somos hoy, y así como no nos define, no nos da el derecho de lastimar, vulnerar, violentar, abandonar, herir, violar, golpear, traicionar, romper y desgarrar, con la cínica y descarada justificacion: "tu no viste lo que yo..".

¿De qué forma siniestra
violentas para cobrar venganza
"inconscientemente"
de eso que te sigue doliendo?
Debemos buscar la forma
de no dañar ni dañarnos, de no lastimar
más; debemos evitar, juntos o sin
compañía, el dolor y buscar un poco
de calma, de luz, de claridad.

DE VERDAD, LUZ

♪ **"Igual no debo"**, *Donde Duele* (2025), de Erich.MZ

A veces la memoria es un cuarto oscuro donde una niña espera que su madre despierte. Cortinas cerradas al mediodía, el polvo dorando el aire, el reloj de la cocina marcando un ritmo ajeno a los afectos. A los seis años yo ya sabía exprimir un uniforme con las manos heladas, tenderlo sobre una toalla, soplarle como si el aliento bastara para secarlo antes de la campana de entrada al colegio. Caminaba con los calcetines húmedos dentro de los zapatos rotos —a veces la suela apenas viva, a veces el cuero abierto como una boca cansada—, y el frío trepaba por las piernas hasta clavarse en el vientre. En las butacas de la escuela yo dejaba una marca oscura, tibia, que era vergüenza pura: agua, jabón barato y abandono, pero la vergüenza no era por llegar con el uniforme húmedo y sin comer, era por mi irresponsabilidad de que, a mis seis años, prefería jugar que lavar mi uniforme a tiempo. Crecí sabiendo que el amor era un idioma que se hablaba detrás de otras puertas. En la mía, la voz de mi madre era casi siempre un susurro deprimido desde la cama —no un consuelo, sino una orden perezosa— y sus manos, cuando aparecían, eran para empujar, sacudir, tirar del cabello con esa precisión con la que los adultos enojados creen corregir el mundo. Había días en que entraba a la cocina y encontraba de pie a mi mamá, hermosa a su manera, con el ceño fruncido, y por un segundo el corazón me hacía ruido en el pecho: quizá hoy me mire, quizá hoy me diga: "Ven." Pero no. Prendía la licuadora rota, el vaso soltaba un chorro de frustración y hartazgo, su furia necesitaba un cuerpo donde caer: el mío. "¿Por qué no me dijiste que la licuadora estaba rota?", gritaba. Yo tenía seis o siete años, y ya sabía que cualquier cosa podía ser culpa mía.

Mi padre, en cambio, era el arte de desaparecer. Cuando estaba, podía ser amable: me subía a la espalda, jugábamos al caballito, me dejaba reír con esa risa que a veces se me olvidaba que era mía. Pero en cuanto el aire en la casa se enrarecía —y se enrarecía seguido— él se diluía. Se iba a trabajar, se iba con su madre, se iba hacia dentro. Su lección fue sutil y devastadora: mi dolor no merecía defensa. Si alguien me destrozaba, debía hacerlo en silencio. El mundo consentía.

A veces me pregunto en qué momento supe que mi media hermana era, en verdad, mi hermana, en ratos creía que era mi mamá. Yo la llamaba "Marda", porque mi lengua de niña tropezaba con su nombre; ella cambió mis pañales, me bañó, me peinó, me envolvía en ese cuidado artesanal que sólo tienen los niños criando niños. Creí durante mis primeros años de vida que ella era mi madre, y quizá lo fue.

Hasta que un día de la nada desapareció de mi vida, no entendía por qué mi mamá Marda me había abandonado con esa mujer fría y triste…

La casaron demasiado pronto —todavía niña— y cuando la vi embarazada, supe que la había perdido para siempre, me sentí huérfana y con mucho coraje porque ella sabía perfecto lo que eso dolía. Aunque no pasaron muchos meses para que yo me convirtiera en la nueva Marda de la casa, mi madre también estaba embarazada.

La colonia en donde vivíamos parecía respirarse sola. La iglesia, enorme, ordenaba las calles como rayos de sol alrededor de una novia con su lujoso vestido blanco. Mi casa quedaba frente a la del hombre al que todos llamaban el "elegido de Dios". Desde el balcón de mis padres —que se asomaba a su balcón— yo veía por las noches, si el vidrio dejaba, una silueta leyendo, un hombre que subía y bajaba. Mamá me decía que no mirara, que la intimidad de un elegido es sagrada. Abajo, los guardias cuidaban con sobriedad la acera, miraban hacia todos lados y hacia ninguno, y a mí me daba una falsa seguridad saber que en esa calle nadie podía lastimarme. Nadie de afuera, al menos. Adentro, todo se resolvía con reglas: faldas largas, cabello recogido, velo, nada de cine, nada de música, mucho de rodillas en tierra y despreciarnos en silencio para agradar al elegido. Y ese imperativo de silencio se me metió en la carne como una astilla. Aprendí a llorar hacia adentro, a tragar preguntas. Los domingos eran ceremonias de horas y yo las sobrevivía inventándome historias en la cabeza, tejiendo telenovelas con personajes que me querían como nadie me quería.

A los catorce años, la orden tocó a mi puerta bajo la forma de una prima y una mujer de belleza impecable: "El elegido quiere que le sirvas." En un inicio, "servir" era cocinar en una casa distinta, donde un refrigerador era del tamaño de una habitación y las despensas para los banquetes parecían parar el tiempo. Pelábamos, cortábamos, hervíamos. Aprendí el orden secreto del lujo: los manteles por color, las vajillas por ocasión, los cubiertos por platillo. Después, al año, me dijeron que el cielo me quería más cerca: servir, pero ya no comida; servir, pero ya no detrás; servir en su propia casa. Teníamos temáticas para cada desayuno, comida y cena: Egipto por la mañana, Grecia por la tarde, un transatlántico de película por la noche. La mesa brillaba. Había fruta cortada como joya, panes de nombres extranjeros, copas que nunca se vaciaban porque había manos —las nuestras— que se encargaban de llenarlas. Estábamos entrenadas para anticipar el deseo: poner la servilleta antes de que la boca la buscara, acercar una taza cuando el olor del café pedía existir, leer el gesto mínimo que indicaba la sed. Una sentía, qué vergüenza confesarlo, que había algo sagrado en ese ritual. Había devoción en mi pulso adolescente, y la alegría de ver que al fin mi madre se sentía orgullosa de mí, "su hija mayor le servía al hombre que representaba a Dios en la tierra", yo creía que en esa ofrenda de mi ser había un destino.

Hasta que me citaron una noche y me escondieron como si fuera un delito. "Que no te vea ni el jardinero", me dijeron. "Que nadie te vea". Subí una escalerita, llegué a una habitación con alfombra espesa, cama matrimonial, un sillón pálido con flores diminutas en el estampado —yo siempre quise saber si de verdad era porcelana o si así lo recordaba—, lámparas de luz baja, una puerta al baño. Ya había más chicas, todas jóvenes, todas nerviosas; algunas parecían acostumbradas, elegían con naturalidad entre un puñado de prendas diminutas la manera de volverse obediencia. Yo pensé que aquella ropa era el mal, porque me habían dicho que hasta en la playa el pudor era ley, pero el miedo a pecar se confunde con el deseo de pertenecer y me dejé llevar. Pusieron música y nos ordenaron bailar. "Bailar es pecado", protestó mi lengua muda. "Baila", dijo la voz. Bailé. Y cuando mis ojos vieron, mis rodillas casi cayeron. La cabeza me zumbaba: "Esto no es real", me repetí. Me habían enseñado que el diablo susurra visiones para tumbar a los que se acercan a Dios. Repetí la fórmula de protección entre dientes, una y otra vez: "En el nombre del señor Jesucristo, te reprendo Satanás", una y otra vez hasta que alguien me vió, se dio cuenta de mi terror, de que no lo lograría, que no estaba lista para "servir" ¡ALTO! Y él pidió que sacaran a todas las chicas. Él me abrazó con una ternura impecable y me dijo que me amaba como un padre ama a sus hijas, que su mirada no conocía el deseo, que podía verme desnuda con pureza absoluta, como a un recién nacido. Y como veía mi fe en ese rezo que buscaba mi salvación, me otorgó el perdón: "Eres salva", dijo. "Ya estás a salvo."

No supe entonces que esa frase sería mi tabla de naufragio. Lo que esa noche me dio, sin querer, fue permiso para pensar sin temor a condenarme. Si ya no me podía condenar, entonces podía preguntarme: ¿Por qué un rey cita historias antiguas para justificar el abuso? ¿Por qué un elegido adopta figuras de rey? ¿Por qué mi miedo se hace pasar por sacramento? Volví a servir, como antes, en la cocina, con la misma disciplina pero menos fe, y un día, cuando intenté advertir a mi madre para que no mandara a mi hermana menor "a servir", me llamó envidiosa, me dijo que no me metiera, que yo ya había pasado por esa bendición y ahora era el turno de ella, que esa era la intimidad de un elegido y que todos los pecados se perdonan salvo el de hablar de su privacidad. A mi hermana la hicieron servir de un modo más brutal, sin cuentos ni metáforas. Cargué la culpa amarga de haber dicho muy poco, muy tarde, no me atreví a hacer más.

Mientras tanto, afuera de esa casa había otras cadenas. Me casé joven, a los 18 años busqué escapar de mi casa formando una familia propia. Pero pronto descubrí que en lo que yo servía en casa del elegido, en mi nueva casa, mi marido, según apegado a lo espiritual y al dogma de fe, hacía borracheras con mujeres distintas cada noche. Me presenté ante las autoridades de lo sagrado pidiendo separación. Me hablaron de la debilidad de los hombres, de la obligación de perdonar y satisfacer a mi marido. Cerraron la puerta de la oficina pastoral con llave y me hablaron de que, para ganar el derecho a ser libre, debía pillarlo infiel tres veces, como si la dignidad se contara con dedos, antes de dejarme marchar debía firmar un compromiso de que no lo dejaría y tenía que comprender que yo ya no era de su gusto estando embarazada.

No olvidaré nunca la náusea en el fondo de mi estómago, cuando (con la confianza de que yo era salva) alegué que lo dejaría y me divorciaría. El diácono me dijo: "Cuándo estés libre de matrimonio y te asalte el deseo, pídele consuelo a tu padre", con su voz excitada y pervertida. Tuve que fingir dolores de parto para que me dejaran salir y no firmar nada.

Hice la universidad entre turnos de trabajo y pañales. Me salí de mi casa y no tuve sustento. El padre de mi hija no se hizo cargo de nada, no creía que tuviera obligación con una mujer soberbia que se reveló a la doctrina. Mis padres me tacharon de manchada y fracasada, cuando el hambre apretaba, cuando el dinero no alcanzaba, acepté lo que creí que era ayuda. Fue un conocido de la familia, de esos que llegan en agosto a ceremonias del elegido, lo conocía desde que tenía uso de razón y siempre me miraba con cariño, me traia juguetes especiales, me abrazaba mucho, pero nunca se sobrepasó, me hacía sentir especial. Con promesas de apoyarme con mis estudios y con el conocimiento de mis padres, me depositó una cantidad absurda "para la colegiatura", y después puso precio a su generosidad: mensajes cariñosos cada mañana, la obediencia de la conversación, un viaje forzado donde me recordó la cuenta —tantos meses, tantos depósitos— y me exigió el cuerpo como si fuera su recibo. Volví rota, no sólo por lo obvio, sino por lo invisible: mis propios padres, al enterarse, no sólo no me protegieron, sino que me reclamaron: "Todo ese dinero que él me habia dado era también para la familia." Yo había tocado fondo en la geometría exacta de esa deslealtad. Éramos mercancía en el trueque de una pobreza adornada de moral.

Salí de la religión igual que se sale de un bosque con neblina: de a pasitos, tanteando el aire. Primero dejé de servir, empecé a faltar a la consagración diaria, después a las dominicales y servicios semanales con la excusa de la universidad y el trabajo, miré pantalones en un aparador sintiendo que me temblaba la sangre. Me los puse a escondidas, y cada vez que cruzaba una esquina me parecía escuchar mi nombre como si alguien me descubriera a punto de robar. El último hilo lo corté con un par de aretes. Recuerdo la sensación exacta: el metal tibio atravesando el lóbulo, una punzada leve que no dolía tanto como el miedo. Mis padres estaban por llegar y yo me había olvidado de quitármelos. Los vi entrar y una corriente eléctrica me recorrió el cuerpo —la misma sensación que imagino tendría quien es atrapada por su marido en la cama con un extraño—. Discutimos. No hubo reconciliación. Nunca más volví al templo. Ese día, sin saberlo, me nació otra voz.

En mi nueva vida tengo a Enrique, que entró por la puerta del deber. Era mi maestro en la facultad, un hombre de cabeza clara y paciencia rara. Lo busqué por necesidad, necesitaba un abogado que me ayudara a poner orden en papeles, a poner palabras donde antes había amenazas. Me enseñó el idioma de la Ley como quien te enseña a nadar: "La ley es un borde al que puedes aferrarte cuando el mar te obliga a tragar agua." Yo no sabía entonces todo lo que llevaba en la boca.

Nos enamoramos después, sin prisa, y fue como si alguien abriera las cortinas del cuarto de mi infancia. Con él conocí la posibilidad de una familia que no se desangra. Conocí comidas donde el silencio no es un arma, días en los que nadie necesita gritar para existir. Su familia me abrazó con ese amor casual y profundo de la gente que no tiene que demostrar nada. "Si vienes, vienes con tu hija —dijo—. Si vienes tú, viene ella". Lo escuché y un muro enterrado se volvió arena.

A partir del quiebre definitivo con mis padres y hermanos —hace más de dos años— empecé a conocerme en voz alta. Me di cuenta, entre lecturas breves interrumpidas por la vida, de que la falta de amor temprano altera el cerebro, que el miedo sostenido encoge la esperanza como se encogen las prendas en la secadora. También me di cuenta de que mi fortaleza no había sido frialdad sino resistencia. Aprendí a usar otra vez palabras grandes sin sentir vergüenza: dignidad, ternura, protección. El mundo no cambió, cambié yo. Donde antes veía castigos, empecé a ver mecanismos; donde antes había culpa, apareció una paciencia nueva hacia la niña que fui. Aprendí a decir "eso estuvo mal" sin que por eso se caiga el cielo. Me hice abogada, terminé la carrera, trabajé, y aunque ahora en el despacho otros lleven los casos gruesos, sigo siendo la voz que recibe a las mujeres que llegan con la boca apretada y los ojos alertas. Las escucho como me hubiera gustado que me escucharan. Tomo notas no sólo de hechos, también anoto temblores, silencios, el gesto con que se acomodan el suéter cuando hablan de su casa. La ley es un borde, sí, pero antes hay que tomar aire.

Con mis medios hermanos la historia es un hilo más complejo, somos tres que nos reconocemos, que mandamos mensajes en fechas raras, que nos decimos "aquí" cuando alguno escribe "no puedo más". Mi hermana mayor vive lejos, vende pan en una charola, cruza calles peligrosas con una dignidad que me rompe de orgullo, cada tanto me manda notas de voz donde dice: "Te amo, mi niña." Esas tres palabras tardaron décadas en encontrarme. Entran, todavía, con el asombro de la primera vez.

El día que me puse los aretes, sin saberlo, comencé la re-significación de mi historia. "Obediente y para servir" fue durante años la ley de mi cuerpo. Hay niñas que crecen creyendo que su silencio es el precio de la pertenencia. Yo también. Pero aprendí —me enseñaron mis hijos, me enseñó Enrique, me enseñaron otras mujeres a las que ahora llamo amigas— que la voz abre puertas hacia adentro. Que contar es también cuidar.

Soy madre de cuatro. Un día me descubrí riendo fuerte en la cocina, sin miedo a molestar a nadie, y supe que esa risa era mía desde siempre. Cuando alguno despierta de madrugada y me llama, voy; cuando me equivoco, pido perdón sin miedo, nombrando el error; cuando se asustan, les digo que el miedo tiene también su tarea: avisarnos; cuando preguntan, respondo, y cuando no sé, les digo "no sé". Estoy aprendiendo con ellos el idioma del amor que no tuve, abrazo, miro a los ojos, sostengo, suelto cuando toca. Me repito a veces, en silencio, para no olvidarlo: "De ti depende que la historia cambie". Y cambia. Cambia en detalles mínimos, en no pegar un grito, en escuchar un cuento hasta el final, en mirarles los dibujos con el respeto que merecen las obras importantes. Cambia cuando en el espejo me digo por primera vez algo amable. Cambia cuando dejo de justificarlos a ellos —los de antes— dentro de mi cabeza.

No quiero romantizar el dolor. Hay días en que me agarra por la espalda, fuerte, y me quedo quieta mirando una pared hasta que pasa. Hay noches en que sueño con la alfombra gruesa de aquella habitación o con la oficina donde me ofrecieron un abrazo de padre para curar mi deseo; me despierto con la mandíbula adolorida y voy a prepararme un té de puntitas, como si el piso pudiera recordar. Pero incluso esos días entiendo algo: que mi vida ya no les pertenece. Que la niña del uniforme húmedo abrió la puerta, cruzó la calle vigilada, dobló la esquina, se puso unos pantalones, se puso aretes, aprendió la ley, se enamoró bien, parió hijos que no conocen el lenguaje del miedo, y ahora entra a un salón con otras mujeres para decirles con voz serena: "Esto que viviste tiene nombre, tiene camino, tiene salida."

He pensado mucho en la palabra resignificación. La primera vez que la leí estaba subrayada con tinta azul en un libro de psicología, la pasé de largo. Hoy la llevo como una medalla adentro, agarrar una frase que me lastimó —"eres para servir" — y volverla militancia: sirviendo no me ves, no me encuentras, no me nombras. Hacer de la mesa donde serví obediencia, un lugar donde sirvo justicia. Volver la alfombra una cancha para que mis hijos corran. Transformar el balcón de la vigilancia en una ventana abierta. Enderezar el verbo amar hasta que deje de ser mandato y sea decisión. Y cuando una mujer me dice que su historia no merece ser contada, le hablo de aquella niña que lavaba su uniforme una hora antes de irse al colegio, que recordaba los muebles con flores, que fingió dolores de parto para escapar sin firmar su sentencia, que un día se cansó de pedir permiso, que ahora escribe, trabaja, acompaña, sueña.

No sé si mis hermanos y yo llegaremos a sentarnos alrededor de una mesa donde nadie levante la voz. No sé si mi hermana volverá a dormir una noche sin sobresaltos ni alarmas en la colonia peligrosa donde vive. No sé si el hombre del balcón alguna vez supo cuánto daño hizo. Lo que sé es que cada mañana, mientras abro los archivos del despacho, yo misma me digo: "Estás a salvo". A esa frase —la que un día oí y me confundió— le quité el truco y la hice mía. No viene de un hombre ni de una institución: me la digo yo, con una convicción nueva. Y entonces, por unos segundos, se me eriza la piel no por el miedo sino por la gratitud.

A veces, cuando voy por mis hijos a la escuela, la luz de las cinco cae oblicua sobre las paredes y me acuerdo de la niña que fui, apurada, con los calcetines y calzones mojados, el estómago vacío y sin aspiraciones. Me detengo en la esquina y cierro los ojos. La imagino caminando hacia mí. Le abro los brazos. Y al oído le digo: habla. Habla todo lo que no te dejaron decir. Hazte ruido. Que te escuchen. Que te vean. Y nos vamos juntas, porque por fin lo entendí: la voz es hogar.

Los muros de vidrio empañado se levantan a nuestro alrededor. Cada uno contiene un recuerdo distinto: ahí estámos, niñas, exprimiendo el uniforme con dedos helados, soplándole como si el aliento bastara para secar el tiempo; ahí estámos, adolescentes, inclinadas sobre una mesa brillante, ordenando vajillas como si en el orden pudieramos encontrar amor; ahí estamos, mujeres, escuchando que el perdón debe ser tu única lengua, firmando silencios que no nos pertenecían. Cada pasillo refleja un momento en el que cedimos porque nos convencieron de que ceder era nobleza.

El Amurat queda detrás, respirando como siempre, pero ya no dicta tu historia. Tú caminas hacia adelante, con cicatrices que son guía, con la fragilidad confesada y con la fuerza de haber descubierto que incluso esa fragilidad puede ser semilla de libertad.

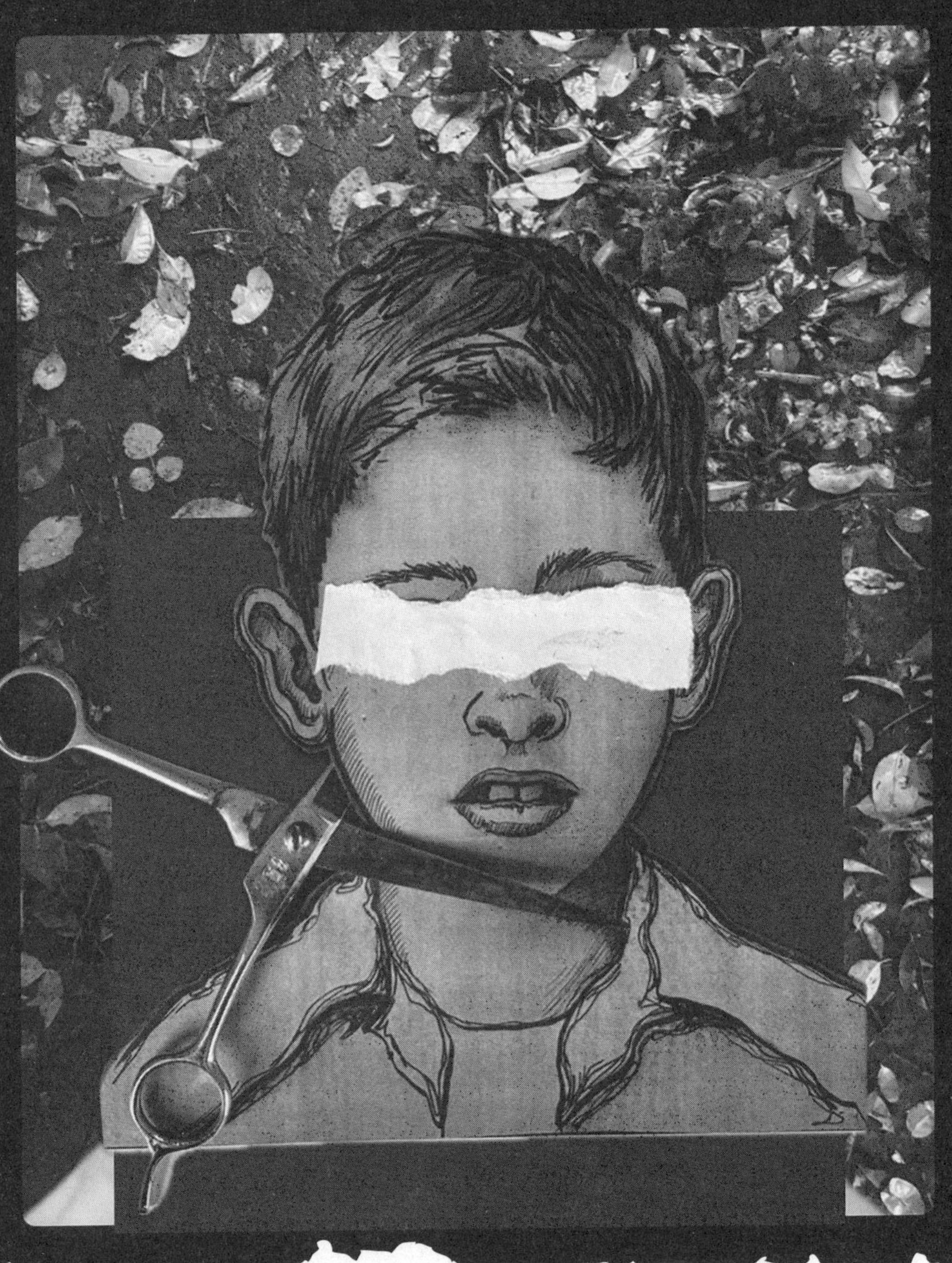

ÉI

♪ **"The Crying Game"**, *The Crying Game* (1992),
de Boy George

Yo no nací solo. Llegué al mundo acompañado, como si el destino hubiese querido darme un espejo desde el primer aliento. Un gemelo: la mitad idéntica y, al mismo tiempo, contraria de mí. Desde entonces comprendí que la vida sería un juego de comparaciones, una balanza inclinada siempre hacia el otro lado. Mi hermano nació apenas segundos antes y esos segundos bastaron para marcarlo como "el mayor", el legítimo, el portador de la corona invisible que a mí me estaba negada.

Desde niño aprendí que los segundos cuentan. Que el tiempo no es sólo arena en el reloj, sino cuchillo que separa. Que mientras a él lo miraban con orgullo, a mí me reservaban la sombra.

Mi padre fue la primera voz que me definió y el primer juez que me condenó. Era un hombre de voz gruesa, de esas que llenan un cuarto incluso en silencio. Una voz que podía levantar paredes o derribarlas. Con esa voz dictaba las leyes de la casa, severas, absolutas, inflexibles.

Él amaba a mi gemelo. Lo celebraba, aunque tropezara, aunque llegara a casa con las calificaciones manchadas de cincos, aunque rompiera platos y olvidara recados. "Ése sí es hombre", decía, palmeándole la espalda con orgullo. Yo, en cambio, podía traer dieces alineados como soldados en el cuaderno, podía ser obediente, servicial, atento… y nada de eso bastaba. Su mirada se posaba en mí como un juicio: demasiado correcto, demasiado limpio, demasiado… sospechoso.

"Pareces vieja."

"Camina derecho."

"Habla como hombre."

"Deja de moverte así."

"Afloja el cuerpo, carajo."

Y la palabra que más me marcaba, dicha como un escupitajo: "Maricón."

Esas sílabas me caían encima como piedras ardiendo. Yo no entendía del todo qué significaban, pero intuía que era algo sucio, algo prohibido, algo que me señalaba como defectuoso. No era sólo un insulto: era un decreto.

Mi madre nunca lo contradecía. Callaba, con esa callada resignación de las mujeres de entonces. Su silencio era un hábito, una estrategia para sobrevivir. La recuerdo lavando en el patio, con los brazos enrojecidos por el jabón, tarareando boleros mientras mi padre bramaba dentro de la casa. Ella nunca intercedía por mí ni por mi hermano. Estaba allí, presente, pero ausente al mismo tiempo, como una sombra útil que cocina, plancha, limpia, pero no opina.

Guadalajara en los años setenta era todavía una ciudad que respiraba entre la tradición y la modernidad. Desde nuestra casa, cercana a la nueva Plaza del Sol, yo veía cómo las calles polvosas se mezclaban con los anuncios luminosos que empezaban a multiplicarse. Era un lugar donde lo viejo y lo nuevo convivían a la fuerza: las tortillerías humeantes a un costado de avenidas recién abiertas, el pregón de los vendedores ambulantes mezclado con el del aire acondicionado en las tiendas.

Plaza del Sol era mi fascinación. A mis ojos de niño era una catedral futurista: pasillos anchos, pisos brillantes, aparadores que parecían escenarios de otro mundo. Había algo sagrado en recorrerlos. El aire acondicionado me acariciaba la piel como una revelación. Allí estaban los televisores que mostraban imágenes que parecían sacadas de otro planeta, los vestidos planchados con un brillo imposible, las licuadoras que resplandecían como joyas. Todo era promesa, todo era modernidad.

Pero aunque la ciudad se vistiera de futuro, dentro de mi casa el tiempo estaba anclado en la rigidez de mi padre. Su Chevrolet Malibu verde botella descansaba como un trofeo en la cochera. Mi madre tenía su guayín LTD, con costados que imitaban madera. Yo me perdía en la cajuela enorme, un escondite secreto donde podía desaparecer.

La casa era sencilla, con pisos de mosaico marrón que ardían bajo los pies en verano. En la sala, sillones con estampado floral, en la cocina, el olor persistente de frijoles cocidos y tortillas. Y en la reja del frente, la bugambilia florecía obstinada, decorando con color magenta el aire caluroso.

Ésa era la escenografía de mi infancia, una ciudad que prometía futuro, una casa adornada de bugambilias, un padre que me negaba y un gemelo que ocupaba el lugar que yo nunca tendría.

La herida más profunda no era el golpe ni el insulto, era la pedagogía del desprecio. Vivir bajo la constante comparación, bajo la mirada que siempre encontraba en mí un defecto. Yo me esforzaba en enderezar la voz, en corregir mis gestos, en caminar con firmeza. Me convertí en actor de mí mismo, representando un papel que nunca encajaba del todo. Mientras más trataba de ocultar mi diferencia, más evidente se volvía para él.

Los domingos eran el escenario de su homofobia más brutal. Nos llevaba al Parque Rojo. Allí, entre bancas y sombras, se reunían hombres en busca de compañía. Yo los observaba con curiosidad inocente, con una atracción que no sabía nombrar. Mi padre los señalaba con desprecio, gritaba: "¡Putos!", con su voz de trueno y escupía al suelo. Después nos obligaba a repetirlo. Yo lo hacía, con el corazón estrangulado. En esos años empecé a comprender que el mundo no era un lugar seguro para mí. No lo era mi casa, no lo era mi padre, no lo era la ciudad que respiraba modernidad pero escupía prejuicios en cada esquina.

Mi padre me educó con desprecio, y esa educación me acompañaría toda la vida como un eco.

Un eco que aún, a mis cincuenta y tantos, sigue resonando de vez en vez.

Mi padre no necesitaba levantar la mano para imponer su ley. Le bastaba con un gesto. Una ceja arqueada, una mirada de acero, un suspiro hondo que parecía arrastrar tormenta. Su sola presencia llenaba la casa como un huracán contenido. Yo vivía pendiente de cada detalle: el modo en que se acomodaba el cinturón antes de salir, el ruido de sus zapatos brillantes al cruzar el patio, el crujido de la silla cuando se sentaba a la mesa. Cada sonido era aviso, cada silencio era sentencia.

Con mi hermano gemelo la dinámica era otra. Él podía contestar, olvidar, incluso desobedecer, y mi padre lo celebraba como una señal de carácter. "Ése sí tiene huevos", decía entre carcajadas, mientras le servía más carne en el plato. Yo, en cambio, si cometía la mínima falta, recibía el látigo de su voz: "¿Y tú qué, niña delicada? ¿No sabes ni contestar?" Era como si la misma acción, vista en mi hermano, se volviera virtud, y en mí, defecto.

Mi madre se movía como un fantasma útil, siempre atendiendo, nunca interrumpiendo. Cuando mi padre gritaba, ella bajaba la cabeza y fingía no escuchar. Yo buscaba en su mirada algún gesto de complicidad, un refugio, una defensa. Pero sus ojos se deslizaban hacia otra parte. Hoy la comprendo con compasión: también ella era prisionera de un hombre con voz de trueno, de una época que enseñaba a las mujeres a callar. Pero de niño, su silencio era un abandono que dolía más que los gritos de mi padre. Para mí, eran mejor los golpes que el impacto de sus palabras.

Crecer bajo esa pedagogía del desprecio moldeó mi mirada sobre mí. Aprendí a dudar de cada gesto, de cada tono de mi voz, de cada forma de mi cuerpo. Caminaba midiendo mis pasos, escondiendo las manos, conteniendo el movimiento. Me convertí en centinela de mí mismo, vigilándome con más severidad que mi propio padre.

Años después descubriría que esas cicatrices no desaparecen: se incrustan en la piel como tatuajes invisibles. Pero entonces, en esa infancia marcada por la comparación constante, yo no tenía palabras para nombrarlas. Sólo sentía un peso. Una sombra. Una certeza de que, pasara lo que pasara, nunca sería suficiente.

Con los años comprendí que mi padre no buscaba hijos, sino moldes de sí mismo. Y como yo no encajaba en su molde de "hombre de verdad", me convertí en su enemigo silencioso.

El colegio, el Franco Mexicano, era un respiro y una trampa. Allí podía destacarme en los estudios, tener amistades, sentirme protegido por las niñas que se acercaban a mí con curiosidad y cariño. Muchas querían ser mis novias, me escribían cartitas dobladas con corazones dibujados. Yo me dejaba querer, me dejaba besar en la mejilla. Practicaba el juego que se esperaba de mí.

La bicicleta fue mi primer refugio. Con ella descubrí lo que era el aire golpeando la cara, la ilusión de que podía escapar de cualquier cosa, incluso de la sombra de mi padre. Pedaleaba por calles recién asfaltadas, escuchando el traqueteo de las llantas contra las grietas, aspirando ese olor a chapopote caliente que se quedaba pegado en la nariz como si la ciudad sudara bajo el sol.

A mis once años, la bicicleta era un amigo silencioso que me llevaba lejos de las comparaciones, lejos del eco de los gritos, en ella me sentía ligero, dueño de un poder secreto: podía desaparecer y reaparecer en otra calle, en otro barrio, en otra vida.

Recuerdo con precisión esa tarde. El cielo estaba encendido con el sol cayendo, un naranja que teñía los muros de las casas y hacía brillar los cristales de los autos estacionados. El calor del día todavía se pegaba en la piel, mezclado con el olor a tierra seca y a orines viejos en las esquinas. Mis piernas pedaleaban con fuerza, sintiendo la libertad como un relámpago en cada músculo.

Fue entonces cuando lo vi. Un hombre apoyado en una pared de ladrillos húmedos. Su voz fue tranquila, casi amable, dulce, como quien pide un favor sin importancia:

—Oye, ¿puedes tocar esa puerta por mí?

Yo, inocente, obediente, dejé la bicicleta a un costado. Incredulo. No había en mí desconfianza, porque hasta ese momento el mundo me parecía peligroso sólo en la voz de mi padre, no en la de un desconocido.

En segundos, todo cambió, esa miel que se derramaba con esa sonrisa, se transformó en lujuria enferma. Una mano firme me sujetó del brazo, un tirón brusco me arrastró hacia el callejón. El aire allí era pesado, húmedo, olía a moho, a polvo húmedo. El sol apenas alcanzaba a entrar en destellos oblicuos, dibujando sombras largas que parecían tragarse la luz.

El tiempo se deformó. Lo que ocurrió fue rápido y eterno al mismo tiempo. Sentí el peso de su cuerpo sobre el mío, yo intentando resistirme, la aspereza de sus manos, el muro frío raspándome la espalda. Mis gritos se quedaron atorados en la garganta, como si el aire me hubiera abandonado. Me quede congelado.Y, al mismo tiempo, una corriente eléctrica me atravesó la piel, un placer que no entendía, que me confundía, que me aterraba más que el propio miedo.

Fue como si mi cuerpo hablara un idioma prohibido que mi mente no podía traducir. Mientras él me sometía, yo sentía cómo algo en mí se encendía contra mi voluntad, un fuego extraño que me recorrió entero. Cuando todo terminó, me soltó con la misma calma con la que me había atrapado.

Recogí la bicicleta con las piernas temblando, los brazos de gelatina, el corazón golpeando como si quisiera escapar de mi pecho. Pedaleé de regreso a casa sintiendo que llevaba en la cara un letrero invisible: "Sucio, culpable, distinto." Cada pedaleada era un intento de huida y, al mismo tiempo, un recordatorio de que ya no podía escapar.

Esa noche, en mi cama, lo recordé. Contra mi voluntad, lo busqué en la memoria. El miedo y el placer estaban entrelazados como dos serpientes enroscadas, imposibles de separar. Cerraba los ojos y revivía la escena, con la misma mezcla de terror y deseo. Y entonces apareció la culpa, una culpa tan grande que me asfixiaba, ¿cómo podía mi cuerpo haber disfrutado lo que mi mente rechazaba?

Ése fue el comienzo de mi secreto. Un secreto que no podía compartir con nadie, ni con mi madre ausente, ni con mi gemelo celebrado, ni mucho menos con mi padre que me habría condenado con su voz de trueno. Un secreto que se convirtió en brújula torcida, en herida escondida, en espejo roto donde me miraría durante años.

Desde esa tarde, todo cambió. Las novias de papel, las cartas dobladas, los juegos en el colegio dejaron de tener sentido. Mi deseo estaba marcado por el callejón. Me descubrí buscándolo en la memoria, excitándome con el miedo, deseando lo que me había herido. Era como si mi piel hubiera quedado programada para confundir placer con dolor, deseo con condena.

Nunca más pude mirar a mi padre sin pensar en esa escena. Cada vez que me llamaba "maricón", yo lo sentía como sentencia cumplida. Cada vez que me obligaba a insultar en el Parque Rojo, yo lo hacía con la certeza de estarme escupiendo.

El callejón se convirtió en mi sombra. No importaba cuánto intentara huir, cuánto me esforzara en cumplir con el guion de la normalidad: él estaba ahí, recordándome que yo ya no era un niño cualquiera.

Y, en secreto, empecé a sospechar que ese instante había sellado mi destino.

Las noches se convirtieron en un campo de batalla. Yo me recostaba en la cama con la luz apagada, escuchando la respiración tranquila de mi hermano a unos centímetros, y sentía que mi propio cuerpo era una trampa. Cerraba los ojos y la escena del callejón regresaba con una claridad insoportable: el muro húmedo contra mi espalda, la voz calmada del hombre, la corriente de fuego que me atravesaba sin permiso. Y lo que más me asustaba no era el recuerdo del miedo, sino el deseo de volver a sentirlo.

La culpa se instaló como un huésped que no abandona nunca. Por las mañanas me levantaba con el rostro ardiendo, convencido de que todos podían leer mi secreto en mis ojos. Me miraba al espejo y sentía vergüenza de mi propia piel. Caminaba por la escuela con la certeza de llevar un letrero invisible: "Sucio. Diferente. Maricón."

En la secundaria la vida se volvió un teatro. Yo representaba el papel del hijo ejemplar, del alumno disciplinado, del muchacho educado que escribía cartas dobladas con esmero para las niñas que se acercaban con curiosidad. Ellas me buscaban como si intuyeran algo en mí que las protegía, que les ofrecía una ternura distinta de la de mis compañeros. Conmigo podían caminar por los pasillos sin miedo a una grosería, podían tomarme de la mano sin que yo las forzara a nada. Yo era seguro, confiable, el "novio ideal" a los ojos de los maestros y los padres.

Pero por dentro, mi realidad era otra. Las noches seguían pobladas de fantasmas. El callejón regresaba en sueños húmedos, en imágenes clandestinas que me despertaban jadeando, con el corazón golpeando como un tambor desbocado. Durante el día, intentaba borrar esos recuerdos con gestos estudiados, reír cuando debía reír, mirar a las niñas con el mismo interés que mis compañeros. Pero bastaba con quedarme solo un instante para que la memoria me consumiera como fuego bajo la piel.

Mi gemelo vivía otra vida. Aunque nuestras caras eran un reflejo, nuestras existencias eran mundos opuestos. Él, desordenado, contestón, distraído en los estudios, era celebrado como hombrecito. Mi padre lo palmoteaba en la espalda, le regalaba sonrisas que nunca me ofreció a mí. Yo, aplicado, cuidadoso, limpio, era sospechoso. Cada diez en mis libretas era recibido con indiferencia o burla. Cada intento de agradar era castigado como debilidad. Mi papá siempre me quería comprar novias, les decía a mis amigas que quien me conquistara (atrapara) le ponía casa, carro y viajes a donde ella quisiera. Y una amiga mía (ahora somos muy buenos amigos) hasta se me encueraba cada que se presentaba una oportunidad. Pero nadie me atrapó, hoy lo pienso y me río.

La rivalidad con mi hermano se volvió invisible pero constante. En los juegos de fútbol del barrio, él podía fallar goles y aún así ser aplaudido. Yo, aunque corría con disciplina, siempre era señalado por no jugar "con garra". En casa, él se ensuciaba y era hombre, yo me peinaba con cuidado y era "niña delicada". En los recreos, cuando mis compañeros hablaban de sus conquistas, yo asentía, fingiendo entusiasmo. Ellos describían con orgullo cómo habían robado un beso detrás de la cancha o cómo habían tocado la mano de alguna compañera. Yo sonreía, fingía compartir la emoción, pero dentro de mí ardía otra escena: la del callejón húmedo, el muro raspándome la espalda, la voz tranquila del hombre. Esa imagen era mi secreto y mi condena.

El peso de la homofobia paterna me aplastaba cada vez más. Cada insulto lanzado contra los hombres del Parque Rojo era un dardo que se me clavaba en el pecho. Cada carcajada burlona frente a un artista afeminado en la televisión era un recordatorio de que, si mi padre supiera la verdad, me destruiría. Yo me tragaba esas palabras como veneno, convencido de que, en efecto, yo era lo que él despreciaba.

A veces me sorprendía observando a mis compañeros en los vestidores: la curva de una espalda, el brillo de un músculo sudado, un gesto de descuido. Me odiaba por ello. Me encerraba en el baño y me golpeaba el pecho en silencio, como si pudiera expulsar a golpes el deseo. Pero era inútil. El deseo era más fuerte que yo. La adolescencia fue así: un disfraz sobre un secreto, una sonrisa sobre una herida, una vida pública de novias y una vida privada de culpa. Y aunque yo intentaba cumplir con el guion de la normalidad, en el fondo sabía que lo mío no sería nunca igual a lo de los demás.

Con el tiempo comprendí que la herida más grande no fue sólo el abuso, sino la confusión que dejó sembrada en mi piel. Aquel instante me enseñó que el deseo podía nacer del miedo, que el placer podía brotar del dolor, que la culpa podía entrelazarse con la excitación como dos enredaderas abrazando el mismo muro. Mi cuerpo reaccionó antes que mi conciencia, y esa reacción me persiguió como un estigma: ¿Cómo podía yo desear lo que me había hecho daño?

Lo callé. Lo escondí. Lo enterré en el lugar más profundo de mi memoria. Pero los secretos no mueren, se transforman en raíces que atraviesan el alma. Cada vez que reía con mis amigos, cada vez que tomaba la mano de una novia en los pasillos del colegio, cada vez que mi padre me señalaba con desprecio, el callejón volvía a latir en la sombra.

Mi padre nunca lo supo, o tal vez sí, en el fondo, y por eso me perseguía con su homofobia feroz. Mi gemelo nunca lo sospechó, estaba muy ocupado en recibir las palmaditas y la aprobación que yo jamás tendría. Mi madre siguió siendo silencio, como si presintiera algo, pero prefiriera no nombrarlo. Yo, mientras tanto, aprendí a representar un papel, a sonreír, mientras por dentro me consumía.

A veces pienso que aquel callejón fue el verdadero bautismo de mi vida. No el agua bendita en la pila de la iglesia, sino la humedad sucia de un muro y el peso de un desconocido. Allí se quebró mi infancia y nació la sombra que me acompañaría siempre. Allí descubrí que mi cuerpo podía ser enemigo y cómplice al mismo tiempo. Allí empezó la lucha entre lo que deseaba y lo que temía.

Hoy, con los años, sé que el verdadero abuso no fue el placer que mi cuerpo sintió, sino el poder de un adulto sobre un niño. Lo aprendí tarde, después de muchas culpas y noches de odio hacia mí mismo.

Guadalajara en los 90 también tenía su propio despertar. La música extranjera entraba por las estaciones de radio: The Police, Queen, Mecano, Soda Stereo. Las calles se llenaban de jóvenes vestidos con mezclilla deslavada, tenis blancos, peinados con gel que brillaban bajo las luces de neón. Los bares de Chapultepec hervían de energía: guitarras acústicas, humo espeso, parejas que se besaban sin miedo. Yo caminaba entre ellos con el corazón latiendo fuerte, como si cada pareja de hombres abrazados en la penumbra fuera un espejo donde me veía reflejado.

Y, sin embargo, yo aún no podía entregarme por completo. No sabía si lo que sentía era deseo verdadero o una consecuencia del abuso. Aún así, la universidad me regaló la sensación de libertad. Por primera vez podía caminar sin el peso inmediato de la mirada paterna. Por primera vez podía elegir mis pasos. Me descubrí probando cerveza en vasos de plástico, riendo a carcajadas con amigos que no me conocían desde niño, bailando en fiestas donde la música era tan fuerte que los pensamientos quedaban suspendidos.

La ciudad fuera de casa me ofrecía luces de neón, música, cuerpos, libertad. Yo, en cambio, seguía respirando con cautela, como si temiera que alguien descubriera mi secreto. Yo me movía en ese ambiente como pez extraño: participaba, bebía, bailaba, pero siempre con la sensación de estar interpretando un papel. Las mujeres se me acercaban con interés, algunas me buscaban con insistencia, atraídas quizá por mi apariencia pulcra, por mi forma de escuchar con atención. Yo las dejaba entrar en mi círculo, me dejaba besar, me dejaba acariciar. Pero en cuanto la música se apagaba y la soledad volvía, lo que ardía en mi memoria no era el perfume femenino ni las risas suaves, sino la textura de una mano masculina en la penumbra.

Conocí a hombres que me miraron distinto. No con el juicio de mi padre, ni con la inocencia de mis compañeras de colegio. Me miraban con deseo. En sus ojos había un reconocimiento: "Sé quién eres, aunque no lo digas." Al principio esos encuentros eran fugaces, un roce en la pierna bajo la mesa, una sonrisa sostenida más de lo debido, un paseo que terminaba en un abrazo demasiado largo. Pero pronto llegaron los besos robados en esquinas oscuras, las caricias rápidas detrás de un portón, los cuerpos buscándose en habitaciones prestadas.

Recuerdo con claridad mi primer beso verdadero con un hombre. No fue en un callejón oscuro ni en la violencia de un abuso, mi primer verdadero amor fue con un hombre casado y con hijos, como si eso fuera poco, seguí repitiendo patrones adquiridos poniéndome yo en segundo lugar, en la esquina, en la sombra y no en el centro: es lo que aprendí en casa, a callar para que los demás hablaran sin que contara mi opinión, aprendí a ser hijo de segunda, amante de segunda. En la penumbra de un estudio de pintura, a escondidas, con el olor a oleo y lienzo. Sus labios tocaron los míos con suavidad, como quien toca un secreto. Mi cuerpo temblaba entero, no de miedo, sino de reconocimiento. Por primera vez, no sentí que me estaban robando algo, sino que estaba recuperando una parte de mí.

Descargaba mis emociones en el arte, en la pintura, en cada trazo dibujaba mi sentir, el placer y la culpa. La pintura era un látigo que daba salida al silencio. Me miraba al espejo y me veía dividido: el joven que se atrevía a besar a un hombre y el hijo que seguía siendo juzgado por un padre invisible.

Pero la máscara seguía ahí. Ante mi familia, yo seguía presentando novias. Llevaba a alguna chica al cine, caminaba de la mano con ella por el centro, sonreía en las fotos como si cumpliera el guion esperado. Mi madre me miraba con ternura, mi padre con una aprobación contenida. Era como si esas novias fueran el boleto que me permitía permanecer a salvo bajo su techo. Pero en mi interior, sabía que aquello era un disfraz, una actuación para sostener una mentira que me protegía del juicio.

Fue en una de esas noches de Chapultepec cuando lo conocí. No era un encuentro planeado, ni siquiera un cortejo evidente.

Fue apenas una conversación que se alargó más de lo normal, una mirada sostenida con una intensidad que no necesitaba palabras. Estábamos en un café con luz tenue, mesas de madera gastada, paredes cubiertas de carteles de conciertos. Él hablaba de literatura latinoamericana con una voz profunda que vibraba como un río bajo la tierra. Yo lo escuchaba con el mismo fervor con que otros escuchaban a Silvio o a Serrat.

Cuando nuestras rodillas se rozaron bajo la mesa, el mundo entero pareció detenerse. Ese contacto mínimo fue más revelador que cualquier beso robado en los rincones de fiestas anteriores. Era la primera vez que sentía que alguien me tocaba no sólo con deseo, sino con reconocimiento. Como si sus manos dijeran: "Te veo."

Con él vinieron los primeros paseos nocturnos por las avenidas, donde las jacarandas derramaban su lluvia violeta sobre las banquetas. Caminábamos despacio, fumando cigarrillos que nunca terminábamos, hablando de cosas que en realidad eran pretextos para mirarnos. Yo sentía que, por primera vez, la ciudad me pertenecía, las luces de neón eran nuestras, los cafés eran nuestras trincheras, los bares eran refugios secretos donde podíamos rozar las manos bajo la mesa sin que nadie lo advirtiera.

Ese primer amor fue breve, como suelen serlo los amores juveniles que nacen al calor de la efervescencia y se disuelven cuando llega la realidad, su familia, su esposa e hijos. Pero dejó en mí una huella distinta. Me enseñó que podía amar, no sólo desear. Que en medio de la confusión y la culpa, existía también la posibilidad de la ternura.

Fue entonces cuando mi padre enfermó. Ese hombre de voz de trueno, que había gobernado mi infancia con gritos y silencios, empezó a apagarse poco a poco. La enfermedad le fue robando la fuerza, la arrogancia, la dureza en la mirada. Lo vi volverse frágil, depender de otros para lo que antes hacía con soberbia. Y contra todo pronóstico, el hijo al que menos había amado, al que más había juzgado, fue quien se quedó a su lado. Yo.

Al principio fue extraño, casi doloroso, ver a mi padre encogido en una cama, los ojos hundidos, la respiración entrecortada. Aquel hombre que me había condenado tantas veces parecía un niño indefenso. Y dentro de mí se libraba una batalla, la tentación de devolverle el desprecio, de dejarlo solo, de ignorar sus necesidades como él había ignorado las mías. Pero no lo hice.

Realmente fué el mejor regalo que me pudo dar en mi vida, pues con eso sentí que no era yo el que estaba mal, yo ya lo había perdonado, pues su forma de ser conmigo abrió mis alas y volé del nido en cuanto pude. Sólo regresé a casa para cuidarlo en su enfermedad mortal, pues sus otros hijos no podían por sus múltiples ocupaciones, que ironía.

Y fue allí, en ese servicio silencioso, donde ocurrió algo inesperado: lo perdoné. No hubo discursos grandilocuentes ni escenas dramáticas. No hizo falta que él pidiera perdón, porque comprendí que jamás lo haría. Lo que ocurrió fue distinto: mientras le acomodaba la almohada detrás de la espalda, mientras le sostenía el vaso de agua en los labios, entendí que lo único que podía liberarme era dejar de cargar su sombra como condena.

El perdón no fue un acto de generosidad hacia él, sino un regalo que me hice yo. Fue mirarlo enfermo y reconocer que él también había sido víctima de sus propios miedos, de su propio tiempo, de las cadenas invisibles que lo convirtieron en verdugo. Fue darme cuenta de que su homofobia no era contra mí, sino contra algo en sí mismo que nunca pudo nombrar.

El día que murió estaba recargado en mí. Ese último instante fue una paradoja, toda una vida me había negado su hombro, y al final de su camino, fue él quien encontró descanso en el mío. Lo sentí soltar un suspiro largo, como si por primera vez en su vida se rindiera. Y mientras lo veía irse, no había odio en mí, no había resentimiento. Sólo paz.

En su muerte encontré mi redención. Al atenderlo, descubrí que el servicio era la forma más alta de libertad. Al perdonarlo, solté las cadenas que me habían atado desde niño. Y comprendí que mi historia con él no tenía que ser sólo dolor, que incluso en ese vínculo roto podía encontrar una semilla de amor.

Ése fue el verdadero final de mi infancia, no el callejón húmedo, no las novias de papel, no las fiestas desbordadas. El verdadero cierre fue aquel instante en que pude mirar al hombre que me había marcado con desprecio y decirle en silencio: "Te perdono. Y al perdonarte, me libero."

Siempre le voy a estar agradecido por que nunca me faltó techo, comida, ropa, estudios, viajes…, lo único malo era su discriminación, su diferencia en trato, su forma de hacerme sentirme hijo de segunda. Al ver el canibalismo entre mis hermanos y mi madre por la herencia, decidí no participar en su banquete, viendo cómo se destruían unos a los otros, con mi paz interior era más que suficiente y me sentí más rico que todos ellos, me fui para tener una vida. Y ese despertar me llevaría más lejos. Puerto Vallarta era un espejismo brillante. La primera vez que llegué, sentí que el mar era un animal inmenso que respiraba con un ritmo distinto al de la ciudad. Las olas golpeaban con una fuerza hipnótica, como si la vida misma quisiera arrastrarnos hacia un abismo salado. El aire tenía un olor penetrante, mezcla de sal, pescado fresco y copertone en cuerpos bronceados bajo el sol. Todo allí era exceso, la luz, el calor, los colores, la sensación de libertad que flotaba en cada esquina.

El pueblo costero hervía de turistas que caminaban con piel enrojecida y sonrisas desinhibidas. Bares abiertos hasta el amanecer, música que nunca se apagaba, hombres y mujeres que buscaban compañía en la penumbra de las noches interminables. Para mí, Vallarta fue como abrir una puerta hacia otro universo, de pronto, todo lo que en Guadalajara era secreto y condena, aquí parecía permitido.

Fue en Vallarta donde conocí el amor. Un hombre con el que podía reír hasta que doliera el estómago, con el que podía caminar por la playa en silencio sin sentir necesidad de esconderme, con el que podía entrelazar los dedos mientras las olas nos mojaban los tobillos. Su mirada tenía la calma del mar en la mañana y la fuerza de la marea en la noche. Con él descubrí que el amor podía ser tan simple como compartir un cigarrillo viendo el atardecer, tan intenso como un abrazo bajo la lluvia.

Puerto Vallarta era un refugio y un campo de batalla. Refugio porque ahí encontré el espacio para entregarme sin máscaras, campo de batalla porque la libertad venía acompañada de excesos que devoraban todo a su paso. La ciudad era un carnaval sin fin, bares donde el tequila corría como agua, discotecas donde el sudor y la música formaban un solo cuerpo, fiestas en casas prestadas donde la madrugada se confundía con el atardecer.

Al inicio fueron apenas pastillas que alguien ofrecía con una sonrisa cómplice, polvo blanco en mesas pegajosas de cerveza, humo espeso que llenaba habitaciones donde todos reían demasiado fuerte. Al principio era curiosidad, luego fue hábito. El cuerpo pedía más, más euforia, más olvido, más fuego que apagara la culpa que aún me perseguía.

Recuerdo una noche en particular. El mar rugía cerca, y en una terraza abarrotada de cuerpos, la música retumbaba como un trueno constante. Yo bailaba sin control, con el corazón acelerado por la cocaína, el sudor resbalándome por la espalda. La piel de los demás me rozaba, labios desconocidos me besaban, y en ese caos yo sentía que al fin había logrado callar la voz de mi padre. Por unas horas, el eco se silenciaba bajo el estruendo de la música y las drogas.

Pero el amor, ese amor que había encontrado en la playa, no estaba hecho para sobrevivir al vértigo. La vida me lo arrebató con la brutalidad con la que el mar arrastra a quien se confía demasiado. Una enfermedad terminal, una muerte absurda, una ausencia repentina. Y de pronto, lo que había sido refugio se volvió cementerio.

El duelo me empujó con más fuerza hacia las fiestas donde la música era anestesia y el alcohol era consuelo. Puerto Vallarta se convirtió en escenario de mi autodestrucción, noches interminables donde los cuerpos se confundían, amaneceres en playas donde el cansancio era tan grande que ya no quedaban lágrimas.

Después de la muerte de aquel primer amor, Puerto Vallarta cambió de color. Lo que antes era un paraíso de sol y mar, se convirtió en un escenario teñido de sombras. Caminaba por el malecón y sentía que cada piedra guardaba un recuerdo de él: su risa, su mano apretando la mía, el reflejo de sus ojos cuando el sol se hundía en el horizonte. Todo era un recordatorio. Y como no podía sostener ese dolor en mis manos, lo ahogué con botellas y polvo blanco.

Las fiestas se multiplicaron. Yo buscaba ruido porque el silencio me mataba. El alcohol corría por mis venas como un río embravecido, la cocaína me mantenía despierto cuando el alma me pedía descanso. El cuerpo dejó de ser sagrado, se convirtió en mercancía, en objeto de placer rápido, en carne que se entregaba para olvidar. Cada beso furtivo, cada caricia anónima, cada cama desconocida era un intento desesperado de llenar el vacío que me había dejado la pérdida.

Y entonces ocurrió una escena que aún me persigue como pesadilla. Un hombre, loco por la mezcla de alcohol, pastillas y polvo, se arrojó desde mi balcón con mi perro xoloitzcuintle en brazos, mi amada Candela. El grito fue un desgarro en la noche, el golpe seco contra el pavimento, el silencio espeso después del caos. Él sobrevivió, pero mi perro fiel, regalo de mi amor recien difunto, no, esto me hizo comprender que yo también estaba cayendo, que mi vida era un balcón desde el cual tarde o temprano me lanzaría si seguía así.

Ese instante marcó el inicio de mi camino. No fue inmediato, pero fue semilla. Esa caída ajena me mostró la mía. Ese cuerpo golpeado en la calle y mi Candela muerta fue reflejo de lo que yo estaba haciendo conmigo. Allí, en medio de la fiesta rota, entendí que si no cambiaba, mi final sería idéntico: un salto al vacío, con mi perro como única compañía.

La muerte de Candela cambió el rumbo de mi vida totalmente, hay un antes y un después al querer yo honrar su muerte, que no fuera en vano, dejé las drogas fuertes y el alcohol, su muerte reflejó mi destino: o moría o me daba una oportunidad de vida (los perros siempre han sido una parte vital en mi vida, los considero mi familia, sin juicios, en ellos siempre encontré amor incondicional, compañía, diversion, sustento, abrazo, complicidad, entendimiento, han sido pilares de mi existencia.)

Vallarta fue amor y pérdida, exceso y advertencia, vértigo y espejo. Fue el mar que me abrazó y el abismo que casi me traga.

Esa noche, por primera vez en años, no pude consumir. Vomité hasta vaciarme, lloré como un niño escondido en una esquina de la playa. El mar rugía frente a mí, como advertencia. Sentí que me decía: "Si no cambias, yo mismo te tragaré."

Los días siguientes fueron un desfile de cansancio. El cuerpo ya no respondía, los excesos me habían pasado factura. Tenía ojeras profundas, la piel amarillenta, las manos temblorosas. La risa falsa de las fiestas me sonaba hueca. Los abrazos de desconocidos eran sólo sudor ajeno en mi piel. El alcohol ya no me alegraba, sólo me hundía. La cocaína ya no me levantaba, sólo me volvía paranoico.

Fue entonces cuando alguien me habló de ACA (Adult Children of Alcoholics) creado por los mismos fundadores de AA, pero enfocado más en la niñez, que es donde todos los problemas comienzan y que nos marcan para toda la vida con los abusos físicos y verbales, y violaciones; ahí nos enseñan a perdonar y perdonarnos. Al principio me burlé. ¿Yo? ¿Un alcohólico? Podía dejarlo cuando quisiera. Yo tenía control. Ésa fue mi defensa durante semanas. Pero cada mañana, al espejo me devolvía otra imagen: la de un hombre derrotado, con los ojos apagados, con la boca seca, con la sombra del mar esperándolo como destino.

Y acepté. No por valentía, sino por cansancio. Porque ya no podía más. Porque sabía que un día, si seguía así, sería yo el que se lanzara de un balcón o caminara hacia las olas sin regreso.

El regreso a Guadalajara no fue triunfal, fue un regreso cansado, con el cuerpo derrotado y el alma hecha pedazos. Después de Vallarta entendí que no podía seguir huyendo de mí. El alcohol y las drogas me habían llevado al borde del abismo, y aunque ACA empezó a darme un respiro, la verdadera prueba aún me esperaba.

Llegué al yoga sin buscarlo. Fue casi un accidente, una invitación casual de un amigo que pensaba que me vendría bien mover el cuerpo de otra forma. Yo, que venía de noches en vela, resacas interminables y un corazón en duelo, acepté sin pensar demasiado. En ese momento no sabía que esa puerta me conduciría al centro de mi redención.

La primera clase fue en una casa vieja, con paredes altas y un jardín que dejaba entrar el rumor de los pájaros. El piso de madera crujía bajo los pies descalzos y en el aire flotaba un olor tenue a incienso, mezclado con el polvo de los muros antiguos. Éramos pocos, reunidos en colchonetas gastadas. Una mujer con voz suave nos guio:

—Cierren los ojos. Respiren. Habiten su cuerpo.

Obedecí sin convicción, más por cansancio que por fe. Inhalé profundamente. Y entonces ocurrió algo que no esperaba: por primera vez en décadas, sentí paz. Una paz desnuda, sencilla, sin condiciones. No era la paz de agradar a mi padre, ni la de complacer a mi madre, ni la de esconder mi verdad. Era otra cosa: el aire entrando en mis pulmones como un río limpio, recordándome que yo aún estaba vivo, que mi cuerpo podía ser un refugio y no una condena.

Algo en mí, tal vez la semilla que empezaba a nacer del yoga, que cada día integraba en mi rutina de recuperación, o los grupos de ACA, me dijo que la verdadera libertad no estaba en el deseo de venganza que tenía contra mi padre, sino en el servicio. Así que lo atendí cuando enfermó. Le llevé agua, lo ayudé a incorporarse, le di de comer en cucharadas lentas, limpié su cuerpo cuando no pudo más. Día tras día, fui testigo de cómo aquel gigante que me había aplastado se convertía en un ser humano frágil que necesitaba de mis manos para sobrevivir.

Me entregue a la disciplina. Del yoga me fui y regresé una y otra vez. Cada clase era un reencuentro. El tapete se convirtió en mi altar. Cada postura era un rezo silencioso, cada inhalación un acto de fe. Aprendí a sentir mis músculos sin miedo, a estirar mis brazos hacia el cielo sin escuchar la voz del padre que me ordenaba: "Camina como hombre." Aprendí que podía abrir el pecho sin sentir que me exponía a un golpe. Aprendí que el silencio no era condena, sino refugio. El yoga me enseñó a mirar el cuerpo con compasión. Descubrí que mis cicatrices no eran manchas, sino mapas. Que mi respiración era sagrada. Que podía cerrar los ojos y viajar hacia adentro sin miedo de encontrar sólo oscuridad. Que en mí había un espacio inviolable donde nadie podía herirme.

Así, en las meditaciones finales muchas veces me sorprendí llorando. Lágrimas silenciosas corrieron por mis mejillas mientras permanecía con los ojos cerrados. No eran lágrimas de tristeza ni de rabia. Eran lágrimas de alivio, como si hubiera esperado toda la vida ese instante de reconciliación conmigo.

Me formé como maestro. Aprendí a guiar a otros, a sostenerlos en sus temblores, a acompañarlos en sus lágrimas. En cada clase veo en mis alumnos lo que yo he vivido: cuerpos tensos, respiraciones cortadas, miradas cargadas de secretos. Y comprendía que todos cargamos un callejón, un eco del padre, una herida escondida.

En el silencio de la práctica comprendí que mi historia no había sido un error, sino un camino. El callejón, Vallarta, el padre enfermo, todo forma parte de un mandala mayor. El yoga me enseña a mirar desde arriba, a ver que incluso las sombras tienen un lugar en el dibujo.

Hoy, cuando enseño, observo a mis alumnos cerrar los ojos y pienso en ese niño en bicicleta, en ese joven perdido en Chapultepec, en ese hombre roto en Vallarta. Los veo estirar los brazos hacia el cielo y sé que, aunque no lo digan, todos están buscando lo mismo: un lugar para habitarse sin miedo. Y cuando al final de la clase se recuestan en savasana, con las manos abiertas y los ojos cerrados, siento que cada uno de ellos está tocando, aunque sea por un instante, esa paz que yo encontré cuando respiré de nuevo por primera vez.

El camino del yoga no borró mi pasado, pero me enseñó a respirarlo. No apagó la voz de mi padre, pero me enseñó a dejarla pasar como ruido lejano. No eliminó la herida del callejón, pero me enseñó a mirarla sin temblar.

El yoga me dio lo que nunca tuve: la certeza de estar vivo, en paz.

En el tapete descubrí que no hay lugar para la soberbia. Allí todos somos iguales, el cuerpo tiembla de la misma forma, el sudor corre sin distinción, la respiración se convierte en un puente común. La postura no es trofeo, es espejo. Y lo que revela no es perfección, sino humanidad.

Al enseñar, comprendo que mi historia no era excusa para el victimismo ni pedestal para la gloria. Es simplemente la tierra de donde brotaba mi compasión. Cada callejón, cada insulto, cada pérdida, cada exceso… todo eso se volvió abono para el presente. Entiendo que redención no significa borrar lo vivido, sino integrarlo. Que resignificar es decir: "Esto también soy. Esto me trajo aquí. Y está bien."

Y lo más grande fue descubrir que no tenía que ser alguien más. Que la salvación está en el gesto más sencillo: simplemente ser. Ser en la respiración. Ser en la quietud. Ser en el servicio.

Hoy sé que la verdadera hombría no está en gritar ni en golpear, sino en abrazar sin miedo, en llorar sin vergüenza, en respirar en paz.

Y en este instante basta con inhalar, exhalar, y reconocer que estar vivo es suficiente.

Que no necesito ser perfecto, ni aplaudido, ni comprendido.

Que la redención está en la humildad de aceptar lo que soy.

Que la resignificación está también en decir: "Estoy aquí, respiro, existo. Y eso basta."

Yo, Dafna, todavía puedo escuchar el zumbido húmedo del ventilador mezclado con el eco lejano de las olas rompiendo contra el malecón. Vallarta me envolvía como una cueva de espejismos: luces de neón en la madrugada, caballitos sudados de tequila, el olor químico de la cocaína esparcida en baños oscuros, y la música repitiéndose como un mantra desquiciado. Yo creía que estaba viva, pero en realidad era un cadáver danzante, un corazón sin brújula escondido en lentejuelas baratas.

Fue ahí, en una playa, Yelpapa, a media mañana, a Él, lo recuerdo con los ojos turbios, la mirada desgastada de quien también huía, aunque ninguno de los dos supiera con precisión de qué. Quizá huíamos de las mismas cosas: de la infancia convertida en cicatriz, del silencio que golpeaba más fuerte que cualquier grito, de la necesidad absurda de olvidar, aunque fuera por unas horas.

Éramos dos náufragos disfrazados de fiesteros hippie chick, con las venas ardiendo. Nos reconocimos en ese instante como dos fracturas que podían sostenerse, aunque fuera por accidente.

Hoy, al mirar atrás, entiendo que ese encuentro no fue casualidad. Fue un espejo brutal que me obligó a reconocer mi propio abismo. Él y yo nos miramos con la honestidad que sólo tienen los que no esperan nada, la humildad de dos sobrevivientes.

Ahora, los dos seguimos trabajando en algo tan simple y tan difícil: estar presentes. No necesitamos los bares, ni las drogas, ni las huidas. Nos basta con la respiración que entra y sale, con los silencios que ya no son amenaza, sino descanso.

THE LOVE STORY

♪ **"Cornerstone"**, *At least for now* (2014),
de Benjamin Clementain

Nací en el hueco entre dos verdades que llegaron de golpe, la primera fue la tarde en que mi madre, con la panza apenas insinuada, vio a mi padre sacar a bailar a una gringa en el *raquet club*, a lo lejos se oía la música de orquesta ligera, risas de hielo en vasos altos, el piso encerado reflejando su sonrisa fácil; la segunda fue meses después, cuando escuchó por el otro teléfono que la amante de su esposo era ahora su propia amiga, esposa de uno de los señores del grupo de *raquet*. Mi hermana había llegado como llega el sol por la ventana correcta: deseada, celebrada; a mí me concibieron en una casa que ya crujía, en un aire que olía a colonia cara y a traición reciente. Mi mamá se fue sola al hospital, mi papá llegó tarde a mi nacimiento. Mi madre cuenta que conmigo el dolor fue como de animal acorralado, con mi hermana dice que casi ni dolió. Hay dolores que no se reparten, se heredan.

Vivíamos en una calle empedrada, una hilera de árboles que parecía sacada de un dibujo hecho con plumón verde. A una cuadra, la casa de mis abuelos; en la nuestra, mi madre, mi hermana y la nana familiar, que le heredaron a mi mamá cuando yo nací. Candelaria caminaba como pato —de lo gorda que estaba, decía la gente—, llevaba un mechón de canas blancas cayéndole sobre la frente como una pluma cansada; se desmayaba por la presión con una teatralidad que me partía en dos: la nariz sangrante, las manos buscando silla, el aire perdiéndosele. Untaba ajo en las uñas "para fortalecerlas", y cuando el estreñimiento la dejaba muda de rabia, inventaba supositorios de jabón *Zote*. Yo aprendí pronto a reconocer la antesala del desmayo, ese silencio compacto después de las quejas, como si alguien hubiera apagado el mundo.

Mi primer recuerdo de vida es un tapete circular de colores en espiral, yo acostado con un biberón tibio, el plástico devolviéndome mi propia respiración en un vaho. Regresaba del kínder con la lengua dulce de galleta, mi padre había vuelto por esos días a la casa, y allí, sobre ese tapete, me soltaba corajes: que cómo era posible que yo, "ya grandecito", siguiera con biberón. Sus palabras, ásperas, hacían una sombra que me quedaba pegada a la piel. A veces él se iba, a veces volvía, la casa parecía una puerta giratoria donde lo único constante eran las maletas a medio cerrar.

Después vino la separación definitiva y la mudanza como un salto al otro lado de la película: San Diego, California. La casa de campo de mi abuelo, los vecinos, Antonia —una ecuatoriana llena de sabor— y su esposo, un inglés flaco con la contabilidad en la sangre. Entré a primero de primaria en el Barcelona Hills: el nombre me sonaba a equipo de futbol, todos con la cultura americana ya muy independientes, y yo que apenas sabía amarrarme las agujetas porque en México siempre me las ataba Candelaria. Mi padre aparecía una vez al año para festejar Navidad, entre gritos y pleitos que dejaban olor a whisky en las cortinas. Me volví experto en el ColecoVision, en el juego de los pitufos y en el Atari, que jugaba con mi abuela cuando nos visitaba: "Stampede", decía ella con la "e" abierta, y yo me olvidaba un rato de que el mundo era frágil. Ahí, con el lago enfrente, aprendí que el agua puede ser una ventana. Había lanchitas de pedales que yo manejaba mirando el reflejo del cielo romperse en seis; yo quería desesperadamente una lancha de motor para mí solo. "No, estás muy chico", me decían. Me sentía libre cuando aprendí el Hobie Cat, el viento en la cara, las manos duras de tirar cabos, el cuerpo inclinado como si pudiera vencer a la física con puro deseo.

La vecina ecuatoriana jugaba tenis con mi madre, me quería, lo juro, como se quiere a un hijo prestado. Mi hermana se hizo amiga de sus hijos, yo aprendí a mirar el mundo atrás de las rejas de una cancha, donde todo parece ordenado: líneas blancas, reglas claras, golpes limpios. A veces imagino que allí comenzó a crecer esa parte mía que aún quiere que la vida tenga árbitro.

Dos años después regresamos a Guadalajara. Me metieron al Liceo del Valle. Colegio católico, sólo hombres, la disciplina de las corbatas ya podía olerse desde la barda. Entré a cuarto de primaria porque no me revalidaron quinto, una operación administrativa extraña que me dejó el orgullo arrugado. Me volví aliado de los fuertes del salón como se alía uno con el mal tiempo: por mera supervivencia. Un día, uno de secundaria —hombros anchos, voz ya partida— me amenazó. El terror fue tan espeso que no quise salir del salón por horas. A veces la memoria hace su propia casa del árbol y guarda ahí lo que no soporta mirar: el desenlace de ese día lo tengo bloqueado. Sólo sé que mis rodillas temblaban como si no fueran mías.

Vivíamos en un departamento chico. Volvió mi nana a vivir con nosotros. La casa tenía la consistencia del silencio, como si todos habláramos en voz tan bajita que nuestras palabras se hundían antes de llegar a nadie. Mi padre nos hablaba una vez a la semana, para llevarnos a las tortas Don Jorge, manejaba con los codos sobre el volante, un ojo en la calle, otro en el espejo y el sarcasmo clavándoseme como tachuela. Él esperaba un niño fuerte, broncudo, entrón, yo era inseguro y él me lo tallaba como si fuera mugre: "Ponte las pilas, viejo." Mi hermana, más grande, más pesada, me empujaba en las peleas y se burlaba de mi frustración, era su manera de endurecerme, supongo. De mi madre en esa época tengo más bruma que escenas, estaba, pero su estar era un rumor, intentaba rehacer su vida, ubicarse en una sociedad que juzgaba más que comprender.

Nos mudamos otra vez a una casa cerca de la de mis abuelos, la vida cobró texturas nuevas, la caseta de policía enfrente de la casa nos daba la ilusión de estar a salvo, a una cuadra del Country Club donde yo pasaba horas jugando tenis o nadando, íbamos en bici —en mi PK Ripper, Redline— con amigos y mi primo Francisco, el aire pegándose a la lengua como si pudiera comerse. Fumábamos *Raleigh* a escondidas en los árboles del camellón, tosiendo como viejos y riéndonos como tontos. Una mañana, a las siete, con la raqueta en la mano, me crucé con mi padre tambaleándose en el estacionamiento, la camisa por fuera, la mirada torcida. Por vergüenza corrí hacia las canchas. Él me gritaba: "¡Viejo, viejo!", con una risa que nunca olvidaré. El sonido me cortó por dentro, como si me hubieran pasado una lima por el esternón. Días después, en el comedor lleno del club, yo en una mesa con todos mis amigos, mi padre llegó borracho a burlarse de mi forma de jugar tenis, de mi apariencia, de mi incompetencia. Yo me quedé helado, con la sonrisa de quien no sabe a dónde ir.

Mi madre, vestida siempre con elegancia, habitaba su vida ya reacondicionada, planes con amigas, clases de arte, juegos de canasta. Mi madre estaba, pero la sentía lejos. Yo, mientras, aprendía a hacerme invisible.

El día que fumé mota por primera vez tenía no más de 13 años, le había rogado a mi vecino que me enseñara "qué onda", él ya era pachequísimo. Llegamos con Gabo y Mariano a casa de El Guadalupe. La madre le gritaba desde un departamento descuidado, la música de rock salía como humo por la ventana. Ahí entendí que uno podía rebelarse. Nos fuimos a un terreno baldío atrás de la casa y prendimos el churro. El olor dulzón y áspero me llenó la boca de ganas de toser y reír, el mundo cobró otra densidad, como si le hubieran subido un grado a la realidad. Las cosas se me quedaron más pegadas que de costumbre: el crujido de los matorrales, la camisa áspera de Mariano, la risa de Gualo como un perro ladrando lejos. La mota me dio, por primera vez, la sensación de pertenecer a algo que no dolía.

Ya en la adolecencia, como a los 16, nos la pasábamos rondando por las calles, Pedro con su Atlantic negro como un tiburón, y el Toño con su Caribe roja, yo con mi Caribe azul chiclamino, los tres coches bajitos, con el estereo a todo volumen y los *buffers* estallando. Recuerdo las bocinas adpatadas para ver cual sonaba más duro, las calles de Guadalajara vibrando bajo las llantas como una canción grave. Fumábamos marihuana todo el día y estudiábamos la secundaria abierta en el CCP, que era más una cita para la fuga que una escuela. Lo único que hacíamos era quedarnos de ver ahí y luego nos íbamos a los baldíos a volar papalotes, a las putas, a los masajes para caballeros, al Jet Set. Toño robaba dinero de la empresa donde trabajaba, siempre tenía muchísimo. En el Jet Set la mayoría eran gordas, feas y de malas, a veces había una "para hacerla novia", decíamos con esa crueldad adolescente que nos sabíamos, parecida a la de los adultos. La primera vez fui con Fito, con Toño y con Salvador, me cogí a una que se llamaba Lucy. Todos nos agarramos a Lucy. Aprendimos rápido la mecánica de convertir el cuerpo en trámite: te desfilaban, escogías, entrabas nervioso, salías diciendo "ya". La vergüenza llegaba después, en mi casa y solo, pero llegaba.

A veces no entiendo a Guadalajara ni su fe. Vi a los hombres salir de burdeles con el aliento a cerveza, whiskey y perfume barato en la ropa, caminando tambaleantes como si la noche fuera un derecho adquirido. Y al día siguiente los miraba de rodillas en misa, golpeándose el pecho con la mano derecha mientras la izquierda todavía guarda en la piel el roce comprado de otra mujer. Se confiesan y repiten "por mi culpa, por mi culpa", convencidos de que unas cuantas palabras en voz baja limpian la mugre, como si la moral fuera un trapo húmedo que se pasa sobre la mesa y listo, como si aquí no hubiera pasado nada.

Yo me pregunté siempre dónde empieza la mentira, si en el deseo comprado o en la absolución automática. Me confunde que llamen pecado a lo que hacen en la penumbra y gracia al perdón que buscan a plena luz del domingo. Es un ciclo que me enferma: pagar por un cuerpo, cubrir la falta con un padrenuestro, volver a empezar el lunes. Como hacer queso, como si la leche agria de la noche pudiera transformarse en pureza por la mañana. Y mientras tanto, las mujeres siguen siendo el altar y el basurero, las que reciben el golpe y el rezo, las que sostienen la vergüenza que ellos confunden con devoción.

Fumábamos en la terraza de los papás de mis amigos o en azoteas que olían a tanque de gas y a guayaba. Le tenía pánico a los judiciales, la paranoia me hacía escuchar camionetas donde sólo había motos. Un día, con Rogelio y con Paco, desde la terraza, aseguramos que venían por nosotros, corrimos a la milpa detrás de la barda y nos quedamos ahí, agachados, con la tierra en la boca, respirando con miedo de que nos fueran a oír. Los sustos así también pegan su droga, uno vuelve a casa vivo y el corazón late con una frase nueva: esta vez no.

Con las niñas me iba terrible. Era inseguro, me daba pena todo, me sentía feo, gordo, de lado. El amor, cuando asomaba, me parecía una vitrina prohibida. Luego llegaría el tiempo de la clínica. A la clínica llegué por Toño. Lo habían mandado con un tal Ismael para dejar la mota. Yo conocí a Ismael, personaje carismático como pocos, ojos vivos, risa sonora. Me señaló con problemas de marihuana y alcohol como si enumerara frutas. Y así, de la nada—de la nada que lleva años preparándose—, desde la casa de Ismael me llevaron al aeropuerto sin maletas, sin nada. Le avisaron por teléfono a mi madre, ella no tenía la menor idea. Me fui a Ciudad de México, a la clínica Génesis. Y ahí sucedió lo que no había sucedido en ninguna casa: me sentí querido y aceptado. Los hermanos del mismo dolor, las risas en la sala con olor a café recalentado, la cara del muchacho de enfrente que tenía la misma grieta que la mía. Nadie me echaba carrilla. Me sentí adaptado. Por eso me quedé. Un mes de terapias, recuerdo específicamente la del niño interior con música de Enya —ese oleaje de teclados blandos que me hacía llorar— y una terapeuta buenísima que sabía hacer preguntas como quien afloja un nudo. Lloré como nunca. Fue la primera vez que conecté con mi emoción y no me dio vergüenza. Hice las paces con algo que no sabía que se podía perdonar.

Salí y regresé a una casa de medio camino en Guadalajara. Vivía al lado de ex judiciales y ex maleantes; había juntas, responsabilidades, café barato a cualquier hora. Ismael me invitó a Minnesota a una junta de *counselors*, el frío me abrió las manos como si me hubiera encontrado con otro aire. Regresé y me dieron el turno de noche de la casa de medio camino. Tenía cuarto solo. Una madrugada llegaron a balacear la fachada, las ventanas hicieron un ruido que aún escucho. Después de bajar la cabeza y contar hasta diez, nos reímos nerviosos en la cocina, con la adrenalina pegada a los dientes. Íbamos a juntas externas como quien va a misa. En una de esas conocí a Martina.

Martina salía con Martín, una ex judicial malilla que se metía coca. Yo empecé a salir con Martina y él nos seguía, nos echaba malas vibras en las esquinas, paraba su coche detrás del nuestro, nos miraba fijo como si quisiera meterse por los ojos. Me enamoré. Íbamos a su casa, su familia me ponía un plato más en la mesa, nos íbamos de viaje los fines de semana. La relación tenía esa enfermedad común: cortar y regresar, yo con celos que me rascaban por dentro, ella con silencios que no sabía descifrar. Durante un tiempo creímos que la vida era eso: ir y venir con la respiración cortada. De repente me dediqué a saltar, de frontera en frontera —muchos países, muchos idiomas, muchas mujeres— viajé desde la Isla de coral blanco en África hasta la extravagancia japonesa; hice paracaidismo y del aire, mi maestro: aprender a caer para aprender a estar. Hubo otra recaída fuerte —de las que uno cuenta en voz baja, con el cigarro en la mano como si el humo pudiera hacer la censura—; mi madre ya se había casado otra vez y Martina se fue a estudiar al extranjero. Yo me quedé encerrado en un departamento fumando todo el día. La ciudad afuera seguía creciendo y a mí se me encogían las paredes.

Cuando mi madre se casó yo me hundí en una pésima época de crack. Perdición total: departamento con cortinas siempre cerradas, la pipa ennegrecida, las manos temblando como si fueran de otro, las madrugadas pegadas a las paredes, el corazón martillando un idioma del que no podía salirme. Hasta que no terminé en el hospital no paré. Un médico, con voz de fierrero, me dijo que las paredes de mi corazón se habían adelgazado por el abuso de drogas y que en cualquier momento podía darme un ataque. Me vi desde arriba, pequeño, oscuro, con un cuerpo que ya no me obedecía. Pero aún así me costó dejarlo. Uno se quita de encima la muerte en cuotas.

Hasta que casi me muero. Otra vez el médico con su voz de compresor me dijo que tenía el corazón en jaque y que así no llegaba a viejo. Martina regresó. Decidí casarme. El matrimonio se volvió pronto otra cosa: una mentira con flores. Tenía amantes, iba y venía como me daba la gana; ella estudiaba todo el día para su maestría, yo, "sano", me dediqué a hacer triatlones, a correr como si en la meta estuviera la absolución, pero a escondidas fumaba marihuana y tenía que enterrarme después los ojos en gotas. La vida era un telón corrido a la mitad: de un lado el deporte, la disciplina, el marido que cumple; del otro, el humo, el secreto, la culpa escondida en los cajones con los calcetines. Terminamos por dejar las cosas por la paz. Éramos personas muy diferentes. Yo me fui con la certeza de que el amor dolía. Al duelo lo llené con psicotrópicos y sexo, bailé hasta romper la noche, unas con banda que sabe a botas, tierra y trompeta, otras con la electrónica que late como constelación en el pecho. Fui de rodeo y de rave: herraduras y neón. Crucé medio país en motocicleta para recordarme que el horizonte se fabrica con velocidad y viento en la cara. Y todo, al filo de la adrenalina, para probarme vivo más allá de Zapopan y del techo antiguo de la casa de mi madre. Me metía con cuantas se podía, sin involucrarme, sin quedarme a dormir. La madrugada tiene su propio inventario de cobardías.

Hasta que en Vallarta, en un tugurio con luces de neón cansadas y ventiladores que sólo movían calor, me acosté con una mujer contorsionista, experta en el baile de hacer que el cuerpo se vuelva cuerda. La música era un bajo pegado al piso, las paredes sudaban alcohol barato. Ella se me subió como si supiera exactamente cómo vaciar mi cabeza y en un giro seco no calculó y me golpeó con la rodilla en un testículo. Un dolor punzante, metálico, me partió de la cintura hacia abajo, me quedé inmóvil con la respiración haciendo ruidos. Al salir, el mal presentimiento en el estómago, como si algo se hubiera roto en un idioma antiguo. Fui al doctor por pena y por dolor. El golpe develó un cáncer testicular: "Cáncer" dijo, era una época en que esa palabara no sonaba tanto como ahora y la sala se encendió con una luz blanca que no calentaba. Me senté a escuchar mi vida como si fuera la de otro. La palabra cáncer es un cuarto donde se apagan todas las lámparas menos una.

Me llevaron a Houston, y desde el primer día entendí que no era sólo una ciudad: era un laberinto de pasillos blancos, de máquinas que pitaban como relojes implacables, de rostros anónimos cubiertos por cubrebocas. El hospital olía a medicina y a miedo. Las quimioterapias eran un ejército líquido invadiendo mis venas, cada gota ardía como si me derritieran por dentro. El cuerpo se me volvió un campo de batalla, la piel seca, las uñas quebradizas, el cabello cayendo como si fueran recuerdos que no quería soltar. A veces me quedaba mirándome en el espejo de acero del baño, hundido, y no reconocía la cara ojerosa que me devolvía la mirada.

Mi madre estaba conmigo. Ironías de la vida: ella, que había sido tantas veces ausencia, se convirtió en mi sombra. Caminaba conmigo por los pasillos, me sostenía el suero cuando la enfermera tardaba, me compraba café aunque yo no podía tomarlo. Había noches en que el insomnio me retorcía, y ella sugería salir a caminar. Y terminábamos riendo y llorando al mismo tiempo, afuera de un Dinner que quedaba cerca del depa, la salud no dejaba llegar mas lejos.

Sobreviví. No sé cómo, pero sobreviví. El cáncer me dejó cicatrices invisibles, un malestar físico permanente que nunca pude distinguir si era real o inventado por mi mente para recordarme que había estado al borde. Volví a Guadalajara hinchado, abotagado, los ojos hundidos como pozos. Y con una paranoia que no me soltaba, vivía mirando por encima del hombro, esperando que el dolor regresara.

Pero no cambié del todo. Volví a la fiesta. Sexo sin amor, noches perdidas, marihuana como única lealtad. El alcohol nunca me atrapó, la coca fumada la había dejado con cicatrices. Pero la marihuana seguía ahí, como una brújula rota que igual me hacía creer que encontraba dirección. Caminaba las calles con la certeza de que alguien me miraba, que todos me juzgaban, que mis pecados eran visibles a kilómetros. La paranoia era un eco constante: voces inventadas, críticas en silencio, sospechas en cada esquina. El corazón se me aceleraba de golpe y pensaba que iba a morirme ahí mismo, en un parque, en un coche, en una banca.

Busqué escape en la vocación. Toqué música, baterias y tambores. Quise ser fotógrafo de surf: perseguí olas con la cámara, como si en esa espuma pudiera retratar una salida. Viajar me mantenía vivo, pero siempre terminaba abandonando todo, como si cargar proyectos hasta el final fuera un castigo imposible. Fue en esos viajes donde conocí a Dafna. Yo quería hacer un libro de olas, recorrer el mundo; ella me desvió con una mirada. La conexión fue tan fuerte que dejé el proyecto —como había dejado tantos antes—, porque en Hawaii fui fotógrafo de olas y espuma, cazando el relámpago que forman las tablas de surf en el agua;

todo lo dejé y regresé. Quería probar una vez más el amor, aunque ya no creía en él. Al principio fue doloroso, pero insistimos llenos de ilusion al amor, a una familia estable y cuidada. Y cuando parecía que al fin me acomodaba en la vida, llegó otra sacudida: ya casado, ya esperando a nuestro primer hijo, me descubrieron una fístula cardiaca. Emergencia. La noticia fue un puñetazo seco que me dobló. Otra vez el corazón. Siempre el corazón como escenario de todas mis batallas. Me metieron a quirófano de madrugada. El pasillo estaba iluminado con una luz blanca que dolía a los ojos, el olor a Yodo de las manos se me quedó pegado en la garganta. Afuera, Dafna embarazada, esperando con una fuerza que yo no tenía. Adentro, mi miedo vestido de quirófano, mi cuerpo tendido como carne para los bisturíes. Recuerdo el frío de la anestesia entrando en la vena, la sensación de que la vida se me iba como un río rápido. Salí vivo otra vez, pero marcado. Desde entonces cada latido se siente prestado.

La paranoia, mientras tanto, seguía ahí. El humo de la marihuana, que alguna vez me dio pertenencia, me iba sembrando dudas como espinas. Creía que todos me señalaban, que cada gesto escondía juicio, que cada silencio era una condena. Me refugiaba en casa, salía lo menos posible. Tenía miedo de ser enjuiciado, criticado, de que todo el mundo me pasara encima. Me costaba salir, me costaba enfrentar la mirada de los otros. El miedo se volvió rutina, y yo aprendí a convivir con él como con un huésped indeseado.

Pero algo cambió cuando tuve a mi hijo en brazos. El llanto recién nacido era un filo y una bendición. Sentí el peso de la obligación y el milagro de la presencia. Allí entendí que el triunfo no era ganar millones ni tener puestos brillantes. El éxito era estar: ser padre presente, cortar de una vez por todas la cadena de abusos, insultos y negligencias. El éxito era despertar de madrugada y abrazar, sin miedo, sin vergüenza, sin huir. El éxito era tener una casa donde la risa de un niño no significara burla, donde el silencio no fuera castigo, donde el amor no se escondiera.

He descubierto que muchas veces el éxito más grande es transitar la vida en calma. No necesito medallas ni aplausos. Necesito estar aquí, cada día, con mi hijo que me llama, con mi esposa que me mira, con esta vida que al fin me pertenece.

Todavía siento a veces la paranoia, como un fósforo encendiéndose en la nuca. Todavía sueño con hospitales, con pasillos blancos, con tugurios húmedos. Todavía me despierto con el corazón golpeando como si quisiera escapar. Pero ahora respiro. Y la respiración me devuelve al presente. En ese presente está todo: mi hijo riendo, mi esposa esperando, mi vida en calma. Por primera vez no tengo miedo de quedarme en casa. Por primera vez sé que la historia cambió.

El nacimiento de mi hija fue un crujido en la médula, un golpe suave y brutal al mismo tiempo, como si la vida entera hubiera estado esperando ese instante para recordarme renacer una vez mas. La escuché llorar por primera vez y entendí que había un sonido más fuerte que todos los insultos de mi padre, más poderoso que cualquier silencio, más claro que la voz de mis miedos: el llanto recién nacido de mi hija.

No era un llanto de dolor, sino de apertura, de presencia. La vida entrando con toda su fuerza en unos pulmones diminutos que, sin embargo, tenían la capacidad de cimbrar todo mi mundo. Cuando la tuve en brazos, mi respiración cambió. Me descubrí inhalando de otra manera: con una calma nerviosa, con un asombro que me recorría desde los dedos hasta los huesos. Sentí que en ese instante no me pertenecía nada más que el deber sagrado de estar ahí, de sostenerla, de no repetir la historia.

Y sin embargo, el miedo estaba. Un miedo profundo, antiguo, pegado a la piel como cicatriz vieja: miedo a no ser suficiente, miedo a fallar, miedo a heredarle el mismo vacío con el que yo había crecido. La miraba dormir y me preguntaba si sería capaz de darle la presencia que yo había añorado como un desierto ansía agua. Mi triunfo, me repetía en silencio, sería no huir. Mi victoria sería quedarme.

Dafna estaba a mi lado, con la mirada cansada y la ternura enredada en el dolor de su propio pasado. Venía de una vida atravesada por abusos, heridas invisibles que sangraban en la forma de abrazar, en los silencios, en los arranques. Ella también tenía miedo, un miedo distinto pero igual de profundo: miedo a repetir lo que había sufrido, miedo a que la maternidad destapara heridas que había intentado coser con hilo frágil.

Éramos dos inseguros, dos sobrevivientes, intentando levantar un hogar con manos temblorosas. El amor estaba allí, sí, verdadero, pero lleno de grietas. Cada discusión llevaba la resonancia de pasados distintos: ella cargaba el eco de los abusos, yo el eco de un padre que había sido juez y verdugo. Nos dolíamos en las mismas partes, y por eso, a veces, nos lastimamos sin querer.

Los hijos son luz, pero también espejo. En su inocencia veíamos nuestras culpas reflejadas, Dafna se descubría reaccionando con severidad donde quería ser ternura; yo me encontraba huyendo al humo de la marihuana, creyendo que así callaría los juicios que me perseguían desde dentro. La paranoia me mordía como perro rabioso, creía que todos nos observaban, que la gente hablaba de mí en secreto, que cada mirada escondía reproche. Y sin embargo, allí estaban mis hijos, sonriendo con los ojos recién estrenados, recordándome que la vida no pedía explicaciones, sólo presencia.

Guadalajara fue nuestra base. Aunque intentamos irnos, buscar nuevos aires, probar otras ciudades, siempre terminábamos regresando. Como si la ciudad fuera el escenario inevitable de nuestra historia, con sus calles llenas de tabachines y sus avenidas que me conocen de memoria y por mi nombre. Volvíamos a la misma casa, a los mismos cuartos que habían escuchado nuestras discusiones y también nuestras reconciliaciones. Allí, entre paredes viejas, aprendimos que la fuga no resuelve nada, los fantasmas viajan contigo.

Y en medio de esas idas y venidas, de ese vaivén de inseguridades, estaba mi madre. Una presencia discreta, siempre al costado, siempre como roca. No era la madre perfecta ni la heroína que todo lo resuelve. Era más bien un faro silencioso, una mujer que sabe estar sin hacer ruido, que sabe acompañar sin invadir.

Ella ha estado desde siempre, incluso en sus ausencias. Y ahora, en mi adultez, en mis tropiezos, en mis miedos con mis hijos, ella esta otra vez, poniendo orden en lo práctico, sosteniendo con su calma lo que yo aún no puedo sostener. Mi madre es el suelo. No el cielo luminoso que te deslumbra, no la tormenta que te sacude, sino el suelo donde puedes apoyar los pies cuando todo tiembla. Su fortaleza silenciosa me enseña que a veces el amor no se dice, se hace. Que la verdadera compañía no es la que te salva, sino la que no te abandona.

Yo, con la marihuana como sombra constante, intentaba apagar la paranoia que me rondaba. Había noches en que creía escuchar voces, en que sentía que alguien me espiaba, en que todo se me venía encima.

Dafna luchaba con sus propios fantasmas, el trauma de una vida de abusos se filtraba en la relación, en la maternidad. Había momentos en que se quebraba, en que lloraba sin saber explicar por qué. Yo la miraba y me veía, éramos dos espejos rotos reflejándonos mutuamente, aprendiendo a amar en medio de los pedazos.

Pero siempre, siempre, nuestros hijos fueron la luz. En sus risas, en su forma de abrazar sin condiciones, en su mirada limpia. Ellos nos recuerdan que la vida sigue, que hay esperanza, que podemos resignificarlo todo.

El día que traje a mi padre a vivir a casa, sentí que estaba cargando más que un cuerpo, cargaba toda mi infancia, todos los silencios, todas las palabras que habían caído sobre mí como piedras. No era sólo un hombre enfermo de cáncer lo que entraba por la puerta, sino el eco de una vida marcada por su dureza. Y, sin embargo, allí estábamos todos, los cuatro, abriendo espacio en la sala, moviendo muebles, acomodando una cama como quien prepara un altar.

La enfermedad lo había despojado de su fuerza, aunque su arrogancia permanecía. Aquel hombre que me gritaba "camina como hombre" ahora apenas podía caminar por sí mismo. Sus hombros, que alguna vez parecieron montañas contra mí, eran huesos encogidos bajo una piel traslúcida. Su voz, que en mi infancia me partía como cuchillo, ahora era un murmullo cansado.

Yo lo miraba y sentía un remolino: rabia vieja, ternura inesperada, miedo, compasión. Hubo un instante en que pensé en negarme, en dejarlo morir en soledad como él me había dejado tantas veces. Pero algo más fuerte —quizá los hijos dormidos en el cuarto de a lado, quizá la paciencia silenciosa de Dafna, quizá la roca constante de mi madre— me empujó a quedármelo.

Así, entre los cuatro, lo cuidamos. Dafna, a pesar de sus propias heridas, se inclinaba sobre él con una compasión que yo no entendía pero que me conmovía hasta el hueso. Mi hija lo miraba con curiosidad, como si aquel abuelo enfermo fuera un visitante de otro mundo, y con su inocencia le regalaba una dulzura que él jamás había conocido, mi hijo le tocaba el piano, esa música clásica que siempre disfrutó, ahora interpretada por ese nieto que no conocía.

Yo lo alimentaba con cucharadas lentas, lo ayudaba a levantarse, lo llevaba al baño. En esas tareas sencillas, en esas humillaciones de la carne, descubrí algo inesperado: lo perdoné. No hubo un momento solemne, no hubo palabras de reconciliación. Fue en el gesto cotidiano —en la cucharada de sopa acercada a su boca, en el vaso de agua sostenido contra sus labios resecos— donde entendí que mi historia no tenía que quedar atrapada en el rencor.

El perdón no fue hacia él, fue hacia mí. Comprendí que había vivido demasiado tiempo con una cadena al cuello, y que soltarla era un acto de supervivencia. Lo vi débil, necesitado, y entendí que él también había sido víctima de sus propios miedos, de su propia educación, de su incapacidad de nombrar lo que lo aterraba.

Mis hijos tuvieron un abuelo en esos meses. No el hombre duro que yo conocí, sino un anciano frágil que escuchaba sus risas como medicina. Y yo tuve, por primera vez, un padre. No en la plenitud de la fuerza, sino en la lucha contra la fragilidad. Fue allí, en su decadencia, donde por fin se abrió un espacio para el encuentro.

La muerte se lo fue llevando de a poco. Recuerdo la última vez que se recargó en mí, su cabeza contra mi hombro, su respiración entrecortada, el peso de su cuerpo entregado. Ese instante fue un espejo invertido de mi infancia: él, apoyado en mí, yo sosteniéndolo. Lo que me negó de niño me lo dio en su despedida. Y entendí, con una claridad inesperada, que todo había tenido sentido para llegar hasta allí.

Cuando murió, no sentí odio. Ni tampoco alivio. Sentí paz. Paz porque había cumplido con mi deber humano, paz porque no me quedaba nada que reclamar. El cuidado de mi padre fue mi redención. Allí aprendí que la verdadera fortaleza no está en ganar, sino en servir. Que el servicio es la forma más alta de libertad. Que perdonar no es absolver al otro, sino liberar a uno mismo del veneno.

Y cuando mi hija me abrazó esa tarde, cuando me dijo con su voz pequeña: "Papá, ya no está el abuelo", comprendí que mi verdadera herencia no sería la rabia, sino la presencia. Que mi tarea era simple y enorme: dar a mis hijos la presencia que yo no tuve.

La vida, cuando la miro de lejos, no es una línea recta sino un círculo. O mejor aún: una espiral que avanza girando, pasando por los mismos puntos, pero en distintos niveles. Cada vuelta trae la misma herida, pero desde otro ángulo; cada giro trae la misma pregunta, pero con otra respuesta.

Planeamos un viaje familiar a CDMX para encontrarnos con Artemisa y esa familia de Dafna que lleva más allá de la sangre. La carretera sigue larga cuando el golpe nos abofetea, suena seco, brutal, como si el mundo se hubiera quebrado en un segundo, y yo siento que el volante me quema las manos. Todo queda suspendido: las luces, el aire, incluso mi respiración. No sé si pasan segundos o siglos, pero en ese instante algo de mi infancia vuelve a encenderse con furia: los miedos que había logrado enterrar debajo de años de silencio, la certeza de que nunca estuve a salvo, una voz diciéndome que no mire. Regreso a casa sin mirar a nadie, cierro todas las cortinas, bajo las persianas, como si el exterior fuera un ejército dispuesto a atravesarme. Me aferro a las paredes, a los muebles, a las fotos que me miran desde el polvo, y convierto mi propia casa en un escudo donde no entra la luz. Había creído que ya estaba liberado, que el tiempo me había enseñado a respirar sin sobresaltos, pero esa noche todo vuelve: el temblor en las manos, la garganta cerrada, el miedo como un cuchillo frío en el estómago. Y comprendo, con un terror que no se nombra, que el pasado nunca se fue, sólo esperaba el instante exacto para reclamarme entero. Vuelvo a mi encierro, a esa obscuridad en donde nadie comprende, frustrado por no poder ser y estar como se me necesita y a veces se me reclama, pero no entienden que tengo un hueco en donde se supone que se debe albergar la paz y la confianza en uno…

Me descubro en un encuentro con Dios. Así, sin aviso, sin pedir ni siquiera entrar. Toda mi vida lo empujé lejos, lo escupí con argumentos, lo insulté con risas. Ateísmo de adolescente terco, de adulto herido, de llevar la contra porque sí, porque el silencio de mi infancia no quería otro silencio encima. Y ahora… lo siento.

Respira en mí como un viento que no juzga. No sermón, no amenaza: calma. Un vehículo invisible que me arrastra al centro de mí.

Y yo, cansado de mis máscaras, dejo que se caigan una por una. La ironía. La soberbia. El disfraz de quien nunca necesita nada.

Dios no aparece con coros ni luces, aparece como un bálsamo, pan que se parte dentro de mi pecho, alimento del alma que me había negado por capricho para resanar ese hueco que hoy se llena de paz y confianza por mí, a esta exsistencia, tal cual es. Y me rindo. No como esclavo, no como vencido, sino como quien por fin descansa.

Soy el niño en bicicleta, pedaleando por calles polvorientas, con la sensación de que el mundo me miraba con sospecha. Soy el adolescente en un pastizal fumando a econdidas. Soy el joven perdido entre fiestas, drogas y salvo de una enfermedad de muerte. Soy el hombre que sostuvo a su padre enfermo, dándole agua con la misma mano con que alguna vez se cubrió del golpe. Soy el esposo frágil, inseguro, luchando contra las heridas de Dafna y las mías. Soy el padre que aprendió a estar presente aunque el miedo lo cercara como una muralla.

Soy todo eso, y al mismo tiempo, soy sólo este instante, respirando.

He comprendido que la vida no se mide en conquistas, sino en presencias. No se mide en victorias públicas, sino en silencios compartidos. El verdadero éxito no fue escapar de mi ciudad, ni sobrevivir a los hospitales, ni ganar las batallas contra sustancias y fantasmas. El verdadero éxito es despertar cada mañana y tener el valor de levantarme y seguir presente, consciente.

Aprendo con Dafna, con su historia, que el amor no es perfecto, que a veces se construye entre ruinas, que duele y sana al mismo tiempo. Su vulnerabilidad me mostró mis propias grietas, y en esa imperfección compartida hemos encontrado un lugar donde la ternura nos abraza.

Que no necesito recorrer kilómetros para sentirme vivo. No necesito reconociemientos, ni fortunas. Que basta la respiración, el abrazo de mis hijos, la presencia junto a Dafna y junto a mí mismo en total aceptación a lo que soy hoy, simple, en mi casa, abrazado de mis perros y mis gatos, viendo el amanecer cada mañana, aquí… simplemente aquí.

Me aferro a la idea de que la vida todavía me guarda promesas y proyectos, como si cada amanecer fuera un papel en blanco que espera ser escrito con letras nuevas. Sueño con criar a mis hijos libres de cadenas invisibles, sin la carga de secretos ni la mordaza del miedo, con la piel intacta de culpas heredadas. Quiero que corran por la casa y por el mundo, que rían sin medir la fuerza del eco, que lloren sin vergüenza y sin castigos. Creo —y lo creo con todo mi cuerpo— que es posible romper la herencia del dolor, que la fe no es un dogma sino la certeza íntima de que el amor verdadero puede limpiar la memoria. En ese futuro me sostengo de risas, llantos, enojos y paz, con desánimo y con fe, no dejo de intentar proyectos que me arrancan del letargo, el de una esperanza que no es ingenuidad sino resistencia. Y cuando cierro los ojos, me veo caminando con ellos de la mano hacia un mundo menos roto, sabiendo que esta vez sí habrá camino donde antes no.

Te digo la verdad sin ornamentos: no te amo por lo que imaginé, sino por lo que has sido cuando la luz se apagó y quedaste a mi lado sosteniendo el cielo con las manos vacías; te amo por tu cotidiano —ese milagro que sólo tu y yo comprendemos— por tu risa que auyenta mis sombras, por tus silencios donde mi alma aprende a escuchar. Has crecido en mí como una raíz que nutre, y yo he aprendido a amarte no como un fuego que arrasa, sino como una brasa fiel que atraviesa inviernos y vuelve a encender las primaveras. Si ayer te elegí por esperanza, hoy te elijo por certeza; si ayer te amé por salvador, hoy te amo por verdad. Porque eres más que el inicio: eres el camino, la casa, el puerto, y esa forma sencilla de eternidad que tienen las cosas que se cuidan a diario.

Lo comprendo, y aún así me duele. Me duele porque entonces mi corazón se convierte en campo de batalla, entre la mujer que quiere confiar y la niña que aprendió que confiar era perderse. Me duele porque tus inseguridades y las mías se entrelazan, se confunden y terminamos siendo dos sobrevivientes luchando contra fantasmas que no pedimos, que no elegimos, pero que se imponen como herencia torpe de la vida.

Y, sin embargo, yo sé algo: ni tú ni yo nos dedicamos a herirnos. No hay malicia en nuestras manos. No hay deseo consciente de lastimar. Lo que a veces sucede entre nosotros, ese roce que sangra, esa palabra que hiere, no es una decisión fría: es un aprendizaje roto. Es el eco de nuestras propias historias, el reflejo de los golpes que recibimos antes de encontrarnos. Es la piel reaccionando por memoria, no por voluntad. Y cuando lo entiendo, mi dolor se calma un poco, porque sé que en ti no hay verdugo, sino un hombre luchando con sus propios bosques.

Yo, Dafna, te escribo estas palabras no para reprocharte, sino para sostenerme. Porque en medio de este bosque que cargo, sigo teniendo claro que quiero crecer contigo. Que cada día, aún cuando el miedo me arrincona, elijo caminar a tu lado. Quiero atravesar contigo los senderos, los claros, las marejadas. Quiero remar contigo incluso cuando el mar se pone de cabeza y nos revuelca contra las olas. Porque sé que después, exhaustos, salimos otra vez a flote. Y sé también que habrá días de mares planos, donde el agua parece un espejo y el horizonte se abre limpio, y esos días también quiero vivirlos contigo.

No me asustan las marejadas si sé que nos levantamos juntos. No me asustan los días en que mi miedo me arrastra si sé que tú me tiendes la mano. No me asusta la tormenta porque he aprendido que lo verdadero no se mide en los cielos despejados, sino en la capacidad de dos almas de seguir buscando un puerto aun cuando todo parece perdido. Y ese puerto lo quiero contigo.

Te lo digo desde la humildad más honda: yo no soy perfecta, estoy hecha de grietas. A veces me dejo arrastrar por la paranoia, a veces el pasado me secuestra. A veces me escucho hablarte desde una voz que no soy yo, sino la memoria que me marcó. En esos momentos me siento débil, como si volviera a caer en el mismo cuarto oscuro donde todo se rompió. Pero luego recuerdo que estoy aquí, contigo, que he elegido a este compañero de viaje que también carga sus propias tormentas. Y entonces entiendo que sanar no es librarse de los fantasmas, sino aprender a caminar con ellos sin dejarnos devorar.

Yo quiero caminar contigo. Quiero aprender a reconocer cuándo somos nosotros y cuándo son nuestras heridas hablando por nosotros. Quiero aprender a pedirte perdón cuando te lastime, y a recibir tu perdón cuando seas tú quien hiera sin querer. Quiero que entendamos juntos que el amor no nos salva de nosotros mismos, pero nos da la oportunidad de mirarnos en la herida y aún así elegir la ternura.

Porque al final, lo que quiero contigo no es una vida sin tropiezos, sino una vida con sentido.

Yo te amo desde mi fragilidad, desde mi humanidad quebrada, desde este corazón que no siempre sabe cómo confiar pero que insiste en hacerlo. Te amo no con promesas de perfección, sino con la certeza de que elijo cada día intentarlo de nuevo. Te amo porque en ti encuentro un espejo donde, reconozco la belleza de lo humano. Y te amo porque en ti veo la posibilidad de que dos historias heridas puedan convertirse en una historia de resiliencia, de ternura, de paz.

Si me quedo, si te escribo, si te confieso todo esto, es porque sé que, aunque el mar nos tumbe, juntos nos levantamos. Porque aunque el bosque nos atrape, juntos encontraremos la salida.

Eres mi amor, mi compañero de viaje, contigo quiero el puerto. Contigo quiero la travesía. Contigo quiero incluso el bosque, porque sé que de tu mano puedo atreverme a cruzarlo. Y aunque regrese una y otra vez a esas sombras, sé que el amor —nuestro amor— tiene la fuerza de abrir claros donde antes sólo había sombra.

Tuya, D

PAZ

♪ **"Three Little Birds"**, *Exodus* (1977),
de Bob Marley & The Wailers

El recuerdo de mi infancia no llega como un álbum ordenado de fotografías, sino como un ruido de zapatos sobre grava, como el golpe seco de una pelota contra la raqueta en las mañanas frías de Guadalajara. Tengo grabado en la piel el olor de las canchas, esa mezcla de tierra húmeda, cal que se levantaba en polvo blanco al trazar las líneas, y sudor infantil mezclado con bloqueador. Desde que tuve uso de razón la vida giraba en torno al tenis. Era el lugar donde la disciplina disfrazaba el silencio de casa, donde el ruido del golpe de la pelota tapaba los gritos que nunca se dieron, los abrazos que nunca llegaron. Ahí, en la cancha, aprendí a respirar.

El tenis era mi mundo y también mi condena. No había día sin entrenamiento, no había semana sin torneo, no había tiempo para jugar a otra cosa. Pero yo no lo veía como un sacrificio, era la forma en la que podía sentir que valía algo. Recuerdo las madrugadas cuando mi madre me llevaba al club, el aire helado, el vapor que salía de mi boca, el uniforme de algodón que se pegaba a la piel húmeda, los zapatos que rechinaban en el cemento aún oscuro. Había un olor a pan dulce en las cafeterías recién abiertas y un murmullo de adultos que se saludaban con sonrisas tensas. Yo me sentía diminuto y, a la vez, poderoso, el niño que con ocho años sostenía una raqueta demasiado grande para sus manos, dispuesto a enfrentar al mundo entero.

Cada partido era un ritual sensorial. El golpe de la pelota contra las cuerdas vibraba en mi brazo como si fuera un latido ajeno. El sonido de mis tenis sobre la arcilla era como una canción, un crujido seco que me marcaba el ritmo. El sudor caía desde mi frente hasta el borde de los labios, dejándome un sabor salado que me recordaba que estaba vivo. El sol de Guadalajara quemaba sin piedad y me hacía entrecerrar los ojos, pero nunca importaba, yo estaba ahí para ganar, para demostrar que podía, para que alguien —cualquiera— me mirara y me dijera: "Bien hecho, hijo." Ese "bien hecho" nunca llegó de donde lo esperaba, pero me aferré a la ilusión de que en la cancha podía ganarme un poco de amor.

Cuando gané mi primer campeonato nacional a los diez años, el mundo me aplaudió. Recuerdo el trofeo en mis manos, más grande que mi propio torso, el destello metálico de la copa bajo el sol de mediodía, la foto de rigor en la que mi sonrisa era más un *rictus* de cansancio que una alegría genuina. La gente decía que yo tenía un futuro brillante, que podía llegar lejos, que el tenis era mi pasaporte al éxito. Y sin embargo, el tenis me dio algo que no encontré en ningún otro lugar, un lenguaje secreto con el que podía expresar la rabia, el miedo, la tristeza. Cada partido era una conversación conmigo mismo. Si cierro los ojos todavía puedo sentir el peso exacto de la raqueta de madera en mi mano, el olor dulzón de las pelotas nuevas al abrir el tubo metálico, el frío metálico del banquillo donde esperaba mi turno. Todo eso era mi refugio, aunque nadie más lo supiera.

Los viajes comenzaron pronto. A mis 12 años recuerdo Alemania a pincipios de los ochenta como si fuera un sueño en sepia. Yo era un niño y de pronto estaba en otro mundo, las calles limpias, los autos Volkswagen y Mercedes estacionados en fila, los tranvías que se deslizaban como fantasmas silenciosos. El aire olía distinto, más frío, más húmedo, con un dejo de carbón en las chimeneas. El alemán sonaba como un idioma hecho de martillazos, duro y áspero, pero en la cancha todos hablábamos lo mismo: el lenguaje de la pelota que va y viene.

Recuerdo una tarde en Munich, las canchas rodeadas de árboles altos, el viento helado que cortaba la piel, los espectadores envueltos en bufandas. El sonido de la pelota contra la raqueta rebotaba en el aire limpio y resonaba como un trueno controlado. Yo no me la creía, un niño de Guadalajara enfrentando a europeos altos, rubios, de mirada dura. No importaba, cuando servía, cuando la pelota volaba en un arco perfecto sobre la red, yo era dueño de mi destino. Por un instante, el mundo estaba en mis manos.

Alemania me marcó no sólo por el tenis, sino por la sensación de estar lejos de casa. Lejos del silencio de mis padres, lejos de la indiferencia que me carcomía. Al principio sólo de visita en los hoteles y todo era nuevo, los pasillos olían a cera de piso y a perfume extranjero, las habitaciones eran frías, las camas demasiado grandes para un niño solo. Me recuerdo mirando por la ventana de un cuarto de hotel las luces de la ciudad, sintiendo un vacío en el estómago que no tenía que ver con hambre. Era la soledad pura, la certeza de que el triunfo no servía de nada si no había alguien que me abrazara al final del día.

En esos años descubrí también el otro lado del deporte: la presión. Los entrenadores gritando, los padres exigiendo, los rivales humillando. Yo sonreía, yo asentía, yo jugaba.

La primera vez que entré en esa casa alemana, en la provincia de Colonia, me sorprendió el silencio. Era una familia de clase media, nada ostentoso, pero todo parecía tener un orden milimétrico. El pasillo olía a madera encerada, El piso crujía bajo mis zapatos deportivos, y yo, con apenas doce años, sentí que debía caminar de puntitas para no desentonar. El comedor era pequeño pero exacto, un mantel con cuadros azules, una lámpara redonda colgando como un sol frío, cuatro sillas alineadas. Todo en esa casa parecía repetirme que yo era un invitado, alguien que debía agradecer con buenos modales hasta el vaso de agua.

La recámara donde dormía tenía dos camas individuales, la mía era dura e improvisada, la del hijo del señor nunca la probé, sólo sé que cada vez que entraba su padre por las noches a la recamara, él se daba la vuelta poniendo la almohada sobre su rostro para no escuchar, tal vez se sentía aliviado, tal vez yo era su relevo por unos meses, eso nunca lo sabré. Recuerdo las sábanas tiesas y un edredón que olía a detergente fuerte. La ventana daba a la calle, edificios de ladrillo rojo, autos estacionados en fila, con un rechinido metálico que me despertaba antes que el sol. No había televisión en el cuarto, no había fotos familiares que me sonrieran desde los marcos. Sólo un crucifijo de madera colgado sobre la cabecera y el sonido de mi propia respiración. Era como vivir dentro de una maqueta limpia, perfecta, pero sin calor humano.

En esa época llamar a México era un lujo imposible. El teléfono estaba en la sala, un aparato gris de disco, pesado, que parecía más un adorno que una herramienta. Yo no tenía monedas ni permiso, ni siquiera las palabras en alemán para pedirlo. Guardaba todo dentro de mí. El silencio se volvió mi compañero más fiel, lo abrazaba por las noches, lo alimentaba durante el día. Nadie preguntaba cómo estaba, yo tampoco sabía cómo responder si alguien lo hubiera hecho. Aprendí que la mejor estrategia era aguantar. Aguantar el frío que se metía en los huesos, aguantar la soledad que se colaba entre las rendijas de la ventana, aguantar la memoria de lo que pasaba y que no me atrevía a nombrar.

Cuando pienso en esa época veo imágenes fragmentadas, las calles mojadas después de la lluvia, el vapor que salía de las coladeras, las bicicletas apoyadas en las bardas. Alemania era gris y ordenada, como si todo el país funcionara bajo una disciplina invisible. Yo me sentía extraño, un extranjero que intentaba encajar a fuerza de golpes certeros en la cancha. Y sin embargo, dentro de mí se acumulaba la certeza de que nadie en esa casa —ni en ninguna otra— podía escuchar lo que yo callaba.

Lo más duro era la noche. En México al menos escuchaba los gritos de mi madre desde la cocina o el zumbido del ventilador en verano; en Alemania, la noche era un bloque de hielo. Sólo el crujido de las maderas, el golpeteo del viento contra las persianas, el ruido lejano de un auto en la carretera. Me arropaba hasta la cabeza y cerraba los ojos con fuerza, como si apretarlos pudiera borrar los recuerdos. En medio de ese silencio regresaban las manos que me tocaban, la voz que me decía que guardara silencio, la confusión del placer y la culpa mezclados en la piel. Nadie entraba a preguntarme si estaba bien. Nadie encendía la luz. Era yo contra la noche.

Me acostumbré a escribir en la mente lo que no podía decir en voz alta. Pensaba cartas que nunca mandaba: "Mamá, aquí hace frío, pero estoy bien"; "Papá, gané el partido, pero no estabas en la grada para verme"; "Hermana, extraño tu risa, aquí todo es demasiado serio"; "Auxilio, me tocan. Ayuda, me violan." Nunca tuve papel ni tinta, ni la certeza de que alguien quisiera leerlas. Así que las repetía en silencio hasta que se borraban solas. Y entendí algo terrible, que uno puede aprender a vivir sin palabras, que el silencio puede ser un idioma entero.

Con el tiempo esa estrategia de aguantar se volvió mi piel. Nadie sabía que yo dizque dormía con la mandíbula apretada, que me despertaba empapado en sudor, que el tenis era mi única manera de soltar la rabia. Nadie sabía que a veces, antes de salir a entrenar, me quedaba mirando fijo el espejo, preguntándome si alguna vez alguien descubriría lo que me habían hecho. No lo decía, no lo podía decir. Y ese secreto era más pesado que cualquier raqueta.

Cuando regresé a México después de Alemania sentí que había aterrizado en un mundo que hablaba demasiado. Voces por todos lados, gritos en el mercado, claxonazos, el español desbordado como un río que no conoce diques. Y sin embargo, yo seguía habitando ese idioma del silencio que había aprendido a la fuerza. Me costaba abrir la boca. Cuando los amigos de la escuela bromeaban, yo reía con retraso; cuando las maestras preguntaban, yo respondía con frases cortas, como si cada palabra me costara un mundo. Era más fácil concentrarme en el tenis, porque ahí las palabras sobraban. La cancha era el único lugar donde no importaba la timidez, donde los sonidos eran universales, el golpe seco de la pelota contra la raqueta, el chirrido de las suelas en la arcilla, el resuello de los cuerpos en disputa. Ahí yo podía hablar con mis músculos, con el ritmo de mi respiración, con la estrategia de mi mente que siempre iba dos movimientos adelante.

Fue en esa época que empecé a entender lo que nunca había querido aceptar, que el abuso no sólo había marcado mi cuerpo, sino también la forma en que me relacionaba con el mundo. Había aprendido demasiado pronto que el silencio era seguro, que la soledad era inevitable, que la vulnerabilidad se paga caro. Eso me volvió fuerte en apariencia y frágil por dentro. Fuerte porque sabía aguantar, porque había desarrollado una disciplina de hierro, frágil porque nadie conocía lo que se escondía detrás de esa fachada. Yo era un jugador que nunca mostraba cansancio, un joven que nunca confesaba miedo. Pero en las noches, cuando me quedaba solo en mi cuarto, el eco del pasado se colaba por las paredes.

Muchos años después, cuando empecé a hablar en público sobre prevención del abuso, me di cuenta de que lo que me mantenía de pie no era sólo la disciplina del deporte, sino esa capacidad de guardar silencio durante tanto tiempo. El silencio me había mutilado, sí, pero también me había entrenado para escuchar. Cuando me siento frente a una víctima, lo primero que hago es callar y dejarla hablar. Y en ese silencio compartido se abre algo profundo, algo que yo reconozco porque lo viví: esa sensación de que al fin alguien sostiene tu palabra sin juzgarla, sin minimizarla.

Pero no me adelanto. Lo cierto es que antes de llegar ahí tuve que atravesar años de negación, de buscar refugios falsos, de tropezar con mis propios miedos. Porque lo que me pasó no desapareció al volver de Alemania, ni con el tenis, ni con los estudios. El secreto seguía ahí, filtrándose en mis relaciones, en mis decisiones, en mi manera de mirar el mundo. Me acompañaba como una sombra leal, a veces apenas perceptible, a veces tan evidente que no podía respirar.

Y sin embargo, algo en mí se negaba a rendirse. Tal vez fue la disciplina del deporte, tal vez la terquedad de querer darle sentido a lo vivido. Tal vez fue, simplemente, la intuición de que mi historia no podía terminar en silencio.

El aula de los jesuitas olía siempre a humedad y a libros recién desempolvados, como si cada mañana alguien se dedicara a revolver los anaqueles para que el polvo —ese polvo cargado de tiempo— se suspendiera en el aire y entrara a nuestros pulmones con las palabras de los maestros. No eran aulas luminosas. La luz se filtraba apenas por las ventanas altas, enrejadas, con vidrios manchados de antiguos aguaceros que habían dejado su cicatriz mineral. El sol, cuando aparecía, se fragmentaba en haces oblicuos, dorados, que atravesaban el humo de los inciensos que todavía quedaban impregnados en las paredes. Era un recinto más cercano a una caverna que a una universidad, y eso, quizá, era lo que me atraía.

A mis veinte años, con la piel aún marcada por la incertidumbre de la juventud, me encontré sentado en esos bancos de madera dura, escuchando preguntas que nadie respondía y que nadie sabía responder. Preguntas sobre el dolor, sobre el mal, sobre el silencio de Dios en medio de las guerras y las desapariciones, sobre la soledad que quedaba al cerrar los ojos en las noches interminables.

Yo había llegado ahí tras un año de jugar con la idea de ser religioso, de entregarme a la vida consagrada. No ingresé jamás a un seminario, porque algo dentro de mí se rebelaba contra la idea de vivir encerrado bajo un mismo techo, compartiendo la rutina de las oraciones mecánicas y de las sonrisas de cartón. Preferí mantenerme en la casa de mis padres, esa casa en la que aún se escuchaban los ecos de mi infancia. Una infancia que nunca terminaba de resolverse. Una infancia en la que la figura de Dios me había sido entregada como una estatua de piedra, fría, severa, casi amenazante.

En los retiros a los que asistía, recuerdo la sensación de desdoblarme. Había un yo que cantaba, que rezaba, que se unía a la comunidad en los cantos gregorianos, con las manos entrelazadas en una plegaria sincera. Pero había otro yo, oculto, que observaba con sospecha, que sentía que algo no encajaba, que la fe que me ofrecían era una fe llena de deberes y castigos, de culpas heredadas.

En las madrugadas, cuando regresaba del retiro a mi casa, la sensación de vacío era tan abrumadora como el eco de mis propios pasos. Cerraba la puerta con cuidado, me dejaba caer en la cama y quedaba mirando el techo mientras un pensamiento único, recurrente, me taladraba: *¿Y si todo esto es una gran mentira?*

La Facultad de Filosofía de los Jesuitas era un universo en sí misma. Pasillos interminables donde los retratos de antiguos doctores colgaban de las paredes, observándonos con ojos que parecían juzgar cada movimiento. Los suelos de mosaico tenían manchas de humedad que dibujaban mapas invisibles, territorios de una geografía que nadie recorrió. Había algo solemne y a la vez decadente en aquel lugar, como si todo lo que se enseñara allí estuviera marcado por la fragilidad de lo humano.

Mis compañeros eran una mezcla de obsesionados y fugitivos. Algunos huían de sus familias, de pasados violentos o de miedos secretos. Otros buscaban en la teología un asidero, un clavo ardiente al que agarrarse para no sucumbir al sinsentido. Yo me encontraba en medio de todos, devorado por la necesidad de comprender. Me refugiaba en los libros con una avidez febril. Había días en los que leía hasta que los ojos me ardían y el cuerpo me pedía a gritos descanso. Y aún así, seguía. Como un adicto. Sí, esa fue mi primera adicción verdadera: el estudio.

Me fascinaba sumergirme en las páginas de Agustín, de Tomás de Aquino, de Ignacio de Loyola, y al mismo tiempo sentir el filo cortante de Nietzsche, de Sartre, de Camus. Era un péndulo que oscilaba entre la certeza de una fe rígida y la rebelión del vacío. Y yo, atrapado en ese vaivén, no sabía a qué bando entregar mi alma.

Hubo una etapa en que el odio se apoderó de mí. Odio hacia la institución, hacia la Iglesia que me habían enseñado a venerar. Descubrí los abusos escondidos tras las sotanas, las mentiras históricas, los pactos de silencio. Cada descubrimiento era una herida. Cada clase se convertía en una batalla interior. Caminaba por los pasillos con los puños apretados, sintiendo que me habían engañado desde niño, que la fe con la que había crecido era una celda disfrazada de cielo.

Pero incluso en medio de esa rabia, había algo que me detenía: las historias de transformación. No la doctrina, no los dogmas, sino las vidas concretas de seres humanos que habían pasado del dolor al amor, de la desesperanza a la compasión. Jesús, desde luego, pero también Ignacio, Francisco, Teresa, y hasta hombres y mujeres anónimos, cuya huella se percibía en los libros o en las confesiones que a veces nos contaban los maestros.

Comencé a entender que la vocación no era una jaula ni un título. No era vestirse con hábitos ni repetir oraciones memorizadas. La vocación era más bien una forma de mirar: reconocer el sufrimiento y no huir de él; aprender a transformar la herida en un cauce por donde pudiera fluir algo distinto, algo parecido a la ternura.

Recuerdo con precisión un retiro en las montañas. El aire frío cortaba la piel como cuchillas invisibles. El silencio era tan denso que a veces parecía un muro. Nos levantábamos antes del amanecer, cuando todavía las estrellas titilaban sobre los pinos, y caminábamos hacia la capilla pequeña construida de piedra. Dentro, apenas unas velas titilaban frente al altar. El olor a cera y madera húmeda impregnaba todo.

Ese amanecer, al escuchar el canto monótono de los salmos, sentí que me quebraba por dentro. Lágrimas silenciosas comenzaron a rodar por mi rostro. No era un llanto de tristeza, sino una especie de deshielo. Como si durante años hubiera estado atrapado en un invierno perpetuo y de pronto la primera gota de agua se atreviera a correr. Comprendí, sin palabras, que el dolor no desaparece, pero puede ser transfigurado.

Los años pasaron entre crisis, libros, viajes, noches en vela y conversaciones interminables con compañeros que buscaban lo mismo que yo: sentido. A veces reíamos de nuestra propia obsesión, de nuestro empeño en diseccionar a Dios como si fuera un cadáver en una mesa de autopsias. A veces nos llamábamos locos por seguir ahí, por seguir preguntando, sabiendo que ninguna respuesta sería suficiente.

Al final de ese recorrido, lo único que quedó claro para mí fue la certeza de la transubstanciación. Que había una fuerza invisible —llámale gracia, llámale compasión, llámale simplemente amor— capaz de tomar lo más oscuro de nuestra historia y volverlo algo luminoso. Una alquimia secreta que no se aprende en los libros, sino en las cicatrices que deja la vida.

Y esa fue, quizá, la lección más honda que me regaló aquel periodo con los jesuitas: que la fe no es una fórmula ni una doctrina, sino un acto de valentía, de entrega, de aprender a mirar a los ojos del sufrimiento humano sin apartar la vista.

La casa de mis padres era, a su modo, un monasterio profano. Tenía pasillos largos, oscuros, donde el eco de los pasos retumbaba como si fueran los de otra persona. Había puertas que rara vez se abrían y habitaciones que parecían clausuradas, llenas de muebles cubiertos con sábanas blancas que adquirían, en la penumbra, la forma de fantasmas inmóviles.

Las noches eran densas. El silencio era tan profundo que escuchaba el crujir de la madera de la casa, los pasos de mis padres en la planta baja, y el zumbido de los insectos que se estrellaban contra la pantalla de la ventana. Esa soledad se transformaba en un eco interno. Yo no era un muchacho alegre, no lo era del todo, había en mí una gravedad que me empujaba hacia los libros, hacia las preguntas, hacia esa pulsión de buscar a Dios en cada sombra.

La crisis llegó una noche de lluvia. Llovía con furia, como si el cielo quisiera borrar la ciudad entera. El agua golpeaba los vidrios de mi cuarto y el sonido era tan fuerte que parecía un tambor de guerra. Yo estaba sentado en el suelo, rodeado de libros abiertos, con la espalda pegada a la pared. Había leído durante horas a Nietzsche, a Camus, a Dostoievski, y lo que quedaba en mí era un vacío insoportable.

En ese instante, todo dentro de mí se convirtió en un grito silencioso: *si Dios existe, es un verdugo; y si no existe, somos sólo polvo condenado a repetirse.*

Y, sin embargo, en medio de ese abismo, comenzó a gestarse algo distinto. Una sospecha, apenas un murmullo, quizá la fe no estaba en los dogmas, ni en las instituciones, ni siquiera en las respuestas. La fe era la capacidad de transformar el dolor en algo más, aunque ese algo fuera apenas un destello.

La primera vez que hablé en público sobre abuso fue un accidente. Un grupo de jóvenes me había invitado a dar una charla sobre disciplina y hábitos, pensaban que era interesante mi camino en la fe. Preparé mis notas, hablé de madrugadas frías, de oración, de obediencia. Pero en el silencio de las preguntas, una muchacha alzó la mano y dijo: "¿Y qué pasa cuando lo que te duele no se lo puedes contar a nadie?" La pregunta me golpeó el pecho. Vi en sus ojos algo que reconocí: esa mezcla de miedo y urgencia. Y sin planearlo, sin calcularlo, conté una parte de mi historia. Sentí cómo mi voz temblaba, cómo el aire se me quebraba en la garganta. El salón se llenó de un silencio de escucha. Y al terminar, varios se acercaron. Una chica me susurró: "A mí también."

Ese "a mí también" me persiguió. Se me quedó grabado como un eco que pedía respuesta. Ahí supe que no podía seguir callando. Que no se trataba de mí solamente, sino de todas esas voces que llevaban años tragándose el miedo, convencidas de que el silencio era más seguro. Ésa fue la primera chispa.

Desde entonces no he dejado de hablar. Y no ha sido fácil. Cada conferencia, cada taller, cada entrevista, es también volver a abrir la herida. Hay noches en que termino agotado, con la voz rota, con la cabeza ardiendo. Hay días en que, después de mirar a los ojos a un padre o una madre que descubre que su hijo fue abusado, me encierro en un baño y lloro en silencio como aquel niño que fui. Pero vuelvo a salir. Porque entendí que mi historia no puede quedarse en mi piel, debe transformarse en prevención.

He pasado más de veinte años trabajando de sol a sol. En escuelas, en comunidades, en congresos. En salones pequeños con diez personas y en auditorios llenos con cientos de asistentes. Cada vez que cuento lo que pasó, cada vez que explico los signos, cada vez que advierto sobre los riesgos, no sólo informo, me sano un poco más. He visto cómo los ojos de los niños se abren cuando entienden que tienen derecho a decir que no, cómo los padres se estremecen cuando descubren que el agresor puede estar dentro de casa, cómo los maestros se incomodan al darse cuenta de que a veces prefieren mirar a otro lado. Y yo estoy ahí, insistiendo, repitiendo: "Hablar salva."

Lo que no digo en los escenarios, lo que se adivina en mis pausas, es que todavía me duele. Que hay noches en las que me despierto con sudor frío, recordando olores, manos, voces. Que aún me da miedo ser juzgado, que la homofobia que respiré de niño a veces se disfraza en mi cabeza con preguntas que no me merezco. Que todavía, en silencio, me culpo por aquel momento en el que sentí placer en medio del horror. Lo cargo aunque sepa racionalmente que no era mi culpa. Lo cargo y lo resignifico cada vez que pongo mi voz para que otro niño no lo viva.

Hoy mi vida es otra. Soy esposo, soy padre. Tengo en casa la oportunidad diaria de romper la cadena. Cuando abrazo a mis hijos, siento que abrazo también al niño que fui. Cuando me siento a la mesa y los escucho contar sus historias, pienso en todas las veces que yo quise hablar y nadie quiso escucharme. Ésa es mi victoria: estar presente. Que ellos me miren y me encuentren ahí, sin desaparecer, sin esconderme.

El éxito para mí ya no es tener títulos, ni aplausos, ni reconocimientos. Es dormir con la conciencia tranquila de haber hecho algo para que un niño más se salve, para que una niña no se quede sola con su miedo. Es vivir con calma, aunque la herida siga ahí. Es respirar hondo en una clase de prevención, mirar a los asistentes y sentir que mi voz no sólo tiembla: también construye.

He aprendido que el dolor no se borra, se transforma. Que resignificar no es olvidar, sino tomar esa piedra que me aplastaba y convertirla en cimiento. Por eso, cada día, cuando me levanto antes de que amanezca, me repito en silencio: "Esto es por ellos, esto es por ti." Y salgo, otra vez, a dar la batalla que no quiero que otros niños tengan que pelear.

Te nombro con la voz entera porque hay nombres que son llave y luz. Te nombro desde el borde del bosque donde una vez nos perdimos, ése que aprendimos a llamar Amurat —palabra rota, espejo invertido de una herida antigua—, con sus troncos marcados de hilo grueso, costuras mal cerradas, mapas falsos que prometían salidas y devolvían siempre al mismo laberinto de reflejos rotos. Te nombro porque saliste. Porque nadie sale de un bosque así sin aprender el movimiento de la noche, sin condecorarse con el lodo, sin dejar parte del miedo prendido en las ramas más altas. Y sin embargo, saliste.

Saliste y, cosa asombrosa, volviste. Volviste no para quedarte atrapado de nuevo, sino para pararte en la puerta como un guerrero implacable que comprende que la implacabilidad verdadera es siempre a favor de la vida. Pusiste señales donde antes había espejismos. Construiste, con madera limpia, una pasarela por encima del pantano donde tantos pies de niño se hunden sin ruido. Aprendiste la música de las raíces para oír, a distancia, cuando una risa se corta en seco. Te hiciste guardián del umbral con la mansedumbre del río y la firmeza de la roca.

Te honro, Lalo. Te honro por la delicadeza con la que has entendido que un niño no necesita más espadas, sino manos que sepan distinguir el temblor del miedo y el temblor del frío. Te he visto revisar el aire, olfatear como un ciervo la dirección del peligro. He visto tus ojos volverse faros cuando una historia empieza a quebrarse y el relato cojea, y tu voz —que aprendió a no gritarse a sí misma— decir con una claridad nueva: "Por aquí no."

Hay guerras que se ganan retirando minas, no levantando banderas. Tú haces eso: desactivas silencios. En el claro donde antes anidaban las alimañas de la vergüenza, plantaste bancas. Las pintaste de un color imposible —ése que aparece sólo después de la lluvia cuando el barro huele a pan tierno—, y sentaste allí a los fantasmas para preguntarles su nombre. No se puede cuidar lo que no se nombra, me dijiste una vez sin decirlo, sólo con la forma en que sellaste un agujero en el suelo. Yo entendí.

Yo, Dafna, que intento traducir mis cicatrices en puentes, te digo: tu regreso al umbral del bosque del Amurat es un acto de belleza radical. No regresas para dramatizar la herida, regresas para cancelar la entrada. He visto los mapas que dibujas en la tierra con una vara de jacaranda, marcas los suelos blandos, los pozos, la trampa de las voces que prometen amor a cambio de silencio. He visto cómo invitas a los adultos a mirar contigo sin apartar la frente, a volverse columna y refugio; pero, sobre todo, he visto cómo te pones a la altura de los niños, no para hablarles desde arriba, sino para que tu sombra no los tape.

No negocias con la mentira. No confundes el perdón con la amnesia. Levantas la palma abierta y detienes el paso de la farsa. En tu gesto cabe una escuela entera de humanidad: cuidar sin miedo; nombrar sin crueldad; proteger sin convertirte en aquello que te hirió.

Te agradezco las antorchas que prendes en los senderos para que ningun adulto confunda su trato y mande de golpe seco y sin avisar, en un grito ahogado, a ningun otro niño al bosque del Amurat.

PERUVIAN ZOMBIE

♪ "Mala Vibra", *Atento*, 2013, de Laguna Pai

Siempre me he preguntado si uno nace con la rabia metida en la sangre o si esa mierda se te va pegando como el polvo de la calle, como ese tizne que queda en las manos después de manejar la moto. Yo nací en Lima, pero mi historia empieza en la sierra, porque de ahí venía mi viejo, de esos pueblos donde el frío te corta la piel y el aire es tan delgado que parece que estuvieras tragando vidrio cada vez que respiras. Mi viejo era serrano, carajo, y con honor lo digo, él siempre estuvo orgulloso de su origen, aunque a él le costó media vida sacudirse que la gente en Lima lo llamaran "cholo", aunque realmente no le importaba, le gustaba de dónde venía, no quería ser menos que nadie, y por eso creció con la rabia en los huesos. Trabajó para darnos un buen hogar, educación, una buena casa y que nunca nos faltara nada, ni comida, ni ropa, ni nada que necesitáramos, con esa rabia que después se convirtió en gritos, en golpes, en órdenes que no admitían réplica.

Me contaba que de *chibolo* se levantaba antes de que amaneciera para ir a pastar a los animales, que el frío le rajaba los labios hasta sangrar, que su mamá le daba una sopa rala con papa y un pedazo de queso duro y con eso aguantaba todo el día. La casa de mis abuelos era de adobe, siempre invertían lo que ganaban en cuidarla y que fuera un hogar amoroso para sus hijos. En la sierra no hay tiempo para ternuras, eso aprendió él. Allá los hombres no lloran, no se quejan, no se abrazan, sólo trabajan y obedecen, y así mi viejo se formó, obedeciendo y aguantando. Su viejo, o sea mi abuelo, con su mujer, era de esos que gritaba más de lo que hablaba, de esos que con la mirada ya te cagaban de miedo, y mi abuela parecía que se desquitaba con sus hijos. Así creció mi viejo: viendo que el amor se daba con respeto y disciplina.

A los quince años se vino a Lima, con una maleta vieja que olía a lana mojada y un poco de dinero que estuvo ahorrando. Me imagino su cara bajando del camión, viendo por primera vez esos edificios que parecían montañas de cemento, esas avenidas donde los carros no paraban nunca, ese mar gris que no tiene nada que ver con los ríos transparentes de la sierra. Trabajó de lo que fuera: chofer de camiones, y se enlistó en el ejército. Y aunque nunca me lo dijo así, yo sé que lo que más le dolía era que la gente lo mirara como si fuera basura, como si ser serrano fuera una enfermedad, pero después, terminaba por darle igual.

De mi mamá la historia era distinta. Ella era limeña, de una familia más tranquila, sin tanta carencia. Tenía hermanos que la cuidaban, un padre que, aunque murió joven, le dejó cierta estabilidad, y una madre que mandaba en la casa. Mi abuela materna era brava, de esas que con una sola palabra ponían orden, y mi abuelo era más tranquilo, más de hacerle caso. Así que mi vieja creció entre cuidados, protegida, con la idea de que ser mujer no era condena, que podía mandar, que podía decidir. Por eso cuando conoció a mi viejo fue como mezclar agua y aceite, ella con su mundo de cierta libertad y él con su mochila llena de machismo serrano.

Se conocieron en un restaurante, ella trabajaba de mesera, como en esas historias que parecen de novela, se cruzó con mi papá y él la persiguió hasta convencerla. No hubo flores ni poemas, lo que hubo fue insistencia, terquedad serrana, hasta que ella se enamoró. Mi papá dejó a la novia de su pueblo y todo empezó.

En la casa el que mandaba era él. Si decía: "Cállate", había que callarse. Si decía: "Quiero comida", mi mamá dejaba lo que fuera y cocinaba. Yo crecí viendo cómo mi mamá, que era respondona, se iba apagando de a poquito. Él la quería, no digo que no, porque yo sí lo vi enamorado, pero la quería a su manera, como quien quiere algo que es suyo, algo que le pertenece. Y cuando ella le respondía, él explotaba, y la violencia se metía en la casa como un invitado indeseado que se queda a dormir.

Yo nací después de varios intentos fallidos de mis viejos por tener hijos. Antes que yo hubo pérdidas, abortos espontáneos, silencios dolorosos. Por eso cuando llegué fui como una especie de milagro, pero no por eso tuve trato distinto. Crecí con dos hermanas más, y las tres fuimos mujeres en una casa donde el sueño de mi viejo era tener un varón. Siempre decía que quería un hijo hombre, y como no le llegó, me cargó a mí con esa etiqueta: "Ella es mi hijo varón", decía por cómo yo me portaba. Me gustaba estar entre niños, me escapaba escuchando a lo lejos, desde la casa: "No seas *machona*."

Por donde yo vivía era todo muy aburrido, casas bonitas pero sin mucho sabor, el barrio de enfrente, donde solía escaparme, olía a fritanga, las calles eran peatonales, entraban pocos carros y había mucho espacio para jugar. La bulla era constante: los niños jugando pelota en la pista, los perros peleándose por un hueso. Así era mi mundo, un mundo vivo.

En ese ambiente crecí rebelde. Mis hermanas eran más calladas, más obedientes, se quedaban quietas cuando mi viejo gritaba, pero yo no. Yo lo enfrentaba, le respondía, me paraba firme, aunque me temblaran las piernas. Y él se sacaba el ancho conmigo, me gritaba, me golpeaba, me decía que yo tenía que aprender a ser mujer, que me estaba malogrando. Yo no entendía nada, sólo sabía que no quería ser como mi mamá, que no quería callar, que no quería agachar la cabeza.

En casa la historia era otra. Mi papá llegaba cansado, regresó a trabajar en los transportes, llevaba materiales de construccion a las provincias para construir carreteras. Mi mamá lo calmaba, le servía la comida, lo cuidaba. Y yo la miraba con rabia, con ganas de decirle que no se dejara, que no le cocinara, que no lo atendiera, pero me quedaba callada porque sabía que cualquier palabra podía desatar un infierno.

Yo aprendí desde temprano que en la vida hay que resistir. Resistir el frío de la sierra que me contaba mi viejo, resistir los gritos de la casa, resistir las burlas del barrio, resistir la idea de que ser mujer era ser menos. Y en esa resistencia me fui formando, con cicatrices invisibles, con heridas que todavía sangran cuando las nombro.

Por su violencia, yo bloqueba todo tipo de ternura. Con él las palabras eran órdenes, eran como golpes disfrazados de frases cortas: "Levántate", "cállate", "obedece". Ésa era su manera de comunicarse. Y cuando de vez en cuando se le escapaba un gesto más suave, como darme un pan con mantequilla o sentarse a mirar la tele conmigo, me quedaba desconcertada, sin saber si sonreír o esconderme. Porque de él uno nunca sabía si venía el cariño o el golpe.

De chiquita escuchaba las historias de la sierra como si fueran cuentos, aunque en realidad eran pesadillas. Me hablaba de los amaneceres helados, de cómo tenía que salir con las manos metidas en un costal para no congelarse los dedos, cuando se iba al corral y encontraba a las ovejas con la lana blanca cubierta de escarcha. El cielo de la sierra, decía él, es de un azul que no existe en Lima, un azul que parece inventado por Dios sólo para esos cerros. Pero ese azul no calentaba, simplemente te recordaba lo solo que estabas entre montañas gigantes que no te abrazaban, que más bien te aplastaban con su silencio.

Yo me imaginaba a mi papá, flaco, con los pantalones cortos de tanto remiendo, corriendo detrás de los animales, aguantando hambre, soñando con un pan entero que nunca llegaba. Y tal vez por eso, cuando lo veía gastar en buena comida, entendía que en su cabeza la abundancia era un milagro que no podía desperdiciarse.

Lima, en cambio, era puro ruido, puro humo. Recuerdo que de niña miraba las combis llenas hasta reventar, los cobradores colgados de la puerta gritando: "¡Sube, sube, avanza!", y yo sentía que la ciudad entera era como una pelea constante. Todo era empujón, grito, bulla. Y aprendí a hablar fuerte, a pararme en la pista como si la ciudad me perteneciera, a mirar a la gente de frente, aunque por dentro me muriera de miedo.

Yo no sé en qué momento dejé de ser *chibola* y empecé a mirarme al espejo con odio. Tal vez fue cuando ese *huevón* del cole me dijo en la cara que estaba ancha de los hombros. Yo jugaba vóley, tenía los hombros anchos, el cuerpo fuerte, nada fuera de lo normal. Desde ese día empecé a pensar que mi cuerpo era mi enemigo.

Al comienzo fue chiquito, ya pues, sacarle la grasa al arroz, no comer pan en el desayuno, tomar sólo agua. Pero luego se volvió obsesión. Miraba la comida como si fuera veneno. Me empezaba a marear en el cole, pero igual me aguantaba. Bajé de peso rápido, y cuando me vi en el espejo, con los huesos más marcados, pensé que por fin estaba haciendo algo bien. Nadie me lo celebró, pero yo sola me decía: "Ya ves, ahora sí sirves para algo."

Mi viejo, claro, ni enterado. Para él, que yo no comiera era falta de respeto. En su cabeza serrana, desperdiciar comida era pecado mortal. Cuando se dio cuenta que vomitaba, no me preguntó por qué, no trató de entender, nada. Sólo me metió un golpe que todavía me arde en la memoria. "¡Con lo mucho que cuesta la comida y tú botándola, carajo!" Eso me gritó. Y yo no lloré, porque ya estaba acostumbrada a que llorar era darle la razón. Pero por dentro, me rompí más.

La bulimia llegó como una trampa disfrazada de alivio. Yo decía: "Ya, puedo comer lo que quiera y después lo boto, listo." Pero era un infierno. Tenía escondidas bolsas en mi cuarto, el olor me delataba, y mi vieja me rogaba que comiera. Ella cocinaba con tanto amor, y yo renegaba, le tiraba el plato, gritaba como loca. Y después me odiaba por hacerla llorar. Ésa es la peor mierda de la enfermedad: no sólo te destruye a ti, destruye a los que te aman.

El barrio no ayudaba. Ahí todos opinan de tu cuerpo, todos te miden con los ojos, todos tienen algo que decir: "Oye, estás bien rica", "oye, estás gorda", "oye, estás muy flaca". Nunca está bien. Nunca es suficiente. Yo pasaba por la bodega de la esquina y escuchaba los comentarios, quería desaparecer. No había espacio dónde sentirme tranquila. Ni en mi casa, ni en el colegio, ni en la calle.

Y como si no fuera suficiente, en mi casa la violencia seguía. Mi papá, con su carácter de hierro, con su machismo heredado, no entendía nada de lo que yo estaba pasando. Para él, yo era la rebelde, la malcriada, la que no obedecía. Mis hermanas se callaban, aguantaban. Yo no. Yo me paraba, le gritaba, me enfrentaba. Y por eso me caían los golpes más fuertes. Pero, aunque me doliera el cuerpo, sentía que algo en mí no se iba a quebrar. Que yo no iba a ser como mi mamá, callada, soportando todo en silencio.

Cuando me enfermaba de anorexia y botaba la comida, lo que él veía no era mi dolor sino la traición a todos esos años de hambre que lo habían formado. Y ahí entendí, tarde, por qué me gritaba tanto, por qué me pegó cuando me descubrió vomitando: no porque quisiera curarme, sino porque en su lógica serrana, estaba insultando al hambre que él había cargado de niño.

Terminando la escuela, me llamaron mucho la atención las artes marciales. Trabajé en una editorial y como asistente de dentista para pagar a escondidas la cuota de gimnasio, comencé con judo, después jiu-jitso. Y de ahí, sin yo esperarlo ni planearlo, me invitaron a pelear en MMA. Sin saber todavía pelear bien, la adrenalina me impulsaba a cada golpe. Me hizo enamorarme de la disciplina, esa disciplina que me ayudó de poco en poco a salir de la depresión que me orillaba a lastimarme, a vomitar, a dejar de comer, a cortarme, todo con la necesidad de sentir mas allá de los golpes de mi padre.

El gimnasio… cómo explicarlo. No era un gimnasio de lujo, era un *galpón de calamina*, con sacos rotos rellenos de arena, con guantes parchados con cinta adhesiva, con un ring que parecía que se iba a caer de lo viejo. Pero para mí ese lugar era como una iglesia. Entrar ahí era sentir que todos mis miedos podían convertirse en fuerza. El aire olía a sudor rancio, a linimento barato que los luchadores se untaban en los músculos, a cuero viejo de guantes usados por veinte manos distintas. El piso estaba siempre polvoriento, las paredes descascaradas llenas de pósters viejos de campeones que nadie conocía en el barrio pero que ahí eran dioses.

Los entrenadores eran tipos rudos, de voz ronca por tanto cigarro, que te gritaban: "¡Más rápido, carajo, más fuerte, no seas floja!" Y yo, con los pequeños puños envueltos en vendas demasiado grandes, sentía que cada golpe al saco era una forma de decirle a mi viejo: "No me vas a callar."

El ring tenía su propia magia. Las cuerdas estaban gastadas, ásperas, te quemaban la piel cuando te empujaban contra ellas. Subir ahí era como entrar a otro mundo, ahí no importaba si eras mujer, si eras *chola*, si venías de la sierra o de la capital. Ahí lo único que valía era cuánto aguantabas, cuánto devolvías. Yo subía al ring temblando, con miedo, pero apenas sonaba la campana, todo desaparecía. Sólo existía el otro, mis puños y el eco de mi respiración.

Mientras mis hermanas se quedaban en casa ayudando a mi mamá, yo me escapaba a entrenar. Ellas eran delicadas, femeninas, de voz baja. Yo era todo lo contrario. Mi papá me miraba y me decía: "Tú debiste ser hombre." Y yo, en vez de ofenderme, lo asumía como un reto, como una condena que tenía que cargar. Era su "hijo varón", aunque por dentro me doliera que nunca me dijera simplemente: "Mi hija."

Las noches en mi casa eran tensas. Bastaba que mi papá llegara de mal humor para que todos nos quedáramos en silencio. El sonido de sus zapatos contra el piso ya era suficiente para que supiéramos cómo iba a estar el ambiente. Si llegaba hablando, había chance de que la cena pasara tranquila. Si llegaba callado, sabíamos que algo iba a explotar. Mi mamá hacía todo lo posible por mantener la calma: servía la comida caliente, ponía la música bajito, trataba de bromear. A veces funcionaba, a veces no. Y cuando no, los gritos atravesaban las paredes, los vecinos escuchaban y yo me paraba firme al lado de mi mamá, dispuesta a recibir los golpes si era necesario.

Nunca supe de caricias de padre. Lo que supe fue de empujones, de correazos, de esa mirada que te hace sentir que no vales nada. Pero también supe de su forma rara de amar: dándome lo que necesitara, dándome un beso rápido en la frente cuando estaba dormida. Ése era mi papá, un hombre roto que sólo sabía querer a su manera, con la dureza de la sierra metida hasta en los huesos.

Yo crecí entre esas contradicciones: la ternura escondida y la violencia evidente, la madre que amaba en silencio y el padre que gritaba su amor con golpes. Y yo, en medio, aprendiendo a sobrevivir, a resistir, a no dejar que me quebraran.

Mi mamá siempre estaba en la cocina. Era su trinchera y su refugio. Desde la mañana se escuchaba el chisporroteo de la sartén, el golpeteo de la cuchara de palo contra la olla, el olor a ajo dorándose que se metía por todas las rendijas de la casa. Yo aprendí a reconocer el estado de ánimo de mi mamá por la comida: si hacía caldo de gallina era porque alguien estaba enfermo o triste, si hacía ají de gallina era porque quería vernos contentos, si sacaba su olla grande para preparar arroz con pollo era porque esperaba visitas. Cocinaba con un amor que pocas veces ponía en palabras, pero que se sentía en cada plato servido, en cada: "Come, hijita, come, que estás flaca."

Mis hermanas eran distintas a mí. Ellas sabían bordar, sabían peinarse bonito, sabían sentarse derechas y hablar en voz baja. Yo, en cambio, siempre con las rodillas raspadas, con el pelo enredado de tanto correr, con la voz fuerte que mi papá odiaba porque decía que parecía hombre. A veces las veía y me preguntaba si yo estaba rota, si había algo malo en mí por no ser como ellas. Soñaba con escapar, con ser alguien más. Cuando veía las peleas de MMA en la televisión de mi casa, sentía que ése podía ser mi camino. Ver a esas mujeres, pocas pero feroces, subirse al ring y aguantar cada golpe, me hacía pensar que yo también podía. Que no importaba si mi papá me decía *machona*, si mis hermanas me miraban raro, si en la escuela me molestaban. Ahí, arriba de un ring, yo podía ser quien era de verdad.

Me acuerdo clarito de una noche. Él llegó molesto, no sé por qué. Mi vieja trató de calmarlo, pero ya estaba tomado. Le levantó la mano a ella y yo me paré en medio. Tenía catorce años, chiquilla todavía, pero con un fuego adentro que me quemaba. Le grité: "¡Ya no le pegues, carajo!" Él volteó y me dio un manazo que me tumbó al piso. Me dolió todo, pero más me dolió ver a mi mamá llorando, rogándome que no lo provocara. Ese día entendí que en mi casa nadie me iba a salvar, que yo tenía que salvarme sola.

Y ahí fue donde el gimnasio se volvió más que un escape. Era mi refugio, mi lugar secreto, mi espacio donde podía soltar toda la rabia. Los sacos viejos recibían mis puñetes como si fueran la cara de mi viejo, como si fueran todos los insultos que había escuchado en la calle. El sudor me limpiaba, las vendas apretadas en mis manos me hacían sentir armada. Subirme al ring era lo único que me hacía sentir viva, fuerte, capaz.

Pero no crean que en el gimnasio todo era color de rosa. No, hermano. Ahí también había machismo. Los *patas* se reían porque yo era mujer: "Esta *chibola* no aguanta ni un round", decían. Pero yo me paraba, tragaba mi miedo, y aguantaba. Me daban de golpes, claro, me dejaban la cara morada, las costillas adoloridas, pero yo seguía. Porque cada golpe que me daban era como un recordatorio de que podía resistir más de lo que pensaba.

En el colegio la cosa era distinta. Ahí me ponía la máscara de alumna aplicada. Sacaba buenas notas, era competitiva, quería demostrar que no era menos que nadie. Pero por dentro estaba rota. Pasaba horas mirando el techo, sin ganas de levantarme. La depresión se metió en mí como una sombra silenciosa. Yo quería desaparecer, quería que todo se acabara. Y empecé a coquetear con la idea de la muerte. A los quince años ya pensaba que lo mejor sería matarme. Y esa idea me acompañó como un fantasma durante mucho tiempo.

Lo más jodido era que nadie entendía. Ni los médicos, ni los psicólogos. Iba a terapia y me daban pastillas: "Tómate esto para dormir, tómate esto para la ansiedad." Pero yo no quería pastillas. Yo quería que alguien me escuchara de verdad. Que alguien me mirara a los ojos y me dijera: "Te entiendo, no estás sola." Pero eso nunca llegó. Y yo me fui hundiendo más.

Hasta que un día exploté. Discutí con mi viejo, me encerré en el cuarto con cuchillos, con pastillas, con todo lo que pudiera hacerme daño. Mis tías tuvieron que romper la puerta para salvarme. Y en ese momento vi a mi mamá llorando como nunca. Esa imagen se me quedó grabada: ella de rodillas, rogando que no me matara, que no la dejara sola. Y ahí, aunque no me curé, supe que todavía no era mi hora.

El primer amor llegó como un golpe disfrazado de caricia. Yo pensaba que por fin alguien me iba a querer como yo necesitaba, que me iba a mirar más allá de los huesos, de las notas del colegio, de la hija rebelde que no encajaba en su casa. Pero no. Me equivoqué. A los diecisiete conocí a un *pata* que parecía diferente: tranquilo, deportista también, con esa pinta de que no le hacía daño a nadie. Y ahí me fui de cara.

Al comienzo todo era bonito, esas *huevadas* de enamorados: mensajitos, llamadas hasta quedarnos dormidos, caminatas agarrados de la mano como si el mundo fuera nuestro. Yo creía que había encontrado un refugio. Pero la luna de miel se acabó rápido. Empezaron los celos, las comparaciones, las críticas escondidas en palabras suaves: "No deberías entrenar tanto, te vas a poner fea." "Mira cómo te vistes, parece que quisieras llamar la atención." Cosas así, que parecen pequeñas, pero que van entrando como veneno en la sangre.

Y yo, que venía de aguantar gritos y golpes en mi casa, no reconocí las señales. Pensé que eso era normal, que así era el amor.

Porque en mi cabeza el amor estaba ligado al dolor. Así lo había visto en mis viejos: se querían, sí, pero se destruían también. Entonces, cuando él me decía: "Eres una mediocre, nunca vas a lograr nada", yo lo aceptaba como si fuera verdad. Y lo peor: me lo creía.

A veces, cuando discutíamos, él se iba, me dejaba hablando sola. Esa *huevada* me volvía loca. Yo sentía que me abandonaba, que me dejaba en medio del fuego. Y ahí explotaba. Una vez le tiré una piedra, pensando que no le iba a dar. Pero sí le dio. Y él me denunció. Y ahora, con los años, digo: menos mal lo hizo. Porque si no, yo nunca hubiera parado. La violencia que recibí de mi viejo se estaba convirtiendo en la violencia que yo daba. Ésa fue mi alarma.

Mientras tanto, el gimnasio seguía siendo mi salvación. Yo llegaba con toda esa mierda en la cabeza y la sacaba a golpes. El ring no me juzgaba, no me gritaba, no me decía que era gorda o inútil. El ring me recibía con las cuerdas gastadas, con los gritos de los entrenadores que no suavizaban nada, pero que al menos me exigían para crecer.

La universidad llegó demasiado pronto. En Perú terminas el cole a los dieciséis y ya tienes que decidir tu vida. Yo no sabía qué mierda quería estudiar. Sólo sabía que quería pelear. Pero en mi casa eso no era opción. Así que me metí a Economía, sin ganas, sólo para cumplir. Y claro, me iba bien porque siempre he sido competitiva, pero por dentro me estaba pudriendo. Me levantaba sin motivación, sin ganas de nada. Y mientras más perdida me sentía, más recaía en mi depresión.

En medio de todo eso, mi viejo seguía siendo un muro contra el que me estrellaba todos los días. Él quería que yo fuera femenina, delicada, obediente. Y yo era todo lo contrario. Cuando se cansaba de gritarme, me botaba de la casa. Varias veces me vi en la calle, con mis cosas en una bolsa, sin saber a dónde ir. Pero siempre regresaba, porque al final era mi casa; como fuera, yo amaba a mi viejo, era mi familia, era donde estaba mi vieja. Y aunque la veía sufrir, también la veía resistir. Y yo no podía abandonarla.

La rabia me seguía creciendo por dentro. Y cada vez que entrenaba, cada vez que peleaba, sentía que esa rabia se transformaba en fuerza. No era sólo deporte, era terapia, era sobrevivencia. La lucha y las artes marciales MMA me salvaron más veces de las que puedo contar. Porque cuando quería morirme, recordaba que tenía una pelea pendiente. Y no podía irme sin dar esa pelea.

Así fue mi adolescencia: un campo de batalla constante. Entre mi cuerpo que se desmoronaba, mi mente que me jugaba en contra, mi viejo que no entendía nada, y un amor que me hacía más daño que bien. Pero en medio de todo eso, ahí estaba yo, en el ring, con las manos vendadas y el corazón ardiendo, probando que todavía estaba viva.

Siempre digo que la primera vez que crucé a México fue como si la vida me diera un respiro, un cachito de aire después de tanta asfixia. En Perú ya me sentía atrapada entre mi viejo con su carácter de hierro, mis hermanas que preferían mirar para otro lado, y mi vieja que cargaba su enfermedad en silencio. Yo necesitaba escapar. Y la lucha, otra vez, fue mi boleto de salida.

Me vine primero a la capital, a Ciudad de México, porque había escuchado que ahí el nivel era otro. Y no me equivoqué. El olor a gimnasio era el mismo: sudor, guantes viejos, cuerdas que chillaban cuando subías al ring. Pero la vibra era distinta. En México la gente peleaba con el corazón en la mano, con hambre de gloria, con la vida entera colgando de cada golpe. Yo me sentí en casa.

Unos *patas* del gimnasio me dijeron: "Oye, deberías irte a Guadalajara, allá hay un team fuerte, varios peleadores que ya están en UFC." Y yo, que siempre he sido arriesgada, agarré mis cosas y me fui. Y ahí fue cuando conocí a la gente que me cambió la vida. Les gustó mi *grappling*, mi jiu-jitsu, mi forma de entrenar. Me dijeron: "Quédate, pues, quédate a entrenar con nosotros." Yo no lo pensé dos veces.

Llamé a mi viejo, ya resignado después de tantas discusiones y le dije: "Pa, me voy a quedar más tiempo." Y él, que antes me botaba por querer pelear, me sorprendió: "Ya, hijita, quédate, allá te va a ir mejor." Yo me quedé en shock. Ese hombre que tantas veces me había dicho que era una mediocre, ahora me estaba dando permiso de seguir mi sueño. Tal vez porque sabía que ya no podía detenerme, o tal vez porque en el fondo estaba orgulloso, aunque nunca lo decía.

Pero la alegría nunca dura mucho. Mientras yo entrenaba, mi mamá empeoraba. La fibrosis pulmonar le estaba comiendo la vida de a poquito. Y yo acá, peleando, juntando plata como podía, mandando todo lo que ganaba para su tratamiento. No me compraba ni zapatillas, las mías estaban rotas, pegadas con cinta. Pero a mí qué me importaba. Todo era para ella. Yo sentía que la pelea más importante no era la mía en el ring, era la suya en el hospital.

Como si la vida quisiera probarme, me empezaron a pasar accidentes seguidos. Primero la neumonía, que casi me mata, me bajó la saturación, sentía que me ahogaba, que el aire se me escapaba de las manos. Luego el choque en la moto, directo contra una pared, el casco reventado, media hora inconsciente. Cuando desperté, no tenía nada roto. El doctor me miró como si fuera un milagro.

Las cosas con mi mamá no estaban mejor, justo cuando parecía que iba a mejorar, una infección la tumbó. Y después la neumonía. Ya no hubo vuelta atrás y viajé a Perú. Todavía me acuerdo de ese día como si fuera hoy: las palomas blancas rodeando la casa, el teléfono sonando, mi corazón negándose a escuchar. Y la noticia cayendo como un golpe directo a la mandíbula: tu mamá ha muerto.

Yo no quería creerlo. Cociné caldo de gallina, como ella hacía cuando había visitas, como si de alguna manera así la trajera de vuelta. Pero no volvió. Y me tocó hacer lo más duro: reconocer su cuerpo, maquillarla para que se viera tranquila, cargar el peso de toda esa despedida. Yo, que siempre quise ser la fuerte, me quebré por dentro.

Desde entonces, la culpa se me quedó pegada como sudor, pensaba: "¿Y si no me hubiera ido? ¿Y si hubiera estado ahí para cuidarla? ¿Y si no hubiera escogido México?" Esos "y si" me persiguen todavía. Mis hermanas dicen que no, que igual hubiera pasado. Pero yo no puedo evitarlo. Siento que la dejé sola.

Pensé: "¿Por qué carajo sigo viva?", me lo pregunté tantas veces. Con las pastillas, con los cuchillos, con los golpes de mi viejo, con las piedras que yo misma lanzaba contra otros, con las depresiones que me jalaban al fondo. Siempre había una fuerza invisible que me decía: "Todavía no, todavía no es tu hora." Y yo, que no soy tan creyente, empecé a pensar que de repente sí había alguien cuidándome. Mi mamá, mi abuela, la Virgencita de Guadalupe que ella tanto amaba.

Una vez soñé con ella. Yo sabía que estaba muerta, pero ahí estaba, sonriendo, llamándome. Le dije lo único que me pesaba: "Te quiero mucho." Y desperté llorando, pero con un poquito de paz. Porque aunque no lo hubiera escuchado en vida tantas veces, yo sentía que en ese sueño ella sí me había oído.

Después de todo eso, algo cambió en mí. Empecé a pensar que tal vez mi vida no era sólo para mí. Que todas esas peleas, todas esas caídas, toda esa rabia y dolor no podían ser en vano.

Porque sí, el ring me salvó a mí, y puede salvar a cualquiera. Si el deporte me levantó cuando yo quería morirme, puede levantar a más. Ésa es mi meta ahora. No sólo pelear para mí, sino pelear por ellas, por ellos. Por mi mamá, que me enseñó la ternura en medio de la tormenta. Por mi viejo, que aunque me rompió tantas veces, al final aprendió a pedir perdón. Y por mí, para no repetir el ciclo, para no quedarme atrapada en el mismo barrio de siempre.

México me adoptó como si fuera un segundo hogar, pero nunca dejó de recordarme que yo era forastera. Al comienzo era difícil: las palabras distintas, la comida demasiado condimentada para mi estómago acostumbrado al ají peruano, las calles de Guadalajara que no se parecían en nada a los cerros de Lima ni al ruido de la Victoria donde crecí. Pero al mismo tiempo, sentía que había llegado al lugar correcto.

El gimnasio se volvió mi casa. El olor a guantes, el eco de las cuerdas saltando, los gritos de los profes mezclados con la música que tronaba desde un parlante malogrado, todo eso me recordaba que estaba viva. Era un espacio donde nadie me preguntaba por mi pasado, donde no importaba si venía de la sierra, del Perú, de un hogar violento. Sólo importaba si aguantaba la chamba. Y yo aguantaba, pues.

A veces, cuando estaba entrenando fuerte, me venía la imagen de mi mamá sentada en la cocina, pelando papas para un caldo de gallina, su respiración agitada por la fibrosis. Yo cerraba los ojos un segundo y sentía que peleaba por ella. Cada vez que me dolía un golpe, pensaba: "Este dolor no es nada comparado con el que ella aguantó todos esos años." Y eso me daba fuerza.

Mi papá y yo empezamos a hablar más. Con la muerte de mi mamá, algo en él se rompió. Lo vi llorar como nunca, lo vi pedir perdón con la voz entrecortada. Y yo, que tanto lo había odiado, que tantas veces había pensado en golpearlo, de pronto lo vi como un hombre asustado de quedarse solo. Y lo abracé. No fue fácil, claro. A veces todavía nos peleamos, porque su machismo sigue ahí, aunque más suave. Pero aprendí a poner límites. Y él aprendió a no levantar la mano. Eso ya es ganancia.

Guadalajara me dio cosas que en Perú nunca tuve: un público que me reconocía, un equipo que me empujaba, un lugar donde podía soñar en grande. Pero también me puso frente al espejo. Cada pelea era una prueba, no sólo física, sino emocional. Había días en que subía al ring con la cabeza llena de recuerdos: mi mamá en el hospital, mi ex gritándome que me matara, mi viejo diciéndome mediocre. Y yo peleaba contra todos ellos.

Un día, después de ganar una pelea difícil, un niño se me acercó en el gimnasio. Tenía como diez años, flaquito, con la cara llena de moretones. Me dijo: "Yo quiero ser como tú." Yo lo miré y sentí un nudo en la garganta. Le pregunté por qué tenía esos golpes y me contó que su viejo lo reventaba cada vez que llegaba borracho. Yo le puse una mano en el hombro y le dije: "Aquí nadie te va a golpear. Aquí vas a aprender a defenderte."

Ese día me quedó claro que mi misión iba más allá de ganar cinturones. Yo quería abrir un espacio para esos niños, para esas mujeres que, como mi vieja, aguantaban violencia calladas. Un lugar donde pudieran sacar su rabia sin miedo, donde aprendieran que su cuerpo no era para ser golpeado sino para defenderse.

Empecé a escribir el proyecto de una fundación. No tengo plata, pero tengo la experiencia, tengo la garra y tengo la historia que pesa más que cualquier título universitario. Quiero que mi fundación sea un refugio, un ring abierto donde nadie se sienta débil. Porque si yo pude salir del hueco, cualquiera puede, siempre que tenga una cuerda a la cual agarrarse.

A veces, cuando me siento sola en este país, cierro los ojos y escucho la voz de mi mamá diciéndome: "Mi negrita, tú puedes con todo." Esa frase me levanta más que cualquier medicina, más que cualquier entrenador gritándome: "¡Dale, carajo!" Y me la repito antes de cada pelea, antes de cada decisión difícil.

Sé que todavía arrastro culpas, que todavía me cuesta mirarme al espejo y decir: "Estás bien." Pero también sé que no soy la misma *chibola* que se quería morir a los quince. Ahora estoy aquí, en México, construyendo algo más grande que yo. Y aunque la tristeza me visite de vez en cuando, ya no me tumba como antes. Porque aprendí que no estoy sola, tengo la memoria de mi madre, la reconciliación con mi padre, los sueños de esos niños que me miran como ejemplo.

Y por primera vez en mi vida, siento que todo lo que viví —la violencia, la anorexia, los golpes, la muerte, los accidentes— no fue para destruirme, sino para prepararme. Para pelear, sí, pero sobre todo para enseñar a otros a pelear su propia batalla.

Cuando decidí quedarme en México no pensé en grande, la verdad. Mi meta era pelear, entrenar, ganarme unos pesos y mandar plata pa' mi mamá y mi viejo. Pero la vida me fue jalando hacia otro camino. El día que ese *chibolo* me dijo: "Quiero ser como tú", sentí que algo se me movía por dentro. No era vanidad, no era ego. Era responsabilidad.

En los circuitos se me conoce como la "Peruvian Zombie". No es por morirme y resucitar, no, es porque en cada pelea me levanto del suelo cuantas veces haga falta, con esa perseverancia que tengo grabada en los huesos. En el pro MMA cargo un récord de 1260 y soy la numero 1 pound-for-pound femenina en Perú, en una zona donde muchas olvidan que las mujeres también pueden pegar fuerte y soñar alto.

Mi guardia es diestra, mi estilo es mezclar jiu-jitsu y puños como si fueran poemas y agresión al mismo tiempo. Me paro en la jaula con la altura de 1.70 m, peso mosca (125 lb) y pongo el nombre del barrio en cada respiración. He peleado en eventos como Invicta FC, LFA, PFL, y gané el cinturón vacante de peso mosca en Fusion FC al vencer a Gabriela Campo por decisión unánime.

A veces, cuando me ven entrenar, piensan que lo hago por fama, pero el escenario es testigo de mi verdadera motivación. Ahí se ven las migajas de mi miedo, las cicatrices que no se curan, Pero también el fuego que no se apaga, el amor que me motiva a sostener más golpes. Te cuento algo bajito, como a la oreja: no todas las campeonas se cuentan en revistas. Algunas se cuentan en callejones reconectados, en miradas que vuelven a creer, en una madre que te vio llorar y te dijo: "No lo calles, nunca te calles. Te quiero mucho." Esa frase se me coló tan adentro que hoy doy golpes para que nunca dejen de sonar.

He aprendido que la vida no se gana por puntos, no se gana por decisión unánime ni dividida. La vida se gana todos los días en silencio, cuando uno elige seguir, cuando uno se para con las rodillas reventadas y el corazón hecho trizas y aún así dice: "Voy otra vez."

No me sostuve porque fuera invencible. Me sostuve porque me quebré mil veces y siempre hubo alguien —una madre que cocinaba caldo de gallina a las dos de la mañana, una *chibola* que me preguntó cómo no morirme, un perro que me lamió la mano cuando quería cortarla— que me recordó que todavía quedaba algo por hacer.

Y hoy, ese "algo" tiene nombre.

Ése es mi mensaje. Que nadie crea que su herida lo condena. Que nadie piense que la violencia de ayer tiene que repetirse mañana. Que nadie cargue solo con su depresión, con su hambre, con sus ganas de morir.

Yo peleé contra la muerte en cada esquina de mi vida y aquí sigo. Y si yo, una flaca rebelde de barrio, pude convertir el golpe en esperanza, entonces cualquiera puede.

Que lo sepan los que me lean, los que me escuchen, los que alguna vez estuvieron a punto de rendirse: la pelea más importante no es contra el rival de enfrente, es contra esa voz de adentro que te dice que no vales nada. Esa pelea sí se puede ganar.

Verte a ti es como ver un fuego secreto, de esos que alguna vez ardieron en el corazón de las cavernas y hoy alumbran con un resplandor que no se apaga. Te nombro con respeto profundo, porque sé que no llegaste aquí por accidente: antes de cada golpe que ahora lanzas con precisión y belleza, hubo otros golpes que te marcaron la piel, hubo violencia extrema que quiso quebrarte los huesos, hubo sombras que intentaron vaciarte de ti. Y, sin embargo, permaneces.

Lo que verdaderamente admiro no es la técnica ni la victoria en el cuadrilátero, sino la claridad de tu propósito: quieres enseñar a mujeres y a niños que sus cuerpos son dignos de protección, que sus brazos pueden ser refugio, que su fuerza no es vergüenza sino memoria. De tu pasado no has hecho ruina, sino fundamento. Has tomado el polvo gris de las culpas y lo has amasado hasta volverlo arcilla con la que modelas dignidad.

Tu alma —lo repito con la certeza de quien lo ha visto— es bellísima. Porque un alma así, luminosa en su herida, puede transformar la violencia recibida en ternura enseñada. Un corazón que conoció la depresión como abismo puede tender ahora la mano con la suavidad de quien sabe lo que significa querer rendirse.

Te miro, hermana, y recuerdo lo que Octavio Paz escribió: "construir sobre el abismo, esa es la tarea". Tú has hecho de ese abismo una plataforma de vuelo. Y aunque la vida intentó convencerte de que estabas hecha para ser víctima, y aunque los hilos del dolor quisieron enredarte hasta inmovilizarte, tu alma se rebeló. Elegiste en qué creencia permanecer: elegiste creer en tu fuerza, en la defensa, en el derecho a existir sin miedo.

Gracias por tu ser, por tu ejemplo, por recordarnos que la oscuridad no es final sino tránsito. Que el Amurat existe, sí, pero también existe la otra orilla. Y en esa orilla tú nos esperas, con los guantes puestos, con el corazón abierto, con la certeza de que toda mujer y todo niño merecen aprender a decir con el cuerpo, con la voz y con la vida: no más.

Sólo libertad y respeto profundo.

pero también existe la otra orilla. Y en esa orilla tú nos esperas, con los guantes puestos, con el corazón abierto, con la certeza de que toda mujer y todo niño merecen aprender a decir con el cuerpo, con la voz y con la vida: no más.

LA COMANDANTA

Respiro. Cuento dos veces, después tres, como si cada número fuera una piedra que retiro del pecho para que el aire, tímido y sin saber a quién pertenece, se atreva a entrar. Respiro aquí y ahora, pero la respiración viaja, cruza el valle y trepa el cerro hasta llegar a La Lobera, ese pedazo de tierra pegado a Tequila donde dicen que nací y donde mi madre, con veintisiete años y una viudez temprana, apretó los dientes para no gritar. San Cristóbal de la Barranca queda del otro lado del recuerdo; Zapopan es el presente que me sostiene, pero entre uno y otro hay una frontera hecha de polvo, de leña húmeda y de voces que llamaban desde la cocina y desde el corral.

Mi padre fue asesinado. Lo digo sin ceremonia, como si fuera un dato cívico, pero el dato me tiembla todavía en las manos. No dejó nada —o lo que dejó se lo quedaron otros— y nosotros fuimos un racimo de edades mínimas: dos años yo, un año el siguiente, un año y otro año el resto, como si el tiempo hubiera aprendido a repetirse para llenar la casa de hijos. Mi madre, analfabeta en papel, sabía leer los silencios; escribía, con los nudillos y la espalda, la gramática interminable del trabajo doméstico. La veía salir y entrar de las casas que no eran nuestras, la ropa apilada en altarcitos de tela, el olor a jabón americano, trabajaba allá por la colonia Seattle, y uno aprende muy pronto a medir el amor por su ausencia.

Cuando digo: "Mi abuela Guadalupe", la sala se recompone. La veo: carácter de piedra pulida por el río, ojos que ordenaban más que miraban. En su cama dormí hasta que la muerte, ese dolor de todos, nos partió la casa en dos. En la mitad que se llevó mi abuela quedó mi niñez. En la que me devolvieron, la de mi madre colapsada en obligaciones. Para mí, empezó una especie de adultez sin aviso: ser la cocinera, la que lava, la que regresa de la escuela para que la vida continúe sin que nadie lo note. Entre los trece y los catorce años uno cree que la dignidad es una receta, un puñado de sal, otro de silencio, mezclar y no preguntar.

Hablo en presente, ahora mismo abro una puerta y entra el primo —vecino, pariente, muchacho que nunca aprendió el límite—, y me toma de la muñeca como si el cuerpo fuera un objeto sin nombre. Hablo en pasado: tenía ocho años cuando empezó, y la casa, que siempre había sido mía, dejó de reconocerme. No sé cómo terminaba en sus manos; la mente fabrica niebla para no vivir en la escena todo el tiempo. Sé que se repitió. Sé que un día dije "no" y me respondió con la amenaza perfecta: "Entonces tu hermana." Ella es dos años menor; la palabra hermana se vuelve entonces un muro que yo misma levanto para estrellarme.

Respiro. Respiro como quien necesita hacerlo después de salir de un cuarto sin ventanas. En esas edades todavía no se entiende lo injustificable, sólo se percibe el enojo como un clima. Caminaba descalza, feliz de quitarme los zapatos en cuanto salía de la escuela, el suelo era el único territorio donde era posible sentir libertad. Mis tías practicaban su propia pedagogía del maltrato: humillaciones, regaños, la expulsión como método. Lo demás eran voces desordenadas y manos que imponían su manera de amar.

El primer pretendiente llegó a los catorce. Ahí me desperté. Verme dentro de sus ojos fue como encender la luz en un cuarto arrasado. Comprendí tarde: el cuerpo ya había sido usado por otro. Una culpa ajena, filosa, me hizo pensar que el espejo tenía la razón. Cerré la puerta. No tuve novio. Fui violenta, en respuesta a la violencia, con mis hermanos más grandes y con cualquiera que intentara explicar con palabras limpias lo que era pura mugre moral. Nadie hablaba. Con mi madre era imposible: el matriarcado, la moral agrietada, la imposición de la pudorosa decencia eran otra habitación sin ventanas.

Me aprieto el pecho con la mano —respiro— y recuerdo la parroquia: la disciplina de la misa diaria, la comunión como si de verdad tuviera el poder químico de lavar. Me hice catequista para exhibirme una pureza que no era mía ni de nadie. Conocí a quien sería mi esposo cuando yo tenía diecisiete y él me doblaba casi en vida. No era amor, era un desplazamiento, una forma de no estar sola, un brazo que parecía prometedor cuando en la casa ardían los resentimientos como brasas que nadie, jamás, iba a barrer. Él quería cama antes de boda, yo quería que el blanquísimo de la iglesia me aceptara. Llevaba tatuada, como todos, la palabra "honor", ese adorno para el cuello que asfixia más que embellece.

La noche de bodas fue la consumación de un manual equivocado. Yo esperaba un beso que abriera la puerta de una casa tibia, él abrió una zona de guerra, me abusó siendo su esposa, me rompió la dignidad e hizo conmigo lo que ni en mis peores pesadillas hubiera imaginado, hasta hacerme sangrar. Yo gritaba. Salí de esa primera noche hecha jirones, con escalofríos que me cruzaban la espalda como látigos, y con una vergüenza tan antigua que parecía hereditaria. Volví a casa de mi madre al amanecer siguiente, al verme le dije que había hecho frío. No supe decir otra cosa. Después vinieron las noches en serie, el temblor antes de que cayera el sol, el cuerpo usado como herramienta, el no parar. Me tocó sangrar el embarazo temprano de la primera hija, ni así se detenía, y luego el traslado a la casa nueva. Y sola. En Tequila: casas ajenas, silencio, su adicción creciendo como maleza: cocaína, alcohol, mujeres al mayoreo, una coreografía grotesca que me obligaba a fingir que yo, por ser esposa, tenía que tolerar.

Esa primera noche no fue un episodio aislado sino el prólogo de una rutina sistemática. El cuerpo comenzó a entender el calendario no por los santos del día sino por los hematomas: lunes en la clavícula, miércoles detrás de la oreja, viernes en las costillas, y los domingos —cuando la culpa se ponía saco y corbata— eran plegarias susurradas con los labios partidos. Él tenía la técnica del control aprendida como si alguien se la hubiera dictado: me revisaba el cajón de la ropa interior, contaba los pañuelos, olía los vestidos, me prohibía delinearme los ojos porque, decía, "eso es para las que andan buscando hombre", y si encontraba un cabello más largo en la almohada que no fuera el mío, inventaba un amante para justificar la furia. Me despertaba en la madrugada sólo para verificar si dormía "demasiado tranquila", me empujaba contra la pared a la altura del hombro para que la marca quedara escondida bajo la blusa; me dejaba sin dinero "para que aprendiera"; apagaba la luz del cuarto a mitad de mi llanto como quien cierra una llave de agua. Hablaba poco, pero cuando hablaba era para reducirme: "Cállate", "no sabes", "no serías nada sin mí". Y yo respiraba a intervalos, como quien vive debajo del agua contando hasta diez para no ahogarse.

Una vez, en Tequila, me estampó la espalda contra la esquina de la mesa. Escuché, antes que el dolor, el crujido seco de la madera. Me quedé inmóvil mirando la pared: una hilera de hormigas cruzaba como si nada; pensé, inexplicablemente, que su disciplina era una forma de esperanza. En otra ocasión llegó borracho con ese olor que mezcla azúcar y gasolina, me jaló del cabello hasta el baño y abrió la regadera helada. Me quedé sentada en el piso abrazando mis rodillas mientras el agua me golpeaba la nuca. Él reía. A la mañana siguiente tuve que ir al mercado con la ropa aún húmeda, nadie lo notó: el mundo siempre encuentra una manera de continuar su propia agenda. Hubo días en que, para evitar el golpe, me adelanté a poner el cuerpo de lado, presentar el hombro, no la cara: un aprendizaje torcido, pero aprendizaje al fin.

Embarazada, la violencia cambiaba de ritmo, no de intención. No pegaba "fuerte" —así decía—, pero su mano bastaba para desbaratarme por dentro. Yo dormía con la palma sobre el vientre como si mi mano pudiera ser una tapa. La primera hija nació. Cada noche me convencía de dos cosas que parecían incompatibles: que debía sobrevivir y que debía salir. No sabía cómo todavía, pero empecé a guardar pequeñas monedas en un frasco de café, a doblar dos mudas de ropa de las niñas en el fondo del clóset, a aprender las rutas de camiones, incluso cuando no tenía a dónde ir. Prepararse, descubrí, también es una forma de fe.

Nos mudamos a Estados Unidos, fui por obligación, no por sueño. Dos veces crucé, sin papeles, de ida y de vuelta, en la segunda tenía veintitrés años, dos hijos y veintidós dólares. Lo recuerdo con precisión no por mito sino por contabilidad de la supervivencia.

La salida de Estados Unidos no fue una epifanía sino una ecuación de urgencias. Aquella noche, los gritos y los golpes fueron interrumpidos por una patrulla; los vecinos, expertos en mirar por la rendija, ya sabían el protocolo. Él terminó esposado diciendo lo de siempre —"vas a pagar"— y yo me quedé con dos niños en brazos, veintidós dólares arrugados en el bolsillo trasero y una calma que parecía prestada. El casero golpeaba la puerta con el dorso de la mano como si marcara un compás. Fui al cuarto, abrí la caja de lata donde guardaba las actas de nacimiento, tomé el carnet de vacunas, una fotografía de mi abuela y una chamarra de los niños. Metí los billetes en el calcetín —aprendida la lección de que los bolsillos son territorio de cualquiera— y bajé por las escaleras sin mirar atrás: aprendí de niña que el miedo, cuando se le mira, crece.

Él cayó detenido y yo, con los billetes que parecían papel de lotería inútil, escape, bajé a San Diego a buscar a una tía política. En el camión sentí que se me caían capas de loza de mis hombros y mi espalda, pedazos de un esqueleto hecho de miedo. Respiré por primera vez en mucho tiempo. Bajé del camión más erguida de lo que me subí. Libre, sí, pero con dos almas pequeñas en los brazos y ninguna credencial para negociar el futuro.

La ciudad donde vivíamos era anónima y prolija en letreros; a esa hora, sin embargo, parecía un escenario después de la función. Caminé dos cuadras hasta la parada del autobús nocturno con los niños dormidos sobre mis hombros. El chofer me miró por el espejo y no preguntó nada. Pagué el boleto más barato hacia el sur, sin otro plan más que moverme, y me senté junto a la ventana. La carretera tenía la textura de una cinta de máquina de escribir gastada. Cada poste de luz era un punto y aparte. Cuando amaneció, ya estaba en la estación de una ciudad fronteriza. Compré pan dulce y leche con monedas contadas, llamé desde un teléfono público a la tía política en San Diego y, mientras sonaba, me vi reflejada en el metal del aparato: ojeras, cabello roto de tantos tirones, el niño mayor con la cara pegada a mi cuello, la pequeña chupándose el pulgar. La tía contestó: "Vente", y supe que ese imperativo me estaba salvando la vida.

Crucé con lo puesto, con la bendición de nadie y la vigilancia de todos. En el camión hacia San Diego sentí, con una claridad que rara vez ha vuelto, que algo me abandonaba: no era valentía, era peso. Como si por fin alguien aflojara los tornillos de una armadura demasiado apretada. Me permití, por primera vez en mucho tiempo, cerrar los ojos más de tres segundos seguidos. Cuando los abrí, el paisaje había cambiado y yo también. Llegué a la casa de la tía con las piernas temblándome, los niños febriles de cansancio y un silencio nuevo: el de la posibilidad.

Regresé a Guadalajara. Nada de lo que dije fue creído. En las familias la narrativa no es de quien la vive sino de quien la grita mejor. Como siempre fui rebelde, la palabra mala encontró domicilio en mí. Pedí trabajo con la ropa prestada de mi hermana; la humillación doméstica es, también, un uniforme. Me metí a la policía porque era lo único que prometía un salario que pagara a la nana y la renta de un cuarto con cocina y un patio del tamaño de una esperanza chiquita. Mi madre detestó la decisión. Entré de todas maneras. Me pagaron al mes y dormíamos, los niños, sobre una maleta abierta — yo en una toalla sobre el piso— mientras miraba el techo y me sentía libre.

El segundo verdugo llegó con la naturalidad de lo inevitable. Es extraño cómo el estigma se pega a la piel: caminas por la calle con un letrero invisible que dice: "Fácil de herir." Fue una sola vez, me lo juré. Y sin embargo, hubo otra, y otra más, y después un hijo que me dejó seis meses de tregua antes de que otra criatura, la cuarta, se anunciara sin pedir permiso. Viví pobre, trabajé duro, me gané desprecios por ser mujer en un oficio diseñado para el uniforme masculino. Para patrullar había cuatro de nosotras en todo el municipio. La calle era un tablero donde la pieza femenina valía menos que un peón sin manos.

Tuve que pelear para existir. Entré a riñas para defender a los mismos que se burlaban de mí; estuve en balaceras, subí a azoteas, bajé hombres de casas donde la violencia se respiraba en cada cuarto. El respeto me lo gané a jalones, no porque alguien creyera en mí, sino para sobrevivir. Quince años tardé en ascender una insignia. Aprendí reglamentos para defenderme con el idioma del poder. Nunca pagué con dinero ni con favores de puerta cerrada el derecho a respirar en el trabajo. Me sostenía el orgullo simple de hacer la chamba mejor que muchos, aunque el miedo me masticara por dentro con sus dientes pequeños.

Respiro. La respiración es un metrónomo que me ha salvado más que cualquier doctor. Confronté de adulta al abusador de mi infancia —ya no cabía en mi vida guardar ese cadáver en el clóset— y le dije que no volvería a entrar en mi casa ni en mis recuerdos sin mi permiso. Separé mis culpas de las que no eran mías, como quien clasifica ropa blanca y de color, antes de lavarla. Entendí que yo no iba a cargar con la basura de otros, que mis hijos no merecían una madre hundida en el drama sin presupuesto para psicóloga. Aprendí la constancia de quien barre la misma esquina todos los días porque, por alguna razón, siempre se ensucia.

Hubo amor. Lo digo con respeto y temblor. A veces en la vida se abre una puerta no hacia un cuarto sino hacia una tarde lenta. Lo amé. Fue el amor de mi vida. Tuvimos una hija y a los doce meses la vida decidió tomarla de regreso. En el hospital aprendí otra respiración: la que se practica con el llanto sostenido. Salía a trabajar con ojeras de piedra, volvía al hospital con el uniforme todavía tibio del sol de la calle, y me sentaba al borde de la cama para hablarle como si me escuchara con la exactitud con que los muertos nos oyen: ni mucho ni poco. Cuando se fue, me fui con ella a medias, y mis otros hijos se quedaron del lado de acá mirando cómo su madre se encogía hasta dejarse caer rendida en la mesa de la cocina. Fue mi hijo mayor quien me dijo: "Mamá, vete a la cama." Ese "mamá" me sacó del pozo como una cuerda seca.

Estudié. Con años de retraso, con la mente ajada y el cuerpo cansado la preparatoria, después, la licenciatura. No me titulé entonces, porque todo costaba y yo prefería comprar leche, útiles, zapatos, rentas. Más tarde ascendí a subinspectora y me hicieron cargo de una unidad podrida por dentro. En seis meses la limpié como se limpia una herida que ya huele mal: con dolor, con paciencia, con jabón que arde. Apostaron que no duraba ni quince días.

Mis hijos crecieron con la verdad que pude. Uno trabaja y mantiene la casa respirando con calma. José, mi tercer hijo, se metió a los bomberos, cuando lo vi por primera vez con el casco puesto me di cuenta de que el fuego había elegido una forma nueva de hablarnos. Mi nieto corre por la casa con la normalidad con que corren los niños que, sin saberlo, reparan lo que no rompieron. Me hice una casa y luego la amplié. Por primera vez todos tienen cuarto. Por primera vez la dignidad arquitectónica acompaña la que me inventé adentro.

Una tarde que decidí quitarme las botas temprano, y después de verla salir radiante con la promesa de regresar temprano, mi hija más chica murió, fue en julio del año pasado. Escribo julio como si fuera un país frío. No sé bien cómo sigo de pie. Creo en Dios —creo en la fe de respiración que nos respira—, pero si me piden un manual no lo tengo. Sólo sé que, frente a su cuerpo tendido, le hablé como siempre les hablé a mis hijos: con libertad. Le dije: "Si te quieres ir, vete; si te quieres quedar, yo te cuido." Acaricié a su perrita y le prometí lo que las madres prometemos sin papeles, que nada le faltaría. Cuando salí de la Cruz Verde sentí que algo enorme se desprendía de mi pecho. Caí de rodillas. El hueco tiene peso.

Desde entonces vivo practicando una disciplina: aceptar. No pelear con Dios ni con la vida. No sospechar de la alegría cuando llega, aunque la alegría, al entrar, haga sonar en mi cabeza la alarma de "prepárate, algo se avecina". Vivo un día a la vez, que es una manera humilde de decir: respiro. Me inscribí a una maestría porque hay deseos que no se deben ahorrar. Me jubilaré en dos años —eso dice el calendario de una oficina donde soy, todavía, la mujer que pelea con papeles y con hombres para que una firma se ponga donde debe—, y mientras tanto, ocupo un lugar donde llegan mujeres golpeadas, adolescentes rotas, señoras abandonadas, niñas abusadas. En todas me reconozco como quien se ve de lejos en un aparador que devuelve sombras. Aquí sirvo. Aquí me sano ayudando.

Presente: camino por un pasillo de azulejos gastados; una mujer espera con la bolsa clavada contra el pecho. Tiene la mirada de las que han aprendido a no pedir. Le digo: "Pase, siéntese", y mientras me cuenta su historia —que es otra variación de la mía— yo vuelvo a respirar. Le digo no es su culpa con ese tono que una vez me dije. Le hablo de denunciar como se habla de encender la luz. Si tiembla, pongo una taza de té en sus manos para que algo le tiemble afuera y no adentro. Cuando se va, me quedo un momento con la puerta entreabierta y escucho el murmullo de la calle. En ese punto del día, mi abuela Guadalupe vuelve a pasar frente a mí con su falda dura y su voz de orden, y yo, niña nuevamente, encuentro la fe que perdí a los diez años.

Filosofía doméstica: el cuerpo es una casa que exige mantenimiento. Una no "supera" nada; aprende a vivir con grietas que, miradas de cierto modo, son hermosas. Ciertas noches me siento en el patio y cuento respiraciones: cien, ciento veinte, lo que haga falta. Pienso en la palabra "honor" como en una silla rota que, sin embargo, alguien siempre vuelve a traer al comedor. Pienso en el perdón no como absolución sino como exactitud: ubicar el objeto en el estante correcto. "No fue mi culpa", me digo, y lo digo no para olvidarlo sino para vivir con ello sin que me reste oxígeno. Pienso en la policía, en la primera vez que un comandante me dijo: "No puedes", y en la vez más reciente que me dijo: "Necesito que lo soluciones." El poder es un idioma cruel, la dignidad es su subtítulo.

Cuando mi hija estaba tendida, inmóvil bajo la iluminación feroz del hospital, entendí la diferencia entre fe y superstición. La superstición domestica a Dios para que obedezca; la fe lo deja libre y te obliga a ser libre con Él. Le dije: "Decide, mi amor", y al decírselo, una parte de mí decidió también: "No me voy a morir con tu muerte. La amaré con tu ausencia." Cuando el dolor es tan grande que no cabe en la metáfora, lo único que queda es la respiración.

Y entonces vuelvo al presente, camino por la unidad que "limpié" hace años; siento todavía el músculo de aquel triunfo pequeño. Me paran en el pasillo para pedirme una firma, para preguntarme por un caso, para advertirme de un complot que ya no me quita el sueño. No soy ingenua, sé que el poder adultera. Pero también sé que la paciencia es una forma de inteligencia. Cuando llego a casa me recibe el ladrido de la pug de mi hija. Le quito el collar, la cargo un momento. Tiene en los ojos el brillo incomprensible de las criaturas que saben sin poder escribirlo. Nos sentamos en el patio, ella a mis pies. Respiro. Abro el teléfono, veo un video de mi hija. No lloro. Agradezco que exista la posibilidad de verla moverse, aunque no se mueva.

Si cuento mi historia no es para hacer inventario de golpes. Esta soy: la niña que se quitaba los zapatos para sentir el mundo, la adolescente que buscó en la iglesia un detergente moral, la mujer que ha firmado oficios bajo la simulada condescendencia de hombres que sobreviven de asustarse entre ellos. También soy la madre que se enamoró tarde y mejor, la que enterró a dos hijas y, sin embargo, cocina, estudia, barre, ríe con comida y un plato de sal en la mesa, como si la alegría fuera un oficio más que se aprende en el hogar y se mejora en la calle.

No tengo palabras de consuelo que no suenen a salmos reciclados. Tengo, sí, palabras de trabajo: denuncia, acompañamiento, reparación, cuidado. Si usted viene, le daré asiento y tiempo. Si usted es hombre y llegó aquí creyendo que puede poseer, encontrará mi negativa educada y firme. Si usted es mujer y se sienta, le diré que no está sola y, con suerte, logrará respirar más hondo cuando salga. A mí me toca, por fin, poner la mano sobre espaldas ajenas como mi abuela la ponía sobre la mía: no para obligar, no para asustar, sino para señalar que el cuerpo, incluso el herido, puede ponerse en pie con una dignidad que no pide permisos.

Respiro. Me gusta la palabra jubilarse porque contiene júbilo y antigua ceremonia. Me jubilaré cuando toque; mientras tanto estudio, leo, corrijo faltas en reportes que llegan sin acentos ni vergüenza, y ensayo una fe que no teme a la duda. Agradezco a Dios sin pedirle listas de supermercado. Agradezco haber nacido en una barranca que me enseñó a subir. Agradezco a la niña descalza que aún vive en mí y que me empuja a quitarme los zapatos cada que llueve.

San Cristóbal de la Barranca, Zapopan, Tequila, San Diego, Guadalajara, los cuartos rentados, la maleta como cuna, la toalla como cama, la patrulla como escuela, la oficina como ring, el hospital como templo, la casa como biografía, la perrita pug como reliquia, mis hijos como argumento, mis hijas como plegaria, mis nietos como futuro, mi abuela como brújula, mi madre como gran pregunta, yo como punto y aparte. Todo eso junto, a veces, entra en una sola respiración. Y cuando no entra, cuento: uno, dos, tres. Me doy permiso de llorar si hace falta. Me doy permiso de reír. Me doy permiso de vivir.

Cierro los ojos. La respiración regresa por fin a su tamaño.

Guardiana

Fuiste arrancada del mundo una y otra vez,
despojada de casa, de cuerpo, de hijos,
y aun así la raíz de tu ser resistió bajo tierra,
creciendo en silencio,
alimentándose del agua oscura del dolor.
Te llamaron quebrada,
te llamaron silencio,
te llamaron carne disponible para la violencia,
pero en cada herida brotó un germen de fuerza,
una savia secreta que no pudieron arrancar.
Fuiste la niña con los ojos manchados de miedo,
la mujer con el vientre vaciado por la pérdida,
la sobreviviente que caminó desnuda en el frío de la humillación.
Y sin embargo, en lo más profundo de tu noche,
te supiste llama.
Ahora portas un fuego distinto:
no quema para destruir,
arde para proteger.
Eres guardiana,
centinela de las otras,
escudo que se levanta frente al puño,

voz que rompe las mordazas heredadas.
Has transmutado los golpes en fuerza,
la violación en grito,
la pérdida en memoria viva.
Tu cuerpo, que fue campo arrasado,
hoy es templo de dignidad.
Como Alfonsina, has aprendido a hablarle al mar con tus cicatrices.
Como Rosario, hiciste del silencio un arma y del poema un territorio.
Como Pizarnik, arrancaste la flor negra del abismo
para convertirla en lenguaje de vida.
Como Gioconda, eres semilla y fusil,
mujer que protege la aurora con su propio pecho.
Guardiana,
tus pasos son faro en la noche de las otras,
tu voz es eco que enseña:
no nacimos para la servidumbre,
no nacimos para el sacrificio,
no nacimos para el silencio.
Nacimos para la defensa,
para el abrazo,
para la palabra que alza,
para la mirada que sostiene.
Tú, que lo perdiste todo,
tú, que fuiste reducida a polvo y ceniza,
eres ahora tierra fértil:
de ti nacen los caminos
donde otras mujeres y niñas aprenderán
a no bajar la cabeza jamás.

Guardiana, hermana, fuerza,
poema vivo escrito con sangre y resistencia:
tú eres la prueba de que la historia puede cambiarse,
de que ninguna violencia es destino,
de que incluso después del Amurat,
existe una orilla verde,
un cielo azul
y una risa que vuelve.

TÚ

Date el permiso de narrarte, de contar tu historia sin resguardo, sin vergüenza, sin pudor ni máscara alguna que siga conteniendo esa forma que crees que neceitas sostener para sobre-vivir.

¿De dónde vienes?
Escribe tu historia familiar.

Tu infancia, recuerdos de olor, textura, sonidos.

Juventud, carácter, primeras experiencias,
primeras decisiones.

Hoy,
¿quién soy?

¿Qué de mi infancia sigue presente?

Reflexiones

La compasión siempre será la guía
Ángela Orozco Martínez

♪ **"Wish you were here"**, *Wish you were here* (1975)
—Pink Floyd

No soy profesional de la salud, ni psiquiatra, ni especialista en trauma. Agradezco con humildad este espacio para compartir, escribo no como experta, sino como alguien que ha escuchado a otros seres humanos y ha sido tocada por lo que me han confiado en muchos años de trabajo social y acompañamiento. Cada herida de infancia es singular y su huella no es el hecho en sí, sino lo que internalizamos de esa experiencia en nosotros. Las violencias a las que nos exponemos están atravesadas por muchos contextos, edad, sexo, posición socioecónomica cultura y comunidad; por eso no hay dogmas ni reglas. Una realidad es que la herida viene de afuera, pero hacerse cargo de lo que dejó dentro es responsabilidad propia.

En la niñez lo más difícil es nombrar. Lo que no se nombra confunde y abre grietas; entonces levantamos defensas —miedos, evitaciones, percepciones equivocadas— que a veces protegen y a veces distorsionan. Tras un evento traumático, único o repetido, lo decisivo es el remanente con que nos miramos, la percepcion de quienes somos y para qué somos: cómo nos nombramos, si reconocemos lo que sentimos, si distinguimos detonadores y si vemos cuando el otro repite un patrón o cuando proyectamos para protegernos; de esto nos podemos dar cuenta cuando somos adultos, cuando somos niños el haber estado acompañados o no, define en gran parte la evolución del trauma.

Las heridas piden ser acompañadas con paciencia y compasión, no con lástima. Nada se borra, pero el pasado puede contarse sin dolor añadido. Comprender ayuda a aceptar, desactiva la negación pues lo negado siempre vuelve disfrazado. En el abuso sexual infantil la confusión se intensifica; conviene mirar con precisión qué pasó y cómo, suspendiendo el juicio. Nombrar sin condenar abre camino. El perdón, si llega, nace de comprender para recuperarse, no de justificar.

La desigualdad de poder propicia y genera violencias; la igualdad la desactiva.

- Reconocer el dolor, nombrarlo y acompañarlo —idealmente con profesionales, también con vínculos sanos—, hace que la herida se convierta en cicatriz cerrada, retirando mecanismos de defenza que en un tiempo protegieron.
- Activacion del trauma: es instalarse en la víctima eterna y creer que la "sanación" termina. Mejor hablar de habitarse y acomodar. El cuerpo participa: lo no resuelto baja al cuerpo y sus señales ayudan a nombrar.

- Es importante sentir sin juzgar, nombrar para atravesar —dejando que la experiencia viva salga de nosotros— y pedir ayuda como autocuidado inteligente y amoros.

Revisar nuestra percepción de nosotros es un acto de honestidad, cuando somos víctimas tenemos superioridad moral, creemos que alguien nos debe y bloqueamos la ayuda.

Creo que el sentido de la vida, a pesar de las heridas, se lo ponemos todos los días.

Debemos concedernos —y ofrecer a los demás— el derecho a exsistir, independientemente de qué hagamos para ser validados.

Los huecos no se rellenan: se reconocen y acompañan hasta que su compañía no duele.

 El amor —no el amor romantico— es una decisión cotidiana, es el mejor antídoto al dolor.

La compasión siempre será la guia para volver a uno mismo.

Abrir las heridas no nos debilita
Sebastián Arrechedera "El Pana"

Founder / Descentralized Freethinker
Rainbow Lobster | Creative Collective
Los Ángeles | Ciudad de México

Mi primer recuerdo es la luz azul del televisor. Estoy con mi mamá, después del kínder, viendo *Flipper*. No hay nada más. Solo ella, yo, y un delfín que parece entenderlo todo. A veces pienso que toda mi vida he intentado volver a ese momento: cuando el mundo era simple y el amor no dolía.

Vivíamos en una casa colonial en La Pastora, en Caracas. Patio al fondo, gallinas, olor a fruta madura. Tenía un pavo que se llamaba Pancho. Lo crié, le hablaba. Un día desapareció y apareció servido en la mesa. Nadie lo explicó mucho. Fue la primera vez que entendí —sin entender— que lo que amas puede desaparecer sin previo aviso. Que los adultos casi nunca dan explicaciones.

También hubo cosas que no se decían.

Una de ellas me marcó sin que yo entendiera su peso. Era una señora que trabajaba en la casa. Durante un tiempo abusó sexualmente de mí. Yo lo confundí con atención. Nadie lo notó, y yo tampoco supe cómo contarlo.

Cuando mis papás se separaron, tenía cuatro años. Mi mamá me decía que aunque no estaba conmigo, me miraba por un huequito, y que un pajarito le contaba todo lo que yo hacía. Durante años creí en ese pajarito. Era mi forma de tenerla cerca. De sentir que alguien me veía.

Recuerdo su voz al teléfono. Y ese hueco en el estómago por no poder abrazarla. Esa voz sigue ahí, aunque los teléfonos ya no suenen igual.

Después vino lo otro. El hombre con el que mi mamá vivía. No sé si llamarlo padrastro, enemigo o fantasma. Sé que gritaba. Que la golpeaba. Que un día me puse enfrente para que no le pegara más y me temblaban las piernas. Me acuerdo del ruido del aire antes de un golpe. Nos fuimos. Pero luego la vi volver con él. Y eso fue peor. Verla volver fue como ver a alguien apagar su propia luz.

Pasaron los años. Un día, con ayuda de mi papá, fuimos por ella. Ya pesaba cuarenta y cinco kilos. Tenía la mirada ida. Nos la llevamos a Francia. No sé si para salvarla o para salvarnos nosotros. Supongo que las dos cosas. Ese viaje fue, sin saberlo, el primer acto de reparación de mi vida.

Mi infancia se partió entre casas que nunca sentí mías. En una había amor, pero era frágil; en la otra, seguridad, pero también frialdad. Así aprendí a estar solo. Y sin embargo, curiosamente lo que me salvó fue el amor. Irregular, lleno de grietas, pero amor de mi papá y de mi mamá.

Eso me dio una brújula. Y también una promesa: no repetir.

Años después, cuando empecé a contar el pódcast Los Niños del Narco, volví a mirar la infancia desde otro lugar. Escuchando a Tacita, un niño reclutado por el crimen organizado, veía a mis amigos de la escuela pública a la que asistí en Caracas y a mí mismo. Ese que miraba por el huequito. Ellos habían vivido infiernos mucho más crueles, pero compartíamos algo: la necesidad de estar con mamá.

Tacita vivió en la calle y aún tenía espacio para cuidar a otros. Él me enseñó que la resiliencia no es una palabra bonita: es una decisión diaria. Y entendí que sanar no es olvidar, sino darle otro sentido al dolor.

Hoy tengo hijos. Y mi promesa con ellos fue simple: una casa donde nadie tenga miedo. Donde se hable de todo. Donde el silencio no sea castigo.

Esa fue mi manera de romper el ciclo.

Creo que cuidar las infancias no es un gesto individual. Es la forma más profunda de hacer política. Cada abrazo, cada conversación honesta, cada límite puesto a tiempo, es construir hacia el futuro. A veces pienso que un niño que se sabe amado, al menos, tiene una oportunidad distinta.

Si algo quisiera que quedara después de leer estas páginas es esto: que abrir las heridas no nos debilita, nos humaniza.

Que todos fuimos ese niño que buscaba a su madre detrás del huequito.

Y que cada vez que acompañamos a otro en su historia, le devolvemos un poco de luz al nuestro.

Romper el pacto del silencio
Gabriel Molina Huerta "Gabo"

Psicoterapeuta y sexólogo enfocado en el trabajo con hombres
Fundador del Colectivo Dejar de Chingar.

¿Qué nos hace ser hombres? Cuando miramos a alguien, en un destello creemos saber si es "hombre" o no. Pareciera una pregunta sencilla —¿qué nos hace ser hombres?—, pero la respuesta no cabe en un gesto ni en un vistazo.

Llevo diecinueve años preguntándola a hombres de edades, lugares y oficios distintos. Comparto aquí lo que escucho una y otra vez. "Jugar fútbol." Pregunto: si una mujer juega fútbol, ¿se vuelve hombre? Y si un hombre no juega, ¿deja de serlo? No. Lo mismo con otros deportes, con los videojuegos o con cualquier afición: las prácticas no dictan la identidad. "Que me gusten las mujeres." Entonces, ¿un hombre gay deja de ser hombre por amar a otro hombre? ¿Una mujer lesbiana sería "hombre" por amar a una mujer? No. A quién amas no reescribe quién eres. "Llevarme pesado con los amigos, decir groserías." Vuelvo a preguntar: si nos tratamos con ternura y respeto, ¿dejamos de ser hombres? No. El cuidado no invalida la masculinidad, tampoco lavar los trastes. Alguna vez te dijeron: "Ándale, ponte a ayudar, que con el quehacer no se te cae nada". Tenían razón: al ayudar no se cae nada; al contrario, algo se sostiene. A propósito de "lo que se puede caer", aparece lo biológico: "Tengo testosterona", "tengo pene", "soy más fuerte".

Pero hombres y mujeres producimos testosterona y estrógenos en proporciones distintas; si por una razón médica aumentaran tus estrógenos, ¿dejarías de ser hombre? No. Si por otra razón te extirparan el pene, ¿dejarías de serlo? Tampoco. Hay mujeres más fuertes que muchos hombres; ¿eso las vuelve hombres? No. La biología describe; no prescribe. Y, sin embargo, aquí está el giro: esas respuestas —el fútbol, la rudeza, el desdén por el cuidado, la fuerza, el pene, la testosterona— son exactamente lo que la sociedad nos enseñó como "ser hombre".

La masculinidad dominante funciona como guion: una identidad social, no un destino biológico. Y como todo guion, sanciona a quien no lo interpreta como se espera. Al niño sensible lo marcan en el recreo; al adolescente distinto lo empujan en la cancha; al adulto que no encaja lo ridiculizan en la sobremesa. La sanción es pedagógica: aprende a callar, a aguantar, a endurecerte.

Aprende a ser menos de ti para parecer más de "eso". La infancia es la forja: ahí se nos escatima el amor visible, el permiso de llorar, la ternura como derecho. "No llores", "no seas niña", "no seas puto". Un hombre me contó en un taller que su padre lo reprendió por saludar con cariño a su mejor amigo. "Ese día algo en mí se rompió —dijo—; me apagó la luz. Me dijo que era por mi bien." Muchos vamos por la vida con esa herida: mutilados afectivamente para merecer el título de hombre. ¿Y si te maltratan en la escuela? "Te los madreas, y si pierdes te madreo yo", ordenaba el padre. ¿Qué aprende ese niño? Que sus dolores no importan; que todo se resuelve a golpes; que su valor se mide en fuerza; que pedir ayuda es traición; que está solo. Y todo eso cuando apenas aprende a atarse las agujetas. La niñez de muchos varones queda marcada por castigos, violencias y abusos —físicos, psicológicos, sexuales—, pero sobre todo por el silencio.

Ser hombre, según ese guion, es aprender a no decir. A no pedir. A no sentir. Masculinidad como desierto: extensión de arena, brillo hiriente y agua negada. La buena noticia es distinta y es simple: hoy, tengas la edad que tengas, puedes romper el pacto del silencio.

Salir del cuarto oscuro donde nos metieron. Recordar que el llanto es idioma humano, que pedir ayuda es acto de inteligencia, que la vulnerabilidad no te quita nada: te devuelve. Si lloras, si hablas, si te dejas acompañar, ¿dejas de ser hombre? No. Pero quizá te vuelves más libre. La sociedad —todas y todos— tiene trabajo pendiente: frenar la pedagogía del golpe, promover el respeto como norma, reconocer la ternura como valor civilizatorio. Necesitamos entornos seguros también para los niños, donde denunciar la violencia no sea una hazaña sino un procedimiento, y donde la justicia no solo castigue al agresor, sino repare integralmente a las víctimas y a la comunidad que también sangra. Volvamos a la pregunta, entonces, con otra caja de herramientas.

Ser hombre no es obedecer un catálogo ni rehuir la fragilidad. Ser hombre, en clave humana, es elegir una ética: la del cuidado sobre el desprecio, la del diálogo sobre el golpe, la de la responsabilidad sobre la coartada del "así somos". Es aprender a poner el cuerpo para proteger, no para someter; a usar la fuerza para sostener, no para dominar; a practicar la valentía que mira hacia adentro y nombra lo que duele.

Si nos tratamos con cariño y respeto, ¿dejamos de ser hombres? No. Lo que dejamos es el disfraz. Lo que ganamos es la posibilidad —tan antigua como nueva— de ser hombres sin miedo a ser humanos.

EPÍLOGO

♪ **"These Walls"**, *Diamonds & Demons* (2016),
de Nessi Gomes

He llegado a un punto de mi vida en el que comprendo que el cambio no es una conquista inmediata, sino un proceso largo, íntimo y a veces doloroso. Cambiar ha significado mirarme con paciencia, reconocer mis errores sin disfrazarlos y aceptar que mucho de lo que fui ya no me pertenece. He aprendido que el camino de transformarse es, en sí mismo, un acto de humildad: dejar atrás certezas que parecían inquebrantables y soltar seguridades que eran sólo muros levantados por miedo.

Reconocer mis errores me ha devuelto a la tierra. Cada equivocación ha sido un recordatorio de mí y, al mismo tiempo, de mi capacidad de aprender. No me avergüenzo ya de ellos; los recibo como señales que me indicaron rutas, incluso cuando me condujeron a pérdidas inevitables. Hoy puedo mirarlos con respeto: fueron parte de mi educación más profunda, la que no se obtiene en los libros sino en el roce con la vida.

El cambio, cuando es verdadero, no se acomoda a las expectativas.

He perdido relaciones valiosas, amistades antiguas, sociedades construidas con esfuerzo, incluso partes de mi propia identidad. En el inicio me dolió como si cada pérdida fuera un fracaso personal, como si mi autenticidad fuera culpable de la ruptura. Pero con el tiempo comprendí que soltar es parte natural de crecer. Que no todas las personas están destinadas a caminar conmigo toda la vida.

Aceptar que no le caigo bien a todo el mundo ha sido un acto de honestidad y libertad. Durante años me esforcé por encajar en moldes ajenos, temiendo el rechazo como si fuera una condena. Hoy sé que la aceptación de los demás es una ilusión, y que buscarla es traicionarme. No todos resonarán con mi voz ni con mis pasos, y está bien. No se trata de que todos me quieran, se trata de vivir con verdad. En esa aceptación hay descanso, porque me libera de la obligación de disfrazarme.

La humildad que busco no es renuncia a lo que soy, sino congruencia ante la vida. Es comprender que mi historia no me hace mejor que nadie, ni mis heridas me vuelven más digna. La humildad es saber que camino como todos: con dudas, con tropiezos, con aciertos momentáneos y errores inevitables. Es aceptar que mi voz es sólo una entre tantas, y que su valor no reside en su volumen, sino en la sinceridad con la que se pronuncia.

Al mirar atrás, veo cómo me alejé de versiones de mí misma que ya no podían sostener mi presente. Fui distinta en cada etapa: hija que buscaba aprobación, mujer que confundía amor con permanencia, trabajadora que creía que la productividad era identidad, madre que se calificaba en medida del servicio que brindaba. Todas esas formas de ser fueron necesarias, aunque hoy me resulten ajenas. Reconocer que también me he distanciado de mí es reconocer que crecer implica abandonar pieles, aunque hayan sido refugio en algún momento.

El proceso de la transformación no tiene un final complaciente ni es sólo un tiunfo logrado, no se basa en el simple reconocimiento de la imperfección y la perfección que a todos nos abraza. No cierro estas páginas como quien concluye un trayecto, sino como quien hace una pausa consciente para agradecer. Agradezco a las personas que caminaron conmigo y hoy ya no están, a las que permanecen y también a las que llegaron a mostrarme un límite o un espejo. Cada una es parte de mi camino, y en el tránsito dejaron una enseñanza que todavía me acompaña.

La imperfección, que alguna vez me avergonzó, se ha vuelto mi mayor don. Es en la vulnerabilidad donde encuentro la verdadera conexión, es en la fragilidad donde nace en mí la empatía. No necesito presentarme perfecta para ser digna de amor, de compañía o de escucha. Soy suficiente en mi tránsito humano, con mis quiebres, con mis sombras, con mis intentos. Lo que me define no es la ausencia de errores, sino la capacidad de seguir caminando a pesar de ellos.

Comprendo, finalmente, que el sentido de mi vida no está en acumular certezas sino en la apertura humilde a lo que viene, en esa honestidad hay belleza: la belleza de aceptar que la vida es tránsito, encuentro y pérdida, memoria y renovación.

Cierro este libro sabiendo que no soy la misma que lo inició, y que tampoco seré la misma cuando lo vuelva a abrir. El cambio seguirá su curso, y yo con él.

Soy, simplemente, una mujer en proceso. Y en ese proceso, en esa fragilidad, encuentro la fuerza más humana de todas: la de seguir andando.

**Porque uno nunca sabe
si amanece mañana:**

Bernardo:

Me recordaste que escribía, y aquí sigo, dejando el corazón en cada tecla como si cada palabra fuese un puente tendido sobre el vacío; esta casa —que siempre cambia, se remodela y pinta de otro color— siempre nos abraza; en nuestro transcurrir aprendo que la permanencia es un río: nos lleva, nos regresa, nos renombra. Escribo para no olvidar la luz que trajiste, para que el silencio nunca cierre sus manos sobre nosotros, para que el mundo quede, aunque sea un instante, a la medida exacta de nuestro amor.

D.

A mis dos:

Tal vez mi maternidad no haya sido perfecta. Quizá, cuando el tiempo los alcance con sus preguntas y silencios, descubran que crecer conmigo significó también cargar con mis torpezas, mis miedos, mis búsquedas interminables. Y sí, es posible que algún día terminen en terapia hablando de mí —y pueden reírse conmigo de eso, porque yo también lo hago.

Pero si de algo quisiera que nunca duden, es del amor inmenso que les tengo. Ese amor que no sabe de manuales ni fórmulas, que muchas veces se equivoca, pero que siempre busca volver al centro: a ustedes.

He intentado ser madre como quien navega de noche, aprendiendo a leer las estrellas sobre la marcha. A veces pierdo la brújula, a veces me asusté de las tormentas, a veces no sé dónde atracar. Pero siempre los llevo conmigo, como faros, como anclas, como una razón más profunda de no rendirme.

Son el instante en que la eternidad se abre, la encarnación del amor a su padre en su forma más pura.

Hijos míos, los amo en lo imperfecto, los amo en lo inacabado, los amo en la verdad desnuda. Los amo como quien reconoce que no siempre sabe hacerlo bien, pero que nunca dejará de poner el corazón entero en el intento.

Con toda la humildad y con toda la vida,

Mamá

Arte:

Hay vínculos que no se nombran porque cualquier palabra los reduciría. Vínculos que no piden prueba ni linaje: simplemente son. Así las reconozco. Hermandad no de sangre, sino de memoria. Una raíz que me precede y me acompaña. Arte, eres mi recuerdo más antiguo y todavía vivo, esa voz interior que nunca se apaga, la constancia que respira aún en mis silencios. Eres ese habitar discreto que sostiene sin cadenas, que acompaña sin exigencias, que permanece sin condiciones.

Nuestra hermandad es refugio. Cuando todo se quiebra, ahí estás. Cuando el ruido amenaza con devorarme, ahí estas.

Gracias por ser la memoria viva que me acompaña. Gracias por la lealtad silenciosa que nos hermana. Gracias por recordarme, cada día, que el amor verdadero no conoce fronteras: ni de sangre, ni de tiempo, ni de distancia, ni de formas convencionales.

La Ficha Amarilla

Ángela:

Desde el día en que me acercaste tu palabra —no como sentencia, sino como semilla— entendí que la justicia no se grita en las plazas si primero no se cultiva en la intimidad de la conciencia.

Te agradezco esa congruencia rara, casi extinta, de quien no necesita máscara ni discurso adornado para sostenerse en pie.

Aprendo a escuchar de quienes callan. Aprendo que las víctimas no necesitan lástima, sino reconocimiento; que el verdadero acto de amor no es compadecer, sino dignificar. En tu presencia descubrí que lo más revolucionario es sostener la justicia en un mundo que insiste en corroerla.

En la lección de tu vida comprendí que la justicia social no es un horizonte lejano, sino una práctica cotidiana. No está solo en los manifiestos ni en las leyes escritas con pluma solemne: habita en el gesto de detenerse a mirar, en la decisión de no normalizar lo injusto aunque la costumbre lo bendiga.

Tu guía me ayuda a no perderme en los espejismos del resentimiento y el ego. Cuando la tentación de culpar al mundo por mis cicatrices amenaza con consumir mis fuerzas, me recuerdas que el verdadero poder está en la transformación, no en la queja. Me enseñaste que el camino de la víctima puede darme identidad, pero jamás me dará libertad. Que vestir el dolor como bandera solo perpetúa la herida, y que la verdadera emancipación llega cuando hago del recuerdo una fuente de servicio.

Gracias: por recordarme que no soy víctima, sino caminante. que la justicia no es teoría, sino respiración. Gracias por tu palabra congruente, por tu lección de vida.

Con todas las letras de mi nombre: se acomoda. Justo arriba de mi nombre

DAFNA

Compañer@s de causa:

A veces me pregunto de qué está hecho el coraje. Y al mirarlos a ustedes encuentro la respuesta: el coraje se teje con la fragilidad de quienes saben del dolor, —no siempre por experiencia de vida—, con la fuerza de quienes se niegan a aceptar la indiferencia como destino, con la fuerza de quienes eligen cada día volver a levantarse frente a lo injusto.

El trabajo que hacemos no tiene medallas ni himnos. A menudo es silencioso, agotador, incomprendido. No hay aplausos al final de la jornada, y muchas veces el mundo prefiere no mirarnos, porque mirar implica también hacerse responsable. Sin embargo, ustedes están ahí: firmes, obstinados en el cuidado, tercos en la esperanza.

Gracias por alumbrar lo que otros prefieren mantener oculto, somos una comunidad que elige el instante de la eternidad al rescatar la inocencia de un niño. Esta lucha es la manera más valiente de romper el silencio.

Gracias, porque cada palabra que pronuncian, cada taller que imparten, cada abrazo que sostienen, cada denuncia que acompañan, cada silencio que saben escuchar es una grieta de luz en un muro de oscuridad. Gracias porque eligieron no ser espectadores, sino actores en el drama humano más doloroso y más urgente: la protección de la niñez.

Sé que muchas veces la fatiga pesa más que la esperanza. Sé que el desencanto muerde, que la burocracia asfixia, que la indiferencia social lastima. Pero también sé que ningún esfuerzo se pierde: un niño que se salva es el inicio de un mundo nuevo. Una palabra de prevención puede convertirse en una vida entera que se libera del trauma. Una voz que denuncia abre la puerta para que otras se atrevan a hacerlo.

Somos comunidad, aunque el camino a veces parezca solitario. Somos red, aunque los hilos estén dispersos. Y es precisamente en esa certeza donde habita nuestra fuerza: la de saber que cada acto, por pequeño que parezca, se suma al torrente de un cambio mayor.

Sigamos, entonces, con humildad y con fuego. Sigamos, aunque tiemblen las piernas. Sigamos, aunque el horizonte se nuble. Sigamos, porque en la mirada de cada niño protegido habita la promesa de un futuro distinto.

Gracias, compañeros de lucha, por recordarle al mundo que la ternura es también una forma de resistencia, y que la infancia no se toca.

Dafna Viniegra
ILAS AC

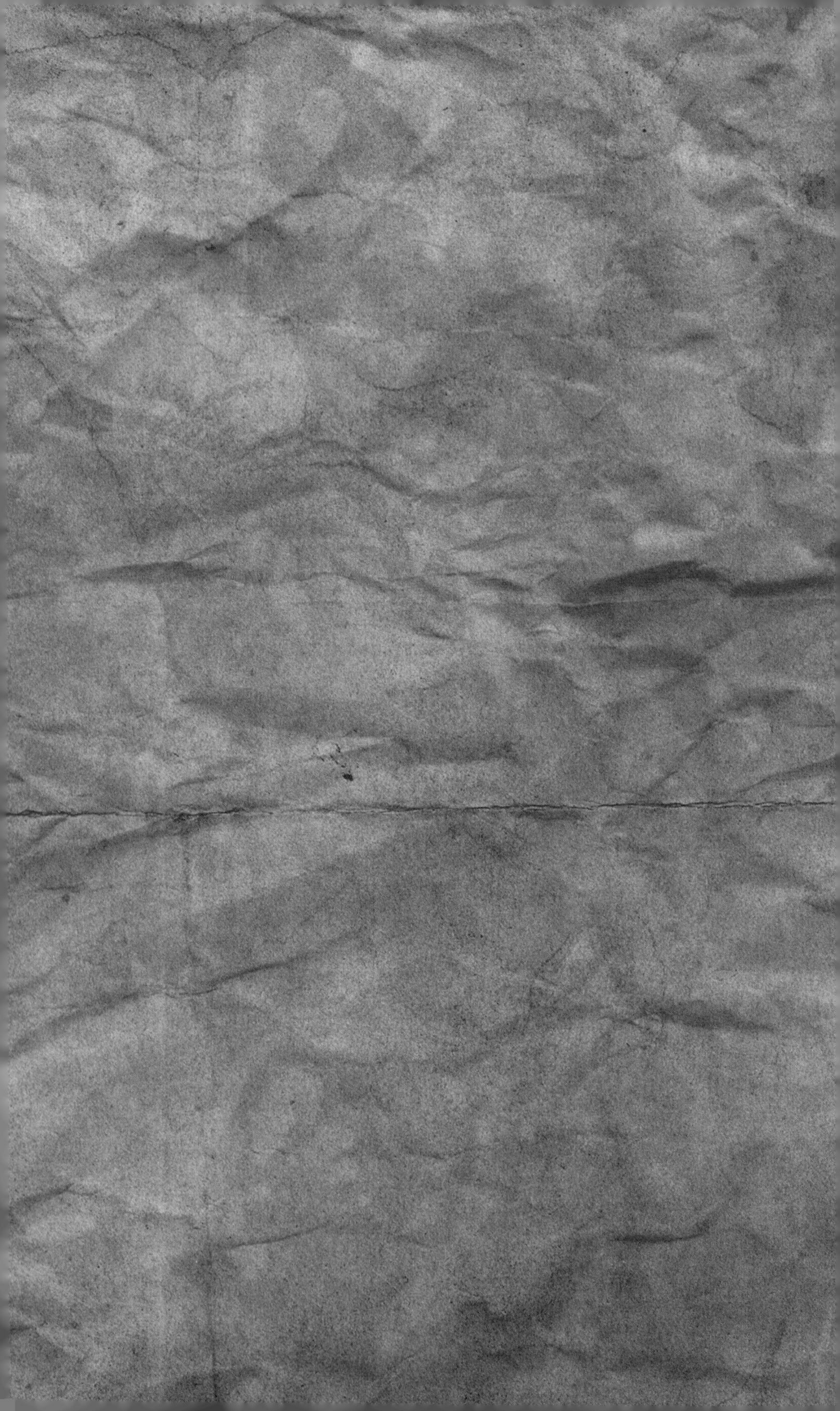

"Work", *CDW* (2016), de Charlotte Day Wilson

13 de noviembre 2025

Hoy cumplo cincuenta y me inclino ante la vida como quien besa el polvo del camino que lo formó. Agradezco mis grietas: allí se asienta la paciencia, allí se templa mi palabra, allí entiendo que el amor propio no es altavoz, sino un cuenco sobrio que se llena despacio. En esta... revisión de 5 décadas, me inclino y agradezco: a mis maestr@s de vida; a mi familia de antes, de hoy y a la de siempre; a mi esposo e hijos; a mi familia de 4 patas, Tina, Miau, Minga, Cande, Bawa, Lucre, Alfa, Mía, y Bola... perros y gatos, que tienen casa en mi pecho. A mi familia elegida: gracias por simplemente ser.

Ahora sirvo de otra manera: trabajando para niños que no conozco. Cierro el círculo de medio siglo como quien cose un dobladillo: puntada breve, honda, exacta. Lo que fui cabe en mis ojos; lo que doy, en mis manos. Y en esa medida justa —humilde, humana— trabajo todos los días por simplemente dejarme estar.

Esta obra se terminó de imprimir
en el mes de febrero de 2026,
en los talleres de Impresora Tauro, S.A. de C.V.
Ciudad de México.